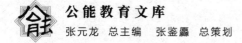

公能教育文库

张元龙 总主编　张鉴廙 总策划

权力让渡与资源获取：

变革时代的南开大学、政府与社会（1919-1946）

金　国 ————— 著

天津出版传媒集团

天津人民出版社

图书在版编目（CIP）数据

权力让渡与资源获取：变革时代的南开大学、政府
与社会：1919-1946 / 金国著. -- 天津：天津人民出
版社，2021.12
（公能教育文库 / 张元龙总主编）
ISBN 978-7-201-18167-7

Ⅰ.①权… Ⅱ.①金… Ⅲ.①南开大学—校史—
1919-1946 Ⅳ.①G649.282.1

中国版本图书馆CIP数据核字（2021）第279461号

权力让渡与资源获取：
变革时代的南开大学、政府与社会（1919-1946）
QUANLI RANGDU YU ZIYUAN HUOQU：
BIANGE SHIDAI DE NANKAI DAXUE、ZHENGFU YU SHEHUI（1919-1946）

出　　　版	天津人民出版社
出 版 人	刘　庆
地　　　址	天津市和平区西康路35号康岳大厦
邮政编码	300051
邮购电话	（022）23332469
电子信箱	reader@tjrmcbs.com

责任编辑	岳　勇
装帧设计	明轩文化·李晶晶

印　　　刷	河北鹏润印刷有限公司
经　　　销	新华书店
开　　　本	880毫米×1230毫米　1/32
印　　　张	12
插　　　页	4
字　　　数	300千字
版次印次	2021年12月第1版　2021年12月第1次印刷
定　　　价	98.00元

序 一

我认为金国博士的大作《权力让渡与资源获取：变革时代的南开大学、政府与社会（1919—1946）》，是一本好书。原因有二：一是作者查阅了大量资料，对研究问题做了深刻的阐述，其结论令人信服。可以说，这是一部以严修、张伯苓创立经营南开大学为例，研究民国大学史的不可多得的学术著作；二是作者所论述的话题，诸如"办学自主权""私立大学""办学资源"等可以引发两点思考，有助于启发、拓宽当今中国的教育改革。

一、为何要办私立大学？

在世界最为著名的四个大学排名体系中，最新入选每个榜单前100名的学校，共有172所。其中，私立大学共有35所，来自美国的有28所，占全部入选私立学校的80%。可见，美国的私立大学办得最好。这也说明了为什么当年严修、张伯苓创立南开大学时，会瞄准美国的办学模式——宽松的办学环境和社会对教育参与的热心。

办理私立大学，对于学校管理者来说，优点在于办学的独立性：学术方向的自主设置、教育改革的自由探索；对于社会来说，优点在于可以通过支持或选择多样化的办学，推动培养适应社会多元发展的优秀人才；对于政府而言，私立学校补充了社会教育资源，有利于维护和推动教育公平。与此同时，私立学校取得的多元教育经验和成果也可以为公立学校提供借鉴和参考。

在办学资源得到保障的情况下，私立大学一样可以发展得很好。私立大学唯一令人担忧之处就是学校经营不善造成的倒闭，会引发社会的负面影响。

二、私立大学该不该获得办学资源?

本书描绘了私立大学，特别是南开大学，如何通过让渡办学自主权来获得办学资源的历史事实。其实在20世纪二三十年代，中国的公立大学中就有一波争取办学自主权的浪潮。可见，无论公立大学还是私立大学，办学自主权都是学校管理者追求的重要目标。

办学自主权可简单分为：行政自主权，涉及办学资源的分配与使用、决策机构与决策程序的设定等；学术自主权，包括课程设置、学术方向的确定、学术交流的开展等。南开大学在近半个世纪的时间里，心系民族命运，积极投身于国家、民族的救亡运动，做了很多公立学校不可能做的事情，完成了很多公立学校不可能完成的壮举，在被日军炸毁的情况下，依然没有放弃使命感和责任感，坚持办学、坚持抗争，被国人誉为最爱国的学校。南开大学追求办学自主权有着明确的指向和意义，即是为了更好地实现"教育救国"的梦想。

不论公立学校还是私立学校的领导者，都是在以让渡出最少的办学自主权，去争取最多的办学资源。实际上，公立和私立学校对社会的贡献难分伯仲，从国外的经验来看，公立学校和私立学校在办学自主权和资源获取之间，是可以趋于平衡的。依我看，如果办学自主权对公立学校和私立学校的影响同样重大，而二者对社会的贡献也不相上下的话，那么办学资源的分配就不应区分公立和私立，而应平等对待。

　　在今天的社会环境下，本书虽然讨论的是民国时期的大学生存状态，但引出的话题极为有趣，而且足以令人深思。我相信这本书一定会启发和推动这个话题的深入思考与探讨，一定会得出有价值的结论。

张元龙

2021年冬于天津

（作者系全国政协原常委、中华红丝带基金理事长、张伯苓研究会顾问、张伯苓之孙）

序 二

苏州大学金国博士的大笔《权力让渡与资源获取：变革时代的南开大学、政府与社会（1919—1946）》即将寿之枣梨，赐之览观，且顾托赘言以序。我作为曾经对南开校史及张伯苓涉笔成趣又笨而老矣者，很想分享南开之外的学人如何淡怀高识，于是接受了金国博士的尊稿，并愿率覆以代晒。

南开是鲁灵光式百年系列老校的简称。张伯苓是南开学校的奠基人和开山巨匠。他与南开"校父"严范孙先生鼎力合作于1904年创办私立天津南开中学，1919年创办私立南开大学，尔后南开女中、南开小学及重庆南开中学相继立世，成为卓有盛名的私立系列学校。张伯苓一生从事爱国教育事业，为我国教育的发展做出了重大贡献。张伯苓是近代享有盛誉的教育家、实践家和思想家，为构建近代私立大学教育的中国范式提供更多的思想成分。

南开大学的创建是南开学校的一个高峰和时代标志，使南开教育产生了一个方向性的变化。我于33年前撰写《南开大学校史（1919—1949）》曾经在"结束语"中说道："1919年到1949年，三十年时间，南开大学走过了艰难崎岖的历程。从最初仅有百余名师生，发展成国内外久负盛名的巍峨学府。它的创办人和开拓者付出了毕生的心力，一代学者辛勤耕耘，无私奉献了全部才智。在近代中国社会条件下，私立南开大学坚持自立、自强、自制的原则，发扬穷干、苦干、实干的精神，以'育才救国'为目的，以'允公允能'为校训，努力汲取和借鉴欧美教育经验，并从教训与挫折中，不断完善教学与管理机制，执着地探索教育同中国国情的结合，熔铸了严谨，行政精简，教学严格，生活活泼的校风和独具的办学特色，培养了一批又一批文化科学的优秀人才，为振兴国家和发展教育事业做出了贡献。"

金国博士是南开校史和张伯苓研究新的文本生产者。他的新著不是南开学校的编史学研究，而是紧扣私立大学办学中非常重要的两个方面：办学资源与办学自主权，展开论述。通过对私立南开大学办学历程的梳理，试图呈现不同政府时期私立大学与政府、社会之间的互动关系，以及办学者面临的角色困顿与抉择，彰显出更为丰富的价值意蕴。

办学自主权是私立大学的灵魂，办学资源是私立大学的生命线。经费之于学校，犹如血液之于人身。南开的发展需要社会及政府脐带供血。当年于此奔竞为事习以为常。张伯苓说过，南开比较的可以提得起来，有统帅的可能，主要的把握就是校长筹措经费的本领。有了钱，然后学校才可以维持开门。张伯苓这种办学资源观，源自他在美国私立哥伦比亚大学的留学及其对美国私立大学的广泛考察，使他对私立大学财务资源的社会捐赠留下了深刻的印象。南开大学建立肇始即秉承了美国的这一经验。现在美国私立大学仍然深化着这一传统。

至今世界大学排名的依据中财务资源和校友捐赠依然是重要的加权内容。张伯苓曾经说："盖私人经营之学校，其经济毫无来源，其事业毫无凭借，非得教育同志之负责合作，在校或出校校友之热烈拥护，与夫政府及社会各方面赞助与扶持，决不能奠定基础而日渐滋长也!"他更进一步称："社会实可谓南开之保姆，而南开实乃社会之产儿"。社会之于私立南开大学是非同小可的"压舱石"。

　　变革时代南开大学的研究，离不开与政府、社会关系的探索，只有厘清不同时期私立教育与政府及社会既联系又疏离的微妙复杂关系，才能真正懂得私立高等教育的本质特征和发展过程中的历史性、整体性、格局性的重大变化；只有将南开大学的发展历程紧扣张伯苓的教育追求，才能恰当理解南开大学与政府及社会若即若离的关系。

　　人文情怀也是分析南开大学社会关系不可忽视的因素。所谓人文情怀，主要体现在对人的尊严、价值、精神、命运等方面的维护与关怀上。著者在实现自我价值判断的同时，也对历史人物给予"同情的理解"，较好地处理了自我与他者的关系，使南开和张伯苓的开创性建树仍然具有历史的光芒。

　　张伯苓是善于运用和擅发社会信用的高手，他的社会网络一是社会名人、一是学生家长，翻开现存的几千封张伯苓信函大量是写给学生家长的。张伯苓的左右逢源而不远离"下金蛋的鹅"的所作所为，其实代表了民国时期所有利益相关的私立大学的立场。

　　张伯苓在政府和社会之间巧妙游走，是南开大学在复杂艰难国情中的"稳定之锚"。

　　《权力让渡与资源获取：变革时代的南开大学、政府与社会

（1919—1946）》一书意在将南开和张伯苓放到一个广阔的理论空间去探究。从线性解释走向综合理解，从具体知识走向整体意义。著者在该书的框架中以其高度统一的内在思想性和实践性，恰当的历史分析的批判性考察，使人感到鲜明的介入感。著者的研究，其在历史场景和现实场景之间建立的自然连接，包含着他个人的寄托，整个叙述并不彼此独立，而是互相关联，交织缠绕，一些具体分析往往同时勾连多条线索，尽管视角不一，但对南开的根本关涉是一致的。其所追求的学术目标，就是求真与求实的统一，展现一种个性思维，直抵南开教育的具体性和本真性。

在大学的资源配置模式中，如何协调好与政府、社会的关系，如何协调好自主性与组织性、差异性与统一性等矛盾之间的关系，是大学管理与改革中非常具有挑战性的问题。南开大学校史著作和南开学人张伯苓研究，虽然都曾或多或少地触及了南开大学与政府及社会在办学资源的关系，但都没有从权力让渡和资源获取的角度留下醒目而深刻的标记，更没有构建这一新的认识模式，该书显示出著者思想探索和执着追求的锐气，飙起学术的高音。

《权力让渡与资源获取：变革时代的南开大学、政府与社会（1919—1946）》一书，突破了校史书写的局限，丰富和发展了私立南开大学研究领域，拓展了张伯苓研究边界。动荡不安的国家情势、不发达的社会现状，成为私立南开大学发展的时代主轴线。在如此时代，南开大学以"私立非私有"的办学理念走出了一条独具特色的大学现代化道路，创造了大学—政府—社会共情发展的经验原型，为我们认识民国时期私立大学的本质特征提供了新的视野，为批判地揭示私立大学本土化、社会化与学术化三个尺度一体的空间化发展，提供了辨析和澄清。

该书弥补了近代中国私立大学研究中个案缺失以及"侧重一方"的不足。过去对于中国私立大学研究重视不够，或有涉及亦是单向的、静态的描述，缺乏综合性地将私立大学与政府及社会之关系统筹地加以考察，也没有将政府、社会一并纳入私立大学生存环境加以研究。该书没有停留在历史表象的整合与复述，而是将"南开—张伯苓"置于"政府—社会"的关联上，挖掘私立大学背后更深层次的意义，寻找自己的再叙述，具有了鲜明的底色与烙印。

该书历史意识的现代性表现是跨学科研究方法。著者始终将南开置于一个宏大的背景和视野之下，从历史学、教育学、管理学等视角，将南开、张伯苓、政府、社会编织在一起进行综合性研究；从结构搭建、章节长短、人物叙述、史实轨迹、时空变化之中，幻化成一段艰辛而又鲜活的历史叙述，折射著者的学术追求和学术良知。

学术研究是一种有态度、有情怀的工作。略窥著者写作理路，可以看出著者的理论思维历经酝酿、探索、形成阶段，构建起新的历史方位。所有这些都源于对南开校史及张伯苓教育人生的再度挖掘，和对私立南开大学与政府、社会关系的开拓性探索，从而提供了新的历史借鉴、思考路径及理论向度，提供了可资参考的学理概括和经验总结，可堪为了解南开和张伯苓的不二视域。

该书的结构表征与其吸纳了多样性文化资源有密切关系。理智缜密地处理大量多样的史料，是该书的一个显著特点。著者努力在历史的瓦砾中寻找出那些发光的、还有热度的碎片，以开放的视野经过辩章学术，考镜源流，对多元资料的研读和均衡推理，寻找南开历史上潜德幽光、沉埋已久的历史真相，呈现了南开大学发展的生动性、丰富性和独特性。

　　不以宽泛的视野进行研究，就不会取得令人瞩目的成就。该书是在十分广博的资料基础上述学立论的。据笔者对著者书后所附馆藏档案、史料汇编，报纸杂志，文集、书信、日记、回忆录、年谱，专著及论文等目录的粗略统计，大致不下320余种（篇）。著者并不信从历史资料提供的表面说辞，而总是努力找寻史料表面之下在他看来更为真实的意图和缘由，进而对历史文献进行批判性的考察，并由此培养学术自信。他对著作资料的掌握无论广度还是深度都是前人少有的。见识决定眼界。史料的丰腴与寡鲜是评价教育史著作学术价值高低的基本标准，也是展望学术著作的重要方向。

　　作为张伯苓教育价值的阐释者，心镌这部大著的情绪体验，借用一句话是：哪有什么诗歌和远方，我们所有的良辰与吉时，不过都是踩在教育先贤的肩膀上。

　　既承雅爱，拉杂数语，以为报命之序。

梁吉生

辛丑牛年仲秋之月于美国休斯敦

（作者系南开大学教授、张伯苓研究会顾问、南开校史与地方史研究知名学者）

序 三

近闻金国的著作《权力让渡与资源获取：变革时代的南开大学、政府与社会（1919—1946）》即将付梓，特邀我为之作序，欣然接受。该书是在其博士论文的基础上修改而成，作为曾经的导师，愿意借此谈谈此书此人。

虽然我国早在商周时期便有大学的出现，但真正近代意义上的大学在我国的诞生则是在 19 世纪末，即以北洋大学堂（1895 年）和京师大学堂（1898 年）的设立为标志。在相当长的一段时间包括后来的民国时期，官办大学（包括国立、省立、市立）凭借强力的政策支持和较为稳定的经费来源，始终占据我国 20 世纪上半叶大学发展舞台的中心。中华民国建立后，由于政府在政策方面降低了私立大学设立的门槛，由国人自办的私立大学方纷纷出现，涌现了诸如厦门大学、大夏大学、复旦大学、南开大学、中华大学等著名私立高校，成为民国时期我国高等教育的重要组成部分。其中南开大学的教学质量堪与国立大学媲美，全面抗战时期它能与两所顶级的国立大学组成"西南联大"，其实力可见一斑。然而，在后世对这些民办大学及其主持者的研究中，人们似乎更关心其发展中呈现的欣欣向荣和校长们独立办学思想的践行。在前几年"民国教育热"中，民国时期更被认为是私立大学发展的"黄金时期"，然而这不过是"想象的社会记忆"，忽视了这个时期私立大学发展过程中背后的艰辛，理念与现实之间的冲突，学府之间、学校与社会之间关系处理的痛苦，以及导致办学者在学校发展路向中抉择的困顿，而这才是民国时期民办大学生存与发展的真实样态。

金国的《权力让渡与资源获取：变革时代的南开大学、政府与社会（1919—1946）》一书，聚焦私立大学生存与发展过程中"办学自主权"与"办学资源"两个核心要素，通过丰富的公私史料的爬梳、整理，"转向历史的背后"，在探讨张伯苓执掌下的南开大学如何从无藉藉之名的区域私立大学，发展成为蜚声海内外的著名学府的原委之时，更关注办学过程的背后存在的困难、纠葛、困顿、抉择等，以及张伯苓处理这一切所体现的智慧和透露出的无奈，由此一窥"民国时期私立大学与政府、社会之间的互动，以及办学者所面临的困顿与抉择。"（见该书"绪论"）

本书注重"同情之理解"和"语境分析"。对于身处经济短缺、政治势力以及政府强力干预的环境，为使南开大学得以存继，并有更好的发展空间，作为一位讲求实用、行事务实之人，张伯苓以"若即若离"的方式小心翼翼地从政府获取资源，同时以"化缘和尚"的精神多方争取社会资源。面对强势政府的压力，张伯苓采取了相对灵活的策略选择，在做出办学自主权的部分让渡后，与政府之间展开持续的互动，尤其体现在政治上，张伯苓采取了参与而不介入，与政治保持一定距离。同时适当调整办学理念，与政府教育政策保持一致。作者提示我们，私立大学也不可能超越于政治之外。在近代中国特殊的背景下，办学资源多掌握在政治人物或者有政治背景的少数精英手中。私立大学想要获得办学资源，则必须在"教育与政治之间、在办学资源与办学自主权之间谋求某种平衡，乃至让渡某些权力。"（见本书"结语"）

"跨学科研究"是作者的一种学术追求。借鉴多种学科理论与概念，对教育历史问题进行深入探讨，是教育史研究的一大趋势。本书并不是一般意义上的大学史研究，而是通过对南开大学从普通地方私立学校成长为国内著名私立大学，以及最终又被收归国有的过程研究，揭示其中所反映的民国时期私立大学生存、发展的真相，还原民国私立大学发展的不易，并借以探讨影响私立大学得以生存、发展的原因。金国在研究过程中注意处理了民国史与大学史、政治史与教育史、宏观与微观等关系，借鉴了历史学、社会学、管理学、政治学等学科的概念、术语和研究方法等，从而使该研究更加丰富，更具理论深度。

毋庸讳言，本书也存在某些不足之处。教育史专业研究大学史与高等教育专业、历史学专业研究大学史，其取向有着某些不同，其中教育史的大学史研究，更应关注的是从历史视角阐述其中所包含的教育学意蕴，而不仅仅是历史"真相"的还原。

金国曾经是工科毕业的本科和硕士毕业生，却对历史、对教育、对各种人文学科表现出浓厚的兴趣和执着。当年报考时的面试环节，恰是其对教育史学习的热情和其较好的文字表达能力吸引了我。可能是由于金国自身硕士毕业后供职于一所民办学院经历，使其对民办高校的发展历史兴趣盎然。自其毕业论文选题后，便一直致力于以南开大学为代表的民国私立大学史研究，并在国内权威期刊上发表了多篇相关学术论文，初步形成了自己研究的特色，可喜可贺，借此也希望金国以此为起点，进一步彰显自己的研究特色，有更多更好的成果问世。

是为序。

胡金平

2021年暑期于苏州

（作者系南京师范大学教授、博士生导师）

目 录

绪　论

一、选题缘由

本书聚焦近代中国私立大学生存与发展的核心要素——办学自主权与办学资源，从关键性、典型性事件入手，以张伯苓执掌的私立南开大学（简称"南开大学"或"私立南开"）为个案，探讨民国时期私立大学与政府、社会之间的互动，以及办学者所面临的困顿与抉择。

对于南开大学的研究兴趣，主要源自其创办人之一张伯苓。朱九思先生在一篇文章中写道："20世纪上半叶的老一辈大学校长，我最钦佩三个人：一是北京大学的蔡元培，二是南开大学的张伯苓，三是浙江大学的竺可桢。"南开大学办学条件艰苦，但声誉很高。"当时其他私立大学之所以办得不如南开大学，就是缺少一个像张伯苓这样的校长。"①张伯苓是怎样的校长？一位朝鲜朋友对他的评价

① 朱九思：《我所钦佩的张伯苓校长》，梁吉生主编：《张伯苓的大学理念》，北京大学出版社，2006，第134页。

为："张伯苓是一个很简单的人，他不会效法同代高明人物的精明做法，但他脚踏实地勤奋工作，在自己的事业上获得了成功。"[1]事实上，除了脚踏实地、勤奋之外，张伯苓确有与众不同之处。相比同时代的教育家们，行伍出身的张伯苓略显"另类"，其办学理念、筹措经费的方式曾招致"非议"。张伯苓因开办实用性学科，而被同行讥讽为"只配做职业学校的校长"[2]；因争取"反动"军阀的捐助，而被外界，乃至师生"奚落"。其胞弟张彭春就曾"批评"道："钱虽重要，然而也要保守人格的尊严。"[3]但是也就是这么一位"另类"校长，在社会转型变革之际，周转腾挪，使得南开大学在不足20年的时间里，从一所地方性高校[4]，逐步转变为蜚声海内外的知名学府。全面抗战期间更是与北京大学、清华大学合并组建国立西南联合大学，成就了"教育史上的奇迹"[5]。

---

[1] John Leighton Stuart, et al., *There is Another China*. New York: Columbia University Press, 1948, p.4. 中译本见司徒雷登、胡适等：《别有中华：张伯苓七十寿诞纪念文集》，张昊苏、陈嘉等译，南开大学出版社，2019，第9页。

[2] 梁吉生：《张伯苓教育思想研究》，辽宁教育出版社，1994，第213页。

[3] 张彭春：《张彭春清华日记(1925)》，开源书局，2020，第219页。

[4] 叶文心(Wen-hsin Yeh)曾依据民国高校的办学质量和名望，区分全国性和地区性高校。其认为北京大学、清华大学和燕京大学属于全国性精英学校，吸引了全国各地的学生。私立的上海复旦大学、大夏大学和圣约翰大学是跨地区的高校，其生源的地理分布包括中国中部和南部的许多地区。20年代国民党主办的公立高校(中山大学、中央大学、四川大学)都是地区性学校，吸引好几个省的学生。详见叶文心：《民国时期大学校园文化(1919—1937)》，冯夏根、胡少诚等译，中国人民大学出版社，2014，第3页(导言)。按此理解，尽管私立南开大学面向全国招生，但在办学初期直隶籍生源最多，地方性特征较为明显。早期南开大学生源结构参见南开大学校史编写组：《南开大学校史(1919—1949)》，南开大学出版社，1989，第125—127页。

[5] 陈平原：《大学有精神》，北京大学出版社，2009，第68页。

张伯苓虽显"另类","书本知识他未曾用过许多功夫"①，但历练丰富，深谙处世之道。此外"他很自信"②"毅力亦很可钦佩"③，且善于演讲④，加之"魁梧身材，性情爽朗"⑤，别具魅力。张伯苓显然不属于"学者型"的学校领导者，筹措经费是其办学的主要任务。"在私立学校，校长弄钱的本领是必须有的"⑥，确如张彭春所言，张伯苓的"资本"之一即为"在外活动捐钱的能力"，其"最大的把握在能去捐钱"。⑦南开大学的生存与发展，离不开张伯苓的募捐与"化缘"。从1919年正式创办，至1946年被国民政府收归"国立"，私立南开历经风雨，跨越不同政府时期。在社会动荡变革之际，南开大学需要张伯苓这样的"另类"校长。怕也只有这样"另类"的校长才能应付周遭的情况，甚至不惜以牺牲自我为代价，谋求办学资源的获取，维持南开大学的生存与发展。

除却研究兴趣之外，研究私立南开大学亦有重要的学术意义。

首先，本书试图弥补近代中国私立大学研究中个案缺失以及

---

① 张彭春：《张彭春清华日记（1925）》，开源书局，2020，第154页。
② 张彭春：《张彭春清华日记（1925）》，开源书局，2020，第24页。
③ 张彭春：《张彭春清华日记（1925）》，开源书局，2020，第112页。
④ 据黄钰生回忆，张伯苓的演讲声音洪亮，亦庄亦谐、妙喻如环。另据后人回忆："张伯苓演讲一口纯正的天津话，那绝不是被现代相声小品以及诸多影视混混亵渎了的天津话，那是一口极其纯朴、厚重，极具感染力、鼓动力、召示力的乡音。"见黄钰生：《〈张伯苓教育言论选集〉序》，申泮文编：《黄钰生同志纪念集》，南开大学出版社，1991，第124页；冯景元：《甲子人语》，百花文艺出版社，2007，第192页。
⑤ 张起钧：《西南联大纪要》，陈明章：《学府纪闻——国立西南联合大学》，南京出版有限公司，1981，第14页。
⑥ 张彭春：《张彭春清华日记（1925）》，开源书局，2020，第25页。
⑦ 张彭春：《张彭春清华日记（1925）》，开源书局，2020，第70页。

"侧重一方"的不足。自20世纪80年代开始，民国教育史研究逐渐兴盛。早期通论性著作[①]仅零星涉及私立大学办学概况与相关政策。值得一提的是，《中国古代私学与近代私立学校研究》较早将研究重点聚焦"近代私立学校"。王炳照先生在该著序言中特别述及，"长期以来，多数中国教育史研究者和大部分教育史教材和著述，多以研究官学为主，建立中国教育史特别是教育制度史的基本体系，而古代私学和近代私立学校，内容十分单薄，体系极不完整，研究很不充分和深入"[②]。时光荏苒，20余年来，虽渐有学者关注古代私学或近代私立学校，但研究内容依然单薄，体系仍不完整，尚有继续研究和探讨的必要和空间。该著虽非专治"私立大学"，但颇具启发意义。《近代中国私立大学研究》[③]是真正聚焦"近代中国私立大学"的开创性成果，该著整体考察了近代中国私立大学，"弥补了中国近代教育史上一段重要的空白"[④]。但"宏大叙事"的背后缺少对具体而微的历史事件的真切把握，也难以勾勒和还原"历史的真实"。更为重要的是，该著呈现的私立大学与政府之间的关系是静态的、自上而下的单向关系。而事实上私立大学的"府学关系"并非静止的，而是随着政府办学资源的依赖程度有所变化。此外私立大学的"府学关系"也非限于自上而下式的单向互动，其

---

① 代表性成果主要有熊明安：《中华民国教育史》，重庆出版社，1990；申晓云：《动荡转型中的民国教育》，河南人民出版社，1994；李华兴：《民国教育史》，上海教育出版社，1997。
② 王炳照：《序》，王炳照主编，吴霓、胡艳编写：《中国古代私学与近代私立学校研究》，山东教育出版社，1997，第1页。
③ 宋秋蓉：《近代中国私立大学研究》，天津人民出版社，2002。
④ 朱九思：《序：兼谈需要澄清的一段特殊历史》，宋秋蓉：《近代中国私立大学研究》，天津人民出版社，2002，第1页。

中包含着生动、具体的双向博弈的过程。要呈现这一博弈过程，需要个案研究来"解剖麻雀"，需要从更微观的视角来呈现相对复杂、细腻、生动的互动关系。私立南开大学因其历经不同历史阶段，与不同政府、社会各界展开广泛互动，且办学卓著，具备个案研究的典型性与代表性，较好弥补了近代中国私立大学研究中个案缺失的遗憾。

此外，现有成果亦存"偏重一方"的不足。既往学者要么着力于私立大学与政府之间的密切往来，要么聚焦于私立大学与社会之间的互动关系，少有将两者一起纳入学术研究的视野。事实上就近代中国的特殊时代背景而言，私立大学在其办学历程中不仅要与政府或政治人物保持密切的往来互动，更加离不开社会各界的鼎力支持。将政府、社会一并纳入私立大学的研究，才有可能真实、全面地揭示私立大学的生存境遇与生存之道。

本书虽属个案，但亦是特定场域中的个案，具有普遍性的意义。对南开大学的研究有助于深入理解政府如何通过办学资源的控制，逐步消解私立大学的办学自主权；也有助于细致探讨私立大学如何围绕办学资源的获取主动或被动调整与政府之间的关系；还有助于阐明私立大学如何借助社会力量参与办学，削弱对政府办学资源的依赖，抵制国家力量的无端侵扰。所有这些，集中展现了一种迥异于国立大学的"府学关系"，而这恰是民国时期私立大学争取"教育独立"的"别样之路"。

其次，尝试突破大学校史书写的局限，丰富和扩展了私立南开大学研究领域。相比西方国家，国内的大学校史研究起步较晚，存在诸如"家史化""正史化""上层史""空洞化"等方面

的问题。①就私立南开的校史研究而言，过往学者的研究多集中于
史料收集、整理、编撰等学术奠基工作，多聚焦于学校管理、教育
教学等学校内部研究，较少涉及学府与政府、社会之间的往来互动。
然而随着研究的逐步深入，渐有学者关注南开大学的外部互动。诸
如《蒋介石与张伯苓及南开大学》②一文着重梳理了蒋介石与张伯苓
的交往对于南开大学发展的重要作用，这也为本研究奠定了一定的
基础。作为民国时期具有代表性的私立高校，南开大学在其办学过
程中为获取办学自主权和办学资源而与政府、社会展开了密切的往
来互动，这些不应被研究者所忽略。在一定意义上，本书属于大学
校史研究的范畴，但并没有将之局限于"校园"或"教育"内部，
而是将之放在更广阔的时代背景中加以考察和分析，试图走出学校
"成长史"或"革命史"的既往研究框架。

　　再次，私立南开大学也是研究民国高等教育史的重要切入口。
因属"私立"，为维持生存与发展，南开大学加强了与政、商、学等
社会各界的密切往来。据对张伯苓往来函电的统计，其内容涉及筹

---

① 张斌贤、杜光强：《高等学校校史研究的现状、问题与趋势》，《大学教育科学》，
2015年第5期，第87—97页。2000年以来，国内学者对于大学校史或大学史研究的
取径、视域、方法或存在问题等方面进行了诸多有价值的讨论，主要成果有李春萍：
《大学史辨》，《华南师范大学学报》（社会科学版），2001年第2期，第113—119页；张
斌贤：《关于大学史研究的基本构想》，《北京大学教育评论》，2005年第3期，第13—
17页；蒋宝麟：《中国大学史的研究取向与方法》，王健：《中国史理论前沿》，上海社
会科学院出版社，2016，第154—162；刘海峰主编：《中国大学校史研究的回顾与前
瞻》，厦门大学出版社，2016；田正平、潘文蓓：《关于中国大学史研究的若干思考》，
《社会科学战线》，2018年第2期，第237—244+282页；丁乙：《"党国视角"、知识生产
与地方性经验——"民国大学史"研究的新动向及其反思》，《教育学报》，2019年第5
期，第113—128页。
② 江沛：《蒋介石与张伯苓及南开大学》，《民国档案》，2011年第1期，第69—79页。

措经费、学校用地、用物；学校招生、师生社会实践与调查研究、毕业生就业推荐；体育活动、基督教青年会活动，以及政治活动，等等。信件涉及中外各类人物2100余人，主要有民国时期的党政要员，如袁世凯、徐世昌、黎元洪、傅作义等；南开学校的创办人、师生、校友及学生家长，如严修、杨石先、黄钰生、喻传鉴、伉乃如、何廉、张平群等；民族实业家和金融界人士、社会贤达，如卢木斋、熊希龄、周作民、范旭东、李组绅等；民国教育部、河北省政府、河北省教育厅、天津市政府等相关管理部门及其行政首长，如蒋梦麟、陈立夫、王世杰、朱家骅、于学忠、陈宝泉等；大学校长及学界、文化名人，如蔡元培、胡适、任鸿隽、马寅初、徐悲鸿、司徒雷登、章士钊、梁启超等；基督教青年会及体育界人士，如王正廷、饶伯森（C.H. Robertson）、格林（Robert R.Gailey）、余日章、郝更生等。[1]因此，对张伯苓及其执掌的南开大学的研究，将有助于考察和分析民国时期相关教育政策的出台与落实、学人之间的互动交流、府学关系以及师生校园生活等涉及民国教育史研究领域的方方面面。确如南开大学的"四大金刚"之中的华午晴、伉乃如所言，"南开虽小，而其发展之程序适足以反映我国革新运动之趋势"[2]。南开大学不仅是"教育史上的奇迹"，也是研究民国高等教育史的"宝藏"。南开大学的个案研究，有利于深化理解20世纪20年代前后的教育独立思潮，以及中国大学办学模式变迁的内在动因，等等。

---

[1] 梁洁生、张兰普编：《张伯苓私档全宗（上卷）》，中国档案出版社，2009，第1—3页。
[2] 华午晴、伉乃如述，乐永庆、梅宝昌记：《十六年来之南开大学》，《南大半月刊》，1934年第15期，第6页。

二、概念界定

时过境迁，一些概念会随着时间的推移而发生变化。为避免歧义，特将相关概念界定如下：

私立高校与私立高等教育。本书在相关章节频繁使用了私立高校、私立高等教育等概念。需要说明的是现今语境下的"私立高等教育"，在民国时期的表述应为"私立专门以上学校"，包含私立大学和私立专门学校。私立大学，即私人或私法人创办之大学。私立专门学校，即"由私人或私法人筹集经费，依本令（按：指《专门学校令》）之规定设立专门学校，为私立专门学校"①。而大学与专门学校的差别在于：其一，从培养目标而言，专门学校偏重于"应用型"人才培养，是"以教授高等学术，养成专门人才为宗旨"②。而私立大学侧重于"学术型"人才培养，是"以教授高深学术，养成硕学闳材，应国家需要为宗旨"③。其二，从专业设置来说，大学相对宽泛、多元一些。依据《大学令》之规定，"大学以文理二科为主"，或"文科兼法商二科者"，或"理科兼医农工三科或二科、一

①《教育部公布专门学校令》，中国第二历史档案馆编：《中华民国史档案资料汇编·第三辑·教育》，凤凰出版社，2010，第107页。
②《教育部公布专门学校令》，中国第二历史档案馆编：《中华民国史档案资料汇编·第三辑·教育》，凤凰出版社，2010，第107页。
③《教育部公布大学令》，中国第二历史档案馆编：《中华民国史档案资料汇编·第三辑·教育》，凤凰出版社，2010，第108页。尽管1917年教育部颁布的修正大学令中规定"单设一科者，称为某科大学"，但一般而言，大学的学科设置相对多元。修正大学令参见《教育部公布修正大学令》，中国第二历史档案馆编：《中华民国史档案资料汇编·第三辑·教育》，凤凰出版社，2010，第167—169页。

科者"①。而专门学校的专业设置较为单一，诸如法政专门学校、医学专门学校、工业专门学校等。虽然私立大学与私立专门学校有所差别，但都属于现今所理解的高等教育范畴。基于此，本书中"私立高校"或"私立高等教育"即指代私立专门以上学校，包括私立大学与私立专门学校。

相比"大学"而言，办理"专门学校"相对容易。张伯苓在尝试创办高等教育时，即从"专门学校"入手，试办"专门科"。特别强调的是，本研究述及的私立大学、私立专门学校或者私立高校、私立高等教育，均不包含教会学校。

教育独立与权力让渡。民国时期"教育独立"有两种语义："一是指尊重教育规律，反对教育被政治工具化，反对政权、政党、政潮和意识形态干扰、干预、控制教育；并对教育界自身的政治关怀意识和参政方式也采取克制和谨慎的态度。二是指教育主权的独立和教育内涵的民族化，主张不依赖于外国势力、不因袭和照搬外国模式。"②本书所指教育独立即为前一种，但具体内容有所区别。如教育经费是国立大学争取教育独立的重要方面，但于私立大学而言，因办学经费主要不来自于政府，因此私立大学的教育独立不包括教育经费的独立，主要指反对国家力量无端干扰、侵蚀私立高校的办学自主权。权力让渡，即指私立大学办学自主权的让渡。

资源。在本书中，"资源"即办学资源，是一个意义较为广泛的概念，凡是有利于学校发展的人、财、物，以及无形的关系资源、

<hr>

① 《教育部公布大学令》，中国第二历史档案馆编：《中华民国史档案资料汇编·第三辑·教育》，凤凰出版社，2010，第108页。
② 姜朝晖：《民国时期教育独立思潮研究》，中国社会科学出版社，2008，第1页。

品牌资源等均涵括其中。诸如，在谈及张伯苓如何利用体育提高学校"知名度"时，"知名度"即为无形的品牌资源。再如在述及张伯苓与基督教的互动时，涉及张伯苓与基督教青年会之间的"关系资源"，也即张伯苓通过与基督教青年会建立的深厚"关系"，获得了海外基金会经费支持的便利。在此语境下"关系资源"也是办学资源的一种。当然，在一般论述的语境中，办学资源即指办学经费或者师资。对于私立大学来说，办学经费与师资是决定学校生存、发展的重要办学资源。

三、研究回顾

现有成果主要涉及三个领域：一是张伯苓研究，二是私立南开大学研究，三是近代中国私立大学研究。需特别说明的是：（1）鉴于张伯苓在私立南开创办及后续办学中的重要作用，故将题名为"张伯苓"的研究成果单列回顾。尽管张伯苓在办学过程中发挥重要乃至主导性的作用，但不能将之等同于私立南开大学。严修等校董会成员、教职工及学生群体等亦是南开大学办学的重要参与者、贡献者。（2）囿于研究主题，有关张伯苓研究主要围绕高等教育展开，近代中国私立大学的研究回顾主要围绕私立大学与政府、社会的互动展开。

（一）张伯苓研究

客观来说，学界对张伯苓的研究起步较早，但由于历史原因，中间一度断裂、停滞。早在1940年初，南开校友会便召开常务委员会，提议收集张伯苓校长的教育言论并出版文集。1945年喻传鉴编著了纪念文集《张伯苓先生七旬寿辰纪念册》①。1948年司徒雷登（John Leighton Stuart）等为庆祝张伯苓寿诞编著《别有中华》②一书。该书收录了司徒雷登撰写的《序言》与胡适的《张伯苓：一代师表》，述及了张伯苓的办学境遇、办学历程以及所取得的办学成就。20世纪50—70年代，在中国大陆批判张伯苓之时，台湾地区先后编印了《八旬诞辰纪念册》《张伯苓先生百年诞辰纪念册》③以及《张伯苓先生传》④等，为后人研究累积了珍贵的资料。自80年代开始，张伯苓的名誉获得恢复，自此南开大学组织力量，逐步收集、整理、出版一些校史资料⑤，加之相关回忆录、纪念文集的出版⑥，为张伯苓研究奠定了较为厚实的研究基础。在史料收集、整理的基础之上，

---

① 喻传鉴编：《张伯苓先生七旬寿辰纪念册》，重庆南开校友总会，1945。

② 司徒雷登、胡适等：《别有中华：张伯苓七十寿诞纪念文集》，张昊苏、陈嘉等译，南开大学出版社，2019。

③《八旬诞辰纪念册》与《张伯苓先生百年诞辰纪念册》均收录于郭荣生、张源编：《张伯苓先生纪念集》，文海出版社，1975。

④ 孙彦民编著：《张伯苓先生传》，中华书局，1971。

⑤ 代表性成果有王文俊、梁吉生等编：《张伯苓教育言论选集》，南开大学出版社，1984；梁吉生编著：《张伯苓与南开大学》，山西教育出版社，1995；崔国良编：《张伯苓教育论著选》，人民教育出版社，1997；梁吉生、张兰普编：《张伯苓私档全宗（上、中、下）》，中国档案出版社，2009；梁吉生撰著：《张伯苓年谱长编（上中下）》，人民教育出版社，2009；龚克主编：《张伯苓全集（全十册）》，南开大学出版社，2015；梁吉生主编：《张伯苓教育智慧格言》，人民教育出版社，2016；梁吉生、张兰普：《张伯苓教育佚文全编》，人民教育出版社，2019；张兰普、梁吉生编：《铅字留芳大先生——近代报刊中的张伯苓（上、下）》，天津社会科学院出版社，2021。

⑥ 诸如南开大学校长办公室编：《张伯苓纪念文集》，南开大学出版社，1986；宋璞主编：《张伯苓在重庆（1935—1950）》，重庆出版社，2004；李群林、丁润生主编：《张伯苓与重庆南开纪念文集》，香港天马图书有限公司，2001；宁恩承：《百年回首》，东北大学出版社，1999；何廉：《何廉回忆录》，朱佑兹、杨大宁等译，中国文史出版社，1988；方显廷：《方显廷回忆录》，方露茜译，商务印书馆，2006；蒋廷黻：《蒋廷黻回忆录》，东方出版社，2011。

催生了一批高质量的学术成果。这些成果主要聚焦以下方面：

1. 张伯苓教育思想及办学实践研究

尽管周恩来对张伯苓"照顾"有加，但是在80年代前后，学界很少公开正面、客观地评价张伯苓。1981年刊发的《爱国的教育家张伯苓》[①]一文是为数不多正面评述张伯苓办学业绩、教育思想以及政治态度的学术论文。论文刊出之后，引发各方广泛关注。此后，张伯苓教育思想及办学实践的研究日益增多。综观现有成果，着墨最多、用力最深的当属梁吉生，其出版的两部专著是该领域的标志性成果，也为后续研究奠定了坚实的基础。梁吉生多年来致力于张伯苓及私立南开大学的资料收集、整理和研究工作。1994年出版的《张伯苓教育思想研究》[②]是首部系统论述张伯苓教育思想的著作。著名汉学家周锡瑞（Joseph W. Esherick）给予了较高评价，指出过往研究往往关注上海和北京，且主要关注国立大学或教会大学，而对中国人创办的私立大学关注不够，认为该著的深入研究与客观论述使其成为对南开大学和南开中学历史感兴趣的人不可多得的入门书。[③]本书的出版标志着学界对于张伯苓的研究摆脱了单一的政治性评价，走向更为广阔的教育文化视野。

2003年梁吉生又一著作《允公允能 日新月异：南开大学校长张伯苓》[④]得以出版。该著聚焦于张伯苓创办高等教育的举措和办学实践。全书围绕学生培养、体育、师资队伍建设、学校管理体系的构建等方面

---

① 梁吉生、杨珣：《爱国的教育家张伯苓》，《南开学报》（哲学社会科学版），1981年第1期，第36—43页。

② 梁吉生：《张伯苓教育思想研究》，辽宁教育出版社，1994。

③ Joseph W. Esherick, Ye Wa, *A study of zhang boling's educational thought (review)*. China Review International, Vol.2, No.2, Fall 1995, pp. 355—359.

④ 梁吉生：《允公允能 日新月异：南开大学校长张伯苓》，山东教育出版社，2003。

展开，全方位论述了张伯苓的办学实践，研究范围进一步扩展，研究视野更为开阔。在论及学校管理方面，作者认为正是基于张伯苓对于南开大学的有效管理，才使得南开走出一条"小而优""小而美"的有特色的管理之路，不仅为私立大学的治校管理树立了典范，也为我国近代高等教育管理思想增添了宝贵经验。当然，学界对于私立南开的学校管理并非都是正面评价。《1929年私立南开大学教授流入国立清华大学的分析》①一文直言不讳地指出南开大学内部治理的不足之处。文章认为1929年南开大学3位骨干教授流入国立清华大学，是清华校长罗家伦竭尽全力延揽人才的成果，更是南开大学经济硬实力不够强大与内部管理制度等软实力不够成熟的结果，校长行政班子权力膨胀、专擅成了1929年教授离职的导火索。本书在分析教授离职风波时，受惠于该文。

除梁吉生的两部专著之外，还有一些代表性成果，从不同层面推进该领域研究。②这些成果丰富了张伯苓教育思想及办学实践研

① 宋秋蓉：《1929年私立南开大学教授流入国立清华大学的分析》，《现代大学教育》，2012年第3期，第44—49页。
② 较有代表性的成果有郑致光主编：《张伯苓传》，天津人民出版社，1989；梁吉生编著：《张伯苓与南开大学》，山西教育出版社，1995；梁吉生主编：《张伯苓的大学理念》，北京大学出版社，2006；孙海麟：*The Man Who Brought the Olympics to China—The Story of Zhang Boling*，新世界出版社，2008；王彦力：《张伯苓与南开：天津历史名校个案研究》，南开大学出版社，2015；王彦力：《南开精神化身张伯苓》，山西人民出版社，2019；Sarah Coles Mcelroy，*Transforming China Through Education: YanXiu, Zhang Boling, and the Effort to Build a New School System, 1901—1927*. Ph.D. Dissertation, Yale University, 1996；宋秋蓉：《私立时期南开大学校长张伯苓公共精神的研究》，《江苏高教》，2012年第4期，第152—155页；金国、胡金平：《张伯苓实学教育思想及其践行》，《河北师范大学学报》（教育科学版），2013年第11期，第47—53页；中国昌：《张伯苓治理南开大学的教育理念》，《教育家》，2017年第39期，第25—27页；闫涛、侯杰：《张伯苓、张彭春教育理念探析》，《天津大学学报》（社会科学版），2018年第5期，第434—438页。邢纯贵：《张伯苓体育思想研究》，《体育学刊》，1995年第1期，第50—55页；曹昊哲：《张伯苓体育思想下的南开童子军研究》，《天津大学学报》（社会科学版），2020年第1期，第82—87页。

究，但亦有值得深化的地方。任何教育思想的产生都与其时代背景息息相关，仅用"教育"的视角考察张伯苓的教育思想与办学实践似乎是不够的，需要从政治史、经济史、文化史等视角加以进一步的解读或阐发。

　　2.张伯苓与外界互动研究

　　其一，张伯苓与蒋介石之间的互动。为获取办学资源，张伯苓曾一度与蒋介石"走得近"，以不同的方式参政议政。由于历史原因，在相当一段时间内鲜有学者提及张伯苓与蒋介石之间的互动。《蒋介石与张伯苓及南开大学》①一文是该领域的代表作。文章指出，20世纪30年代初因教育理念相近，蒋介石与张伯苓由初识到相知，二人政治与教育的相互需求以及私人友情的增长，对于此后南开大学的发展关系重大。抗战爆发后，南开大学毁于炮火，蒋介石承诺"有中国即有南开"。随后在蒋介石的支持之下，南开大学与清华、北大共同组建西南联合大学，并在战后获得国立地位，并由此摆脱了办学经费困境。作为回报，视南开为生命的张伯苓积极投身政治以支持国民党政权，为南开发展置个人荣辱于不顾。虽然该文仅述及张伯苓与蒋介石之间的互动关系，但无疑张、蒋二人关系是理解南开大学办学以及张伯苓角色困顿与抉择的重要视角。

　　其二，张伯苓与同时代教育家之间的比较、互动研究。这类研究较少，且主要集中于"西南联大"这一时期。《西南联大"三常委"办学理念差异与契合》②《冲突与缓和：西南联大内部矛盾论

---

① 江沛：《蒋介石与张伯苓及南开大学》，《民国档案》，2011年第1期，第69—79页。
② 高建国、晏祥辉、李杰：《西南联大"三常委"办学理念差异与契合》，《云南师范大学学报》(哲学社会科学版)，2013年第6期，第132—141页。

析——兼论"联大精神"之实质》①《梅贻琦的沉稳与张伯苓的执
著》②《陶行知与张伯苓的学术政见异同》③等成果从不同人物视角
对比张伯苓的办学理念、办学方式以及政治态度。《蔡元培、张伯苓
学生管理思想共性研究》④一文呈现了蔡元培与张伯苓学生管理思想
中的共性方面，缓和了蔡、张二人关系"冲突"的一面。除"比较"
之外，尚有一些学人互动散见于诸类文集，有待从不同的视角加以
深入分析。

其三，张伯苓与基督教青年会之间的互动。张伯苓与基督教之
间的关系也曾一度被南开校史所极力回避。随着时代进步，相关成
果得以面世。论文《张伯苓与基督教青年会》⑤概要述及张伯苓通过
基督教青年会将西方体育项目引入天津，对天津体育事业的发展做
出重要贡献。《"宗教爱国"的提倡者——南开学校创办人张伯苓简
论》⑥一文着重阐释张伯苓的"宗教爱国观"。基督教徒的身份对于
张伯苓及南开大学获取办学资源有着重要影响，本书亦有所论及。

① 广少奎、刘京京：《冲突与缓和：西南联大内部矛盾论析——兼论"联大精神"之
实质》，《高等教育研究》，2012年第4期，第93—98页。
② 崔鹤同：《梅贻琦的沉稳与张伯苓的执著》，《教师博览》，2014年第11期，第25—
26页。
③ 储朝晖：《陶行知与张伯苓的学术与政见异同》，《河北师范大学学报》（教育科学
版），2015年第3期，第9—17页。
④ 金国：《蔡元培、张伯苓学生管理思想共性研究》，《徐州师范大学学报》（教育科
学版），2012年第2期，第23—28页。
⑤ 于学蕴、刘琳编著：《天津老教堂》，天津人民出版社，2005，第91—93页。
⑥ 侯杰、李钊：《"宗教爱国"的提倡者——南开学校创办人张伯苓简论》，卓新平、
许志伟主编：《基督教研究第七辑："全球地域化与中国基督宗教"学术研讨会论文
集》，宗教文化出版社，2004，第501—517页。

（二）私立南开大学研究

除却史料收集、整理等奠基性的成果之外①，现有成果可分为如下几类：

一是南开大学的创建与办学特色研究。该领域成果首推《南开大学校史（1919—1949）》②，该著由校方组织力量撰写，较为详实地论述了南开大学的创建及其办学历程、办学特色，是该领域的力作，也是后续南开校史研究的重要参考。但囿于时代背景，该著对于张伯苓的政治参与，以及与蒋介石、基督教青年会等之间的互动所论甚少。众所周知，南开大学的创建并非张伯苓一人之功，严修在办学过程中起着非常重要的作用。在某种意义上，没有严修即没有南开大学的创建。《严修、张伯苓与南开大学的创建》③与《中国私学百年祭：严修新私学与中国近代政治文化系年》④等成果在此方

① 整理出版的有关私立南开大学的主要史料有陈明章：《学府纪闻——国立南开大学》，南京出版有限公司，1981；夏家善、崔国良、李丽中编：《南开话剧运动史料（1909—1922）》，南开大学出版社，1984；崔国良、夏家善、李丽中：《南开话剧运动史料（1923—1949）》，南开大学出版社，1993；王文俊、梁吉生等编：《南开大学校史资料选（1919—1949）》，南开大学出版社，1989；南开大学校长办公室编：《日军毁掠南开暴行录》，南开大学出版社，1995；申洋文编著：《天津旧南开学校覆没记》，南开大学出版社，1995；梁吉生主编：《南开逸事》，辽海出版社，1998；崔国良、张世甲编：《南开新闻出版史料》，南开大学出版社，1999；南开大学新闻中心编：《回眸南开》，南开大学出版社，1999；南开大学校史研究室编：《联大岁月与边疆人文》，南开大学出版社，2004；南开大学校史研究室编：《最忆是南开》，南开大学出版社，2004；西南联合大学北京校友会编：《国立西南联合大学校史：1937至1946年的北大、清华、南开》，北京大学出版社，2006。
② 南开大学校史编写组：《南开大学校史(1919—1949)》，南开大学出版社，1989。
③ 梁吉生：《严修、张伯苓与南开大学的创建》，《南开学报》（哲学社会科学版），1999年第5期，第17—21页。
④ 李冬君：《中国私学百年祭：严修新私学与中国近代政治文化系年》，南开大学出版社，2004。

面有所揭示。关于南开大学的办学特色，其他成果从不同的角度亦有论述①，进一步深化了该领域的研究。

二是南开大学本土化（或土货化）研究。所谓本土化（或土货化）研究，也即"中国化"研究。《思想者的产业：张伯苓与南开新私学传统》②一书将南开学校作为整体考察对象，认为张伯苓坚持"土货化"办学方针，创办了南开系列学校，开辟了20世纪中国的"新私学传统"。在作者看来，张伯苓开创的新私学乃学校之私学，而非政党之私学。该著提供了一个全新的视角，即回望过去，将南开学校与传统私学建立关联，保持对话。在此方面进行探索的还有《张伯苓与南开大学的"土货化"》③一文，该文立足国情，分析了私立南开何以走上"土货化"之路，并形成鲜明的学科特色。

除了办学思想、办学理念的中国化，亦有学术研究的中国化。著作《南开经济研究所"经济学中国化"研究（1927—1949年）》④深入剖析了南开经济研究所如何使其学术研究中国化，使之更具实用性、应用性。该著指出，在20世纪20年代至40年代复杂动荡格局和恶劣严峻的社会环境中，南开经济研究所不仅没有走向衰亡，反

① 诸如王昊：《大学特色与学者识见：略论私立南开大学特色学术的生成》，《民办教育研究》，2007年第6期，第84—87页；闫广芬、王树时：《"知中国 服务中国"：张伯苓的南开大学办学之路》，《高校教育管理》，2009年第5期，第12—17页；吴立保：《民办大学特色化发展的案例研究——以张伯苓时期的南开大学为例》，《继续教育研究》，2010年第1期，第169—172页；彭泽平、金燕：《抗战前私立南开大学特色学术传统的生成及影响》，《教师教育学报》，2016年第3期，第70—76页。
② 华银投资工作室：《思想者的产业：张伯苓与南开新私学传统》，海南出版社，1999。
③ 李玉胜：《张伯苓与南开大学的"土货化"》，《现代教育科学》，2014年第3期，第115—119页。
④ 易仲芳：《南开经济研究所"经济学中国化"研究（1927—1949年）》，华中师范大学出版社，2015。

而迅速由弱变强、由小变大，成为民国时期公认的具有国际影响的研究中国经济的权威学术机构，一个很重要的原因在于南开经济研究所能够应时顺势，以"知中国，服务中国"为办学宗旨，以"务实应用"为科教理念，以"中国化"为学术特色，并与工、商、农、学、政以及国外学术机构密切互动，共同服务社会，推进学术，从而赢得广泛的国际声誉，建言献策亦能触动朝野。虽然"学术中国化"不是本书重点，但南开经济研究所与社会各界的互动可看作是南开大学与外界互动的缩影，有利于理解南开大学的生存策略。

三是南开大学学人群体研究。南开大学因倡导实学，注重实用技能培养，一直给外界留有学术性不足的印象。《论"边疆人文"与私立南开的学术传统》[①]一文，试图将南开大学学术传统中隐而不彰的"为学术而学术"的气质张扬出来，以此重塑南开大学的学术形象。《薪火相传：南开的学人与学术研究》[②]一书则尝试从学术与学人角度重新发掘私立南开的大学理念、办学机制、学术传统，从中解读办学特色何以形成的深层原因。《〈大公报·经济周刊〉南开学者经济学文选》[③]一书编选了何廉、方显廷、李锐、袁贤能等南开经济学人在《大公报·经济周刊》刊发的研究性论文、调查报告等文章。该书不仅是研究近代中国经济学史的重要文献，也是探讨南开学人学术活动、学术思想的重要史料。学人群体研究是私立南开研究的新方向，也是解读南开大学办学的新视角。

---

① 王昊：《论"边疆人文"与私立南开的学术传统》，《教育史研究》，2011年第3期，第69—72页。
② 王昊：《薪火相传：南开的学人与学术研究》，天津社会科学院出版社，2012。
③ 鲍志芳编：《〈大公报·经济周刊〉南开学者经济学文选》，南开大学出版社，2017。

（三）近代中国私立大学研究

学界在大学史研究中产生了较为丰硕的成果①，但相比而言，对近代中国私立大学的关注远远不够。自宋秋蓉的研究之后，近代中国私立大学研究渐受学界关注。为聚焦主题，将现有成果大体分为两类：

一是私立大学与政府（政界）关系及其互动研究。私立大学虽名为"私立"，但与政府（政治）关系密切。该领域成果主要涉及：其一，私立大学校长与政界的互动研究。因办学的特殊性，私立大学校长多与政界保持密切的联系，也为此招致时人诟病。比较而言，该领域的研究成果相对较少。除却上文提及的《蒋介石与张伯苓及私立南开》一文之外，《私立大学校长的政界人脉：以张寿镛执掌光华大学为中心》②则以张寿镛为个案，探讨私立大学校长与政界之间

① 代表性的大学史研究著作主要有：苏云峰：《从清华学堂到清华大学·1928—1937：近代中国高等教育研究》，生活·读书·新知三联书店，2001；王东杰：《国家与学术的地方互动：四川大学国立化进程（1925—1939）》，生活·读书·新知三联书店，2005；张雪蓉：《美国影响与中国大学变革（1915—1927）：以国立东南大学为研究中心》，华龄出版社，2006；许小青：《政局与学府：从东南大学到中央大学（1919—1937）》，中国社会科学出版社，2009；易社强：《战争与革命中的西南联大》，饶佳荣译，九州出版社，2012；刘超：《学府与政府——清华大学与国民政府的冲突及合作》，天津人民出版社，2015；牛力：《罗家伦与国立中央大学》，南京大学出版社，2015；魏定熙：《权力源自地位：北京大学、知识分子与中国政治文化，1898—1929》，张蒙译，江苏人民出版社，2016；蒋宝麟：《民国时期中央大学的学术与政治（1927—1949）》，南京大学出版社，2016；何方昱：《训导与抗衡：党派、学人与浙江大学（1936—1949）》，上海人民出版社，2017；娄岙菲：《重释蔡元培与北大：记忆史的视角》，社会科学文献出版社，2017；王春林：《地域与使命：民国时期东北大学的创办与流亡》，社会科学文献出版社，2019。大学史著作对国立大学或省立大学关注较多，而对国人自办的私立大学关注太少。
② 韩戍：《私立大学校长的政界人脉：以张寿镛执掌光华大学为中心》，《中山大学学报》（社会科学版），2017年第1期，第89—98页。

相互纠缠的复杂关系。光华大学虽属个案,但亦具有一定的代表性。《乱世清流——王伯群及其时代》①一书,在相关章节中述及了王伯群为办学与政界人物的交往与互动。于王伯群而言,教育仅是其诸多"事功"中的一项,而对于张伯苓来说,教育是其一生的事业。虽同为私立大学校长,但二者人生经历迥异,与政界互动的方式及成效也有所不同。

其二,一些代表性的个案研究则涉及政府与学府、教育与政治之间的互动。论文《抗战时期的部校之争与政学关系:以私立大夏大学改国立风波为中心的研究》②分析了大夏大学如何在国立问题上与教育部展开博弈,并最终使得教育部得以让步,继续维持私立属性,并获得高额的政府补助。大夏大学与南开大学同属私立,但"待遇"有别、命运殊途,这也反映了府学关系的个体差异。《战时私立大学与国民政府教育部》③一文主要以光华、复旦、大夏为例,从经费问题和党化教育两个方面,探讨抗战时期私立大学与政府之间纠缠复杂的政学互动。该文聚焦"战时"这一阶段,对抗战之前的政学互动未曾涉及。《从私立到党化:1930年前后中国公学的易长与改组》④一文探讨的虽然是"易长"与"改组",但其背后亦反映了特殊时期政府/政治与私立学校的复杂关系。论文《党国边缘的私

---

① 汤涛:《乱世清流——王伯群及其时代》,上海书店出版社,2021。

② 韩戍:《抗战时期的部校之争与政学关系:以私立大夏大学改国立风波为中心的研究》,《近代史研究》,2016年第1期,第124—137页。

③ 韩戍:《战时私立大学与国民政府教育部》,《民国研究》,2016年秋季号,第95—100页。

④ 严海建:《从私立到党化:1930年前后中国公学的易长与改组》,《史林》,2018年第6期,第127—142+216—217页。

立大学——黄尊三与北平民国大学（1928—1930）》①呈现了国民政府特定时期民国大学为谋求办学资源与军政人物的互动。《学人社团、校董会与近代中国私立大学的治理机制——以上海大同大学为中心（1912—1949）》②一文探讨了大同大学如何在应付国家权力的同时能够设计出一套适应机制，来确保维持本校权力结构、制度和经费筹集方式的独特性和适用性。民国大学、大同大学与政府的互动，也在一定程度上呈现了近代中国私立大学的"生存之道"。

二是私立大学与社会的关系及其互动研究。私立大学与社会之间关系密切。一方面私立大学的发展离不开社会各界的支持；另一方面社会发展也需要私立大学的人才供给。该领域研究主要涉及市民社会、社会转型、社会服务等议题。

《私立大学与近代中国萌芽中的市民社会》③一文认为在传统农业宗法社会向现代工商社会转型过程中，萌芽中的市民社会已经出现。私立大学与市民社会的发展具有同一性，并与其形成良性互动。但与此同时，由于中国长期的君主专制政治以及由此而形成的社会历史文化传统，使得近代中国市民社会发展极为不成熟并由此决定了私立大学的局限性。对此，张伯苓深有体会，南开校训中的"允公允能"即有矫正民族五病（愚、弱、贫、散、私）之意。

关于私立大学与社会环境、社会转型的关系，叶文心在《民国

① 李在全：《党国边缘的私立大学——黄尊三与北平民国大学（1928—1930）》，《"中研院"近代史研究所集刊》，2019年第106期，第47—86页。
② 蒋宝麟：《学人社团、校董会与近代中国私立大学的治理机制——以上海大同大学为中心（1912—1949）》，《华中师范大学学报》（人文社会科学版），2015年第1期，第126页。
③ 宋秋蓉：《私立大学与近代中国萌芽中的市民社会》，《现代大学教育》，2006年第1期，第48—51页。

时期大学校园文化（1919—1937）》①中论述了社会环境的变革对于
上海等地区私立大学办学的影响。其在《民国知识人：历程与图
谱》②中亦提及"中国官绅所办的私立大学"与社会环境的互动，但
叶氏对上海"情有独钟"，只述及中国公学与复旦大学，不曾提及北
方的私立大学。尽管如此，该著的论述视角颇有启发意义。《私立大
学与近代中国的社会转型》③一文认为20世纪上半叶，中国政治、
经济、文化的转型发展为私立大学的发展壮大带来了前所未有的机
遇。但另一方面，中国近代私立大学也推动了近代中国的社会转型，
具体表现在：私立大学动摇了高度政治化的社会传统、壮大了市民
社会的力量以及增强了相当独立的私人力量，彰显了私立及团体的
个性。就历史贡献来说，私立大学在推动中国由"有政府、无社会"
的传统社会向"小政府、大社会"的现代社会的过渡中发挥了积极
作用，对于中国社会走向现代文明之路具有重要意义。私立大学与
社会转型之间的关系，常被过往学者忽略，该文扩展和丰富了私立
大学研究领域。

　　在社会服务方面，《厦门大学与闽南区域社会文化变迁研究——
以私立时期（1921—1937）为中心》④一文述及私立厦门大学与区域
社会教育、区域文化发展以及区域社会风俗变迁的关系。该研究虽

---

① 叶文心：《民国时期大学校园文化（1919—1937）》，冯夏根、胡少诚等译，中国人
民大学出版社，2014。
② 叶文心：《民国知识人：历程与图谱》，生活·读书·新知三联书店，2015，第21—
26页。
③ 宋秋蓉：《私立大学与近代中国的社会转型》，《华东师范大学学报》（教育科学
版），2004年第1期，第73—79页。
④ 曾海洋：《厦门大学与闽南区域社会文化变迁研究——以私立时期（1921—
1937）为中心》，厦门大学：博士论文，2007。

属个案，但对于了解抗战之前私立大学与社会关系不无裨益。

除了以上成果，相关著作对本研究亦具启发意义。许美德（Ruth Hayhoe）在其专著《中国大学1895—1995：一个文化冲突的世纪》①中对民国时期大学与政府的关系进行了细致深入的考察和论述，其认为中国大学在引进西方模式的同时，也在引进大学关于学术自主以及学术自由的观念，而政府为了自身利益的需要，则采取措施使得学术自主及学术自由能为政府、为国家建设所用。当然，这两者之间势必产生冲突。代表大学一方利益的知识分子、学者则必然向政府谋求教育的独立，这也是《民国时期教育独立思潮研究》②一书所要着力梳理、厘清的问题。作者致力于对民国教育独立思潮进行整体性的考察，力争反映该思潮在其发展的完整时间段里所囊括的主要理论诉求，以及这种诉求产生的历史背景。显然，这一教育独立思潮，对于张伯苓是深具影响的。这也是张伯苓希望创办"真正民立的大学"的原因所在，也是复校阶段张伯苓不愿将私立南开国立化的原因所在。

综上，现有成果对张伯苓、南开大学以及近代中国私立大学均有所探讨，但依然有进一步研究的必要和空间。具体来说主要有如下几个方面：

一是南开大学（或张伯苓）与政府（政界）互动研究有待拓展。从现有研究来看，涉及学府、官府互动关系的成果不多。《蒋介石与张伯苓及私立南开大学》一文虽涉及南开大学与政府（政界）的互

---

① 许美德：《中国大学1895—1995：一个文化冲突的世纪》，许洁英译，教育科学出版社，2000。
② 姜朝晖：《民国时期教育独立思潮研究》，中国社会科学出版社，2008。

动，但研究时间跨度未涵括南开大学发展历程。不同政府时期，围绕资源获取与办学自主权，南开大学的办学策略有所调整，而这些鲜有人关注。

二是南开大学（或张伯苓）与社会各界（工商、基督教、军阀、媒介等）互动有待进一步研究。就与工商界之间的互动而言，南开大学为私立学校，办学经费有赖于募捐，学生培养有赖于工商界的"消化""吸收"，因此二者之间保持着密切互动，然而现有成果中尚不多见这方面的内容；就与基督教青年会之间的互动而言，亦尚有进一步研究的必要。事实上基督教对南开大学以及张伯苓本人的帮助、影响是巨大的。张伯苓在海外享有较高的知名度，以及南开大学能够获得海外基金会的资助离不开基督教的帮助。这方面的研究有待进一步的拓展。此外，南开大学与军阀、媒介之间的互动，以往成果中也较少提及，尤其私立南开通过媒介的力量争取办学资源及办学自主权方面的研究尚不多见。

三是私立大学外部互动研究仍需深入探讨。虽然学界对近代中国私立大学外部互动研究有所关注，但依然有深入探讨的必要。如在私立大学与政府互动研究方面，可以更长时间跨度、更为细致探讨私立大学如何围绕资源获取主动或被动地调整与政府之间的关系等；再如在私立大学与社会互动研究方面，可以深入探讨社会力量参与办学对于私立大学争取办学自主权的作用与意义等。

四、研究思路与史料

除去绪论，本书分为五个部分。

　　第一部分主要为南开大学的"史前史"，内容涉及私立南开高等教育的试办以及南开大学的正式创办。史前史的撰写有两个目的：一是呈现社会环境对于私立高等教育发展的制约性影响，为后续南开大学与政府、社会的互动埋下"伏笔"；二是通过"史前史"的描述，利于回到历史的"规定情境"，充分理解和客观评价南开大学的办学理念，以及创建时的艰辛和不易，也利于"同情之理解"张伯苓在学校发展过程中面临的角色困顿与抉择。

　　第二部分主要考察和论述南开大学何以在北京政府（即北洋政府）的教育治理下，通过社会办学资源的获取，游走于教育与政治之间，并以此谋求教育独立与资源获取之间的平衡。其中包括对北京政府教育治理逻辑的简要分析，以及南开大学如何与政府（或政治人物）展开互动。一方面张伯苓希望通过加强互动获取办学资源，另一方面也不希望卷入政治当中，以防受到牵连。为摆脱政府资源的依赖，获得更多的办学自主权，南开大学还通过与基督教青年会、军阀、银行业、工商界、基金会等的互动以及体育的提倡来获取办学资源。

　　第三部分内容主要阐述在国家力量强势介入、渗透教育领域的背景之下，南开大学如何自处。在此发展阶段，随着国民政府对私立大学控制力度的增强，南开大学遭遇资源获取的困境，被迫萌生"国立"的想法。为化解困境，一方面南开大学不得不让渡部分办学自主权；另一方面为维持办学则不得不立足于天津，加强与社会的互动，进行差异化办学，以缓解困境。

　　第四部分内容主要论述在全面抗战之后，南开大学在复校之时再次遭遇发展困境，也因此再度萌生"国立"的想法。为使办学得以为继，张伯苓调整了办学策略，包括顺应蒋介石的"拉拢"，积极参与政治；亦包括顺应政府教育政策，积极调整办学理念，等等。但即便如此，南开大学也难逃"商改国立"的命运。本章节还分析了政府收归南开大学的原因，以利于理解国民政府时期的政府与学府、教育与政治之间的关系。

最后即结语部分。尝试在时代变革的背景之下，以南开大学为个案，整体性思考近代中国私立大学与政府、社会之间的关系，并在此基础上分析和探讨张伯苓在办学过程中面临的角色困顿与抉择。

史料搜集与整理是研究的基础，本书充分利用南开大学馆藏与已出版校史档案。得益于前辈学者的不懈努力，南开大学在史料整理上"蔚为大观"，出版了诸多校史资料，为本研究奠定了基础。①除此，本书还充分利用美国明尼苏达大学（University of Minnesota）、中国台湾"中研院"近代史研究所、天津档案馆、第二历史档案馆等馆藏纸质或数字档案，以及严修、张彭春、何廉、方显廷、蒋廷黻、宁恩承、黄钰生、萧公权、吴宓、颜惠庆、黄炎培、蒋介石、蔡元培、胡适、王世杰、陈立夫、翁文灏、钱昌照、马千里、穆藕初等时人日记、回忆录、年谱、纪念文集等，以补校史资料之不足。南开校园刊物，诸如《南开周刊》《南大半月刊》《南大周刊》《南开双周》《南开校友》《南大副刊》等对学校办学多有记载，也是研究南开大学的重要史料。此外，民国时期的报纸杂志对于南开大学及张伯苓等多有报道，也是本研究重要的史料补充。

---

① 整理、出版的相关校史资料，详见"研究回顾"，兹不赘述。

第一章

从专门科（班）到"真正民立的大学"：
高等教育的初步尝试

与同时代的私立大学、国立大学相比，私立南开大学较为突出的特点在于"自成体系"，其在创办之时拥有优良的中学生源基础，这是其他大学所无法比拟的。尽管南开大学"面向全国"招生，但南开中学仍为其主要的生源基地。①专门科（班）的创办与南开中学毕业生的继续深造密切相关。在正式创办南开大学之前，严修、张伯苓曾有过办理专门科（班）的尝试和努力，然而不幸的是均以失败告终。尽管如此，回顾南开大学创办前的"史前史"依然很有必要。它有利于回到历史的"规定情境"，充分理解社会背景对于私立

---

① 据1921年南开大学教务管理规则可知，南开大学对于本校中学毕业生（国文、英语70分以上，其他各科及格）实行免试入学政策。（详见《南开大学教务管理规则（1921年春）》，龚克主编：《张伯苓全集——第九卷 规章制度》，南开大学出版社，2015，第321页。）1923年私立南开大学招生简章对于入学资格有如下规定：（1）三三学制高级中学毕业生或大学预科毕业生应本校入学试验而及格者；（2）本校高级中学毕业生成绩优美者；（3）由我校所承认之大学正科转学者。见《入学资格》，《天津南开大学一览》，协成印刷局，1923年，第13页。总体来说，南开大学对于本校中学生还是有所"照顾"和"优待"。宁恩承在其回忆录中亦述及生源来源："南开大学的学生百分之七十由南开中学毕业提升，只有百分之三十是其他中学毕业学生考入。"详见宁恩承：《百年回首》，东北大学出版社，1999，第96页。

高校生存、发展的制约性影响；也利于"同情之理解"办学者在学校发展的关键时刻所作出的抉择以及办学策略的调整。

第一节 专门科（班）的两次尝试

民国初年，随着南开中学办学质量的提升、办学规模的扩大[①]，严修、张伯苓开始着手尝试开办高等教育。[②]在1919年正式创办南开大学之前，严修、张伯苓曾有两次办理专门科（班）的经历。

1915年8月，南开学校增设英语专门科一班。[③]学生17名[④]，修业期限三年，研习科目包括：修身、国文、英文、德文、历史、地

---

① 据梁吉生著《允公允能 日新月异：南开大学校长张伯苓》(山东教育出版社，2003，第44页)记载：1912—1919年间南开中学的学生入学率平均每年增长26%，生源除西藏、新疆外，来自全国各个省市，连美国、南洋的华侨子弟也慕名而来。1917年南开中学学生人数突破千人，举行千人纪念。见郭荣生、张源编：《张伯苓先生纪念集(八旬诞辰纪念册)》，文海出版社，1975，第58页。

② 中国台湾版《张伯苓先生传》认为，张伯苓创办高等教育是其认为，"中学为培养中级干部场所，欲提高学术水准，迎头赶上欧美，非成立大学及研究所不可。故兴办高等教育的念头与日俱增"。详见孙彦民编著：《张伯苓先生传》，中华书局出版社，1971，第9页。另据《学府纪闻——国立南开大学》一书记载，"据张伯苓先生说，以上各班(按：英语专门科与高等师范专门班)开设的原因，约有下列三端：一、为未考取理想大学或留美之同学补习。二、使未考取理想大学或留美者，可留校作教员。三、使技能科(如体育)特优之同学进修"。详见《南开校史》、陈明章：《学府纪闻——国立南开大学》，南京出版有限公司，1981，第12页。

③ 梁吉生撰著：《张伯苓年谱长编(上卷)》，人民教育出版社，2009，第145页。

④ 《沿革志略》，《天津南开学校章程》，出版社不详，1915，第12页。

理、论理、心理、教育学、法学、经济、簿记。①同年10月，张伯苓致电张彭春②，聘其负责教授专门科课程。③1916年，张彭春回国参与南开学校高等教育的创办和谋划。张彭春的适时加盟，为南开学校创办高等教育做出了重要贡献。也因此，张伯苓称其为"创立南大计划人"④。

南开学校之所以设立英语专门科，主要是为有志于出国留学深造的中学毕业生创造学习语言的便利条件。⑤当然，张伯苓之所以首开英语专门科，可能还与其担任过清华学堂教务长的经历有关。

鉴于张伯苓在办理和经营中学方面取得的优异成绩，1911年5月4日，时任清华学堂监督范源濂聘请张伯苓担任清华学堂教务长，

---

① 《天津南开学校章程(1915年夏)》，龚克主编：《张伯苓全集——第九卷 规章制度》，南开大学出版社，2015，第4页。

② 张彭春(1892—1957)，字仲述，天津人，张伯苓的胞弟，教育家、外交家，专长于戏剧与文学，《世界人权宣言》的主要起草人。1908年毕业于天津私立中学堂。1910年毕业于保定高等学堂。同年考取清华学堂，公费留学美国克拉克大学，1913年获学士学位。同年入哥伦比亚大学，1915年获文学硕士、教育学硕士学位。1916年回国，先后任南开专门部主任、代理校长。1919—1922于哥伦比亚大学攻读博士学位。1923年回国，先后任清华学校教务长、南开大学教授等。1929年再度赴美，抗战爆发后回国从事外交工作，先后出任驻土耳其、智利公使，中国驻联合国经济及社会理事会代表，联合国安全理事会中国代表。1948年任联合国人权委员会副主席，参与起草《世界人权宣言》。参见周川主编：《中国近现代高等教育人物辞典》，福建教育出版社，2012，第334—335页；孙平华：《张彭春：世界人权体系的重要设计师》，社会科学文献出版社，2017；刘蔚之：《教育学者张彭春的思想演进及其对〈世界人权宣言〉的锻造(1923—1948)》，《教育研究集刊(台湾)》，2019年第3期，第1—40页。

③ 梁吉生撰著：《张伯苓年谱长编(上卷)》，人民教育出版社，2009，第147页。

④ 《欢送张凌大会》，《南开大学周刊》，1929年第75期，第40页。

⑤ 梁吉生：《允公允能 日新月异：南开大学校长张伯苓》，山东教育出版社，2003，第57页。

"然终以南开故，任事半年余，辞职返津"①。清华学堂成立于1911年4月，前身为"游美肄业馆"，主要为政府选取赴美游学生而设立的机构。按照机构设立初衷，学生须在此接受半年至一年的品性观察和能力考察，但实际情况却是"游美肄业馆"仅仅起到了甄选和派遣的作用，并未"真正实施半年至一年的养成教育"②。改为学堂之后，遂变成名副其实的培训学校（包括语言培训，"除国文地理本国历史外，余均用英文考试"③），为留学美国甄选成绩较优的学生。在范源濂聘任张伯苓之前，"游美肄业馆"已于1909—1910年间录取两批游美学生，共118人。④1909年8月南开中学梅贻琦、金邦正等被"游美肄业馆"录取，并于同年11月赴美留学。次年8月张彭春被录取，9月赴美留学。张伯苓到任后，便参与到清华学堂的教务改革当中，吴宓记曰：

> 盖余上半年来此，见此间一切皆极完备，心中殊乐，且三年之间即可游美，功课又优，故安居无他念。自胡教务长（按：胡敦复）一易，余心即怦怦然动，然犹冀萧规曹随尚无大碍。乃下学期上课以来，此教务长（按：张伯苓）既已荡废旧制，一切皆改为极粗浅之课程，又列余于第四年级，如是五年坐待始可毕业，而派送与否又未可必。通而计之，学成必在

① 梁吉生撰著：《张伯苓年谱长编(上卷)》，人民教育出版社，2009，第112页。

② 苏云峰：《从清华学堂到清华大学(1911—1929)》，生活·读书·新知三联书店，2001，第16页。

③ 苏云峰：《从清华学堂到清华大学(1911—1929)》，生活·读书·新知三联书店，2001，第19页。

④ 苏云峰：《从清华学堂到清华大学(1911—1929)》，生活·读书·新知三联书店，2001，第16页。

十年以外，且高等科课程更极粗浅，即毕业后，比之中国他校
亦未过之，而游美一层则固与清华学堂无关，在此坐待实不免
于自误。①

　　吴宓的记述涉及清华学堂教务处的两项改革：其一，改清华中
等科4年毕业为5年，改高等科4年毕业为3年；其二，建议清华高
等科毕业学生之不能通过游学甄考者，以及中等科毕业不能升入高
等科者，除发给毕业文凭外，请学部准其参加各大学堂及各高等学
堂之入学及插班考试，以免埋没人才。②张伯苓主持的教务改革，
放弃了原有选课制，采取了班级年级制。另外，高等科从4年改为3
年，降低了学业难度，迎合了美方将清华学堂作为"留美预备学校"
的定位要求，也因此"美籍教员深表佩服"③。

　　清华学堂的任职经历，以及陆续有南开学子通过学堂获得出国
留学的机会，一定意义上强化了张伯苓开办英语专门科的"理由"。

　　继英语专门科之后，南开学校于1916年增设高等师范专门班，
招收有志从事教育工作的青年学习高等师范课程。④为强化组织领导
以及为筹备大学部作准备，同年8月21日，南开学校"添设专门部，
以张彭春为主任"⑤。其实早在1915年11月，张伯苓即与严修商议

---

① 吴宓著，吴学昭整理：《吴宓日记(1910—1915)》，生活·读书·新知三联书店，
1998，第138页。
② 苏云峰：《从清华学堂到清华大学(1911—1929)》，生活·读书·新知三联书店，
2001，第19页。
③ 梁吉生撰著：《张伯苓年谱长编(上卷)》，人民教育出版社，2009，第112页。
④ 梁吉生：《张伯苓教育思想研究》，辽宁教育出版社，1994，第201页。
⑤ 梁吉生撰著：《张伯苓年谱长编(上卷)》，人民教育出版社，2009，第164页。

筹建师范班事宜①，并且曾于1915年11—12月间短暂代理北洋女子师范学校校长一职。②应该说，张伯苓开办师范专门班并非一时"心血来潮"，而是做了"功课"和努力，并且通过代理女子师范学校校长一职获得了实践经验。为让学生更多地了解教育现状，张伯苓利用担任直隶学务联合会会长的职务便利，使得师范专门班的学生有机会在"直隶全省各县小学校长，及劝学所长开本年学务联合会议"之时前往旁听，"籍资熟悉教育情形"③。

南开学校开设高等师范专门班，有其特定的时代背景。自近代中国第一所师范学校（建立于1897年的南洋公学师范院）建立始，师范教育便在政治、社会转型变革过程中发挥非常重要作用，不仅培养师资，也成为国家意识形态的传播机构。④基于此，政府对师范学校的开办有着严苛的规定。诸如在师资延聘方面，特别强调"爱国家、尊法宪，为充任教员者之要务"⑤。师范教育尤其是高等师范教育对于政府来说意义重大。在教育部看来，统一的教育为国家统一的基础，而统一教育的方法即重新规划师范学校。为此，政府将"高等师范学校定为国立，由教育总长通计全国，规定地点及校数，分别设立"，并且规定"高等师范学校经费，以国库金支给之"，"学生免纳学费，并由本学校酌给校内必要经费"⑥。以1915年为例，

① 梁吉生撰著：《张伯苓年谱长编(上卷)》，人民教育出版社，2009，第147页。
② 梁吉生撰著：《张伯苓年谱长编(上卷)》，人民教育出版社，2009，第147—148页。
③ 梁吉生撰著：《张伯苓年谱长编(上卷)》，人民教育出版社，2009，第154—155页。
④ 丛小平：《师范学校与中国的现代化：民族国家的形成与社会转型1897—1937》，商务印书馆，2014，第1—4页。
⑤ 《教育部公布师范学校规程》，璩鑫圭、唐良炎编：《中国近代教育史资料汇编(学制演变)》，上海教育出版社，1991，第667页。
⑥ 《教育部公布师范教育令》，璩鑫圭、唐良炎编：《中国近代教育史资料汇编(学制演变)》，上海教育出版社，1991，第660—661页。

全国设有6个师范区,共有10所高等师范学校,其设立主要"为造就师范学校、中学校教员之所"①。原则上来说,私立南开学校不具备创建高等师范班的资格。但严修、张伯苓如何与政府展开"博弈",以及如何与北洋大学总教习(按:王泉)展开合作,因史料阙如,难以详述。但张伯苓不被一时一规束缚、敢为天下先的行事风格在其办学过程中多有体现。

英文专门科以及高等师范专门班的顺利开办,加之直隶巡按使朱经田加拨常年补助费5000银元,使得南开学校对于大学部的创办信心满满。1916年8月,张彭春更是在开学典礼上阐述大学教育的重要性,并初步描绘了未来蓝图:

> 今专门部将改为大学,即系期望诸生深造,后来庶免有心长力绌之弊,而得左右逢源之妙。大学科目有政治、社会、哲学、心理、经济、教育、中国文学、英国文学、历史等门。德文拟定为随意科之一……将来悬想之标的,使南开大学生纵不能发明新理,为世界学问之先导,亦决不令瞠乎欧美开源之大后,必与之并驾齐驱。至年限上,则为预科年半,本科二年半。②

同年11月18日,张彭春参加敬业乐群会讲演部召开的特别演讲大会,并在会上报告改组大学的计划。应该来说,南开对于大学的筹建颇有信心。然而现实很残酷,随着南开学校办学规模的扩大,

① 《大总统特定教育纲要》,舒新城编:《近代中国教育史料》,中国人民大学出版社,2012,第221页。
② 南开大学校史编写组:《南开大学校史 1919—1949》,南开大学出版社,1989,第84页。

所费甚巨,终因"经费困难,教授缺乏"①,英语专门科、高等师范专门班先后停办。

南开学校初涉高等教育的尝试和努力,虽然以失败告终,但对随后私立南开大学的正式创建至少产生两方面的积极影响:

一是通过这次失败,张伯苓看到了创办私立大学的可能性,并坚定了信念。创办大学一直是严修、张伯苓办学版图中的重要一环。虽然南开对于高等教育的尝试和努力始于1915年,但其实在很早之前就关注高等教育。早在1904年,张伯苓与严修一同赴日考察教育时就对南开学校今后的发展进行了初步的、整体性的规划。具体表现在两个方面:其一,从考察范围来看,涵盖蒙养院至大学教育,当然也包括对高等师范学校、女子教育的关注。②其二,从归国后的打算和具体"动作"来看,也展现了南开学校对于未来的发展成竹在胸。通过考察,严修、张伯苓认为"彼帮富强,实出于教育之振兴,益信欲救中国,须从教育着手,而中学居小学与大学之间,为培养救国干部人才之重要阶段,决定先行创办中学,徐图扩充"③。随即正式成立中学,为大学的创办创造条件。普通教育仅为国民教育之初步,创办高等学校乃是国家发展的根本大计。④虽然高等教育的尝试以失败告终,但积累了经验,看到了创办大学的可能性。

---

① 姚渔湘:《张伯苓先生的生平》,郭荣生、张源编:《张伯苓先生纪念集(八旬诞辰纪念册)》,文海出版社,1975,第11页。

② 严修撰,武安隆、刘玉敏点注:《严修东游日记》,天津人民出版社,1995,第141—247页。张伯苓曾于1903年5月东渡日本考察教育。见《沿革志略》,《天津南开学校章程》,出版社不详,1915,第1页。在此之前,严修也曾于1902年考察过日本教育,但1904年的东渡之旅是二者首次共同考察日本教育。

③ 王文俊、梁吉生等编:《张伯苓教育言论选集》,南开大学出版社,1984,第248页。

④ 郑致光主编:《张伯苓传》,天津人民出版社,1989,第26页。

　　二是通过失败，张伯苓认识到自身存在的不足，"激发了他探索大学教育的斗志"①。为此张伯苓赴美考察，并入哥伦比亚大学研习教育，"以兹更进一步"②。张伯苓具有办理中学的成功经验，但办理大学"经费固然是一个重要条件，但还必须选择适宜的办学模式和管理方法"③，而这些都是张伯苓所不了解和欠缺的。1919年2月14日，张伯苓在向全校师生报告筹备大学时述及，"前二次办专科……亦幸而未成，如果成立至今，亦须改变，以其有许多未妥处"。④可见在办理专门科（班）之前，张伯苓对于私立高校办学的认知和理解存在偏差或不够深入，亟须进一步调整与提升。这也是张伯苓远赴重洋的重要原因所在。

第二节　"因故停止"：试办失败的
制约因素（1912—1919）

　　学校创建离不开社会环境的制约与影响。在资源依赖理论看来，社会组织生存的关键在于获取和维持资源的能力。⑤作为非营利性的民间组织，由于办学经费多依赖自身筹措，与国立大学相比，私立

---

① 梁吉生：《张伯苓教育思想研究》，辽宁教育出版社，1994，第201页。
② 梁吉生撰著：《张伯苓年谱长编（上卷）》，人民教育出版社，2009，第181页。
③ 梁吉生：《张伯苓教育思想研究》，辽宁教育出版社，1994，第201页。
④ 张伯苓：《办学校须有宗旨（1919年2月14日）》，龚克主编：《张伯苓全集——第一卷　著述　言论（一）》，南开大学出版社，2015，第109页。
⑤ 杰弗里·费弗、杰勒尔德·R.萨兰基克：《组织的外部控制：对组织资源依赖的分析》，闫蕊译，东方出版社，2006，第2页。

大学办学更为艰难，其对于办学环境更为依赖。

尽管20世纪20年代前后国内政局动荡，国立大学的教育经费多被政府挪用，甚或爆发以谋求教育经费独立为诉求的"教育独立运动"①。但总体而言，国立大学办学经费相对稳定，私立大学比国立大学的办学处境更为堪忧。1923年中国教育改进社的相关统计大体能反映私立高校整体办学经费状况。统计结果显示：私立专门学校每生平均支出费用为114.38元（按银元计算），而国立、省立以及"教会及外人立"每生平均支出费用分别为593.68元、207.40元、1 108.88元，四类学校平均支出费用为399.95元。②从数据来看，尽管"自民国五年而后，教育经费逐渐被军人提用，民十以后，积欠日深"③，但相比私立大学，国立高校办学经费稍显"宽裕"，"私立大学经费之困难，较国立大学者尤甚"④。

于私立大学而言，虽然办学经费来源渠道多元，但经费获取异常艰巨。获得办学经费是维系私立大学生存与发展的关键所在。民国时期私立大学的经费来源主要有三个方面：一是捐款，主要来自国内官僚、富商阶层的捐助；二是来自政府的补助；三是学费。⑤其中捐款是私立大学最为重要的经费来源，也是私立大学创办的先决条件。无论北京政府，抑或南京国民政府对于私立大学的创办均有最低限度的办学条件或办学经费的要求。倘若没有捐款，私立大学

---

① 相关研究以姜朝晖的著作最具代表性。详见姜朝晖：《民国时期教育独立思潮研究》，中国社会科学出版社，2008。

② 中华教育改进社：《中国教育统计概览(1923)》，商务印书馆，1923，第10页。

③ 舒新城：《中国教育指南(1925)》，商务印书馆，1926，第11页。

④ 《私立大学争分中法教育金》，《顺天时报》，1925年5月5日，第7版。

⑤ 王炳照：《中国私学·私立学校·民办教育研究》，山东教育出版社，2002，第414页。

便无从创办。①政府补助具有奖励性质，一般私立大学，尤其是处于起步阶段的私立大学更无获得的可能。学费是私立大学最为稳定的办学经费来源，在某种意义上，也是部分私立大学在特定发展阶段维持办学的重要保障。需要说明的是，鉴于私立大学的办学实际，在学界的呼吁之下②，教育部才于1934年正式颁布《私立专科以上学校补助费分配办法大纲》，借以奖助优良之私立专科以上学校发展。③在此大纲指导之下，翌年教育部核准私立大学补助款项，并按其用途进行指定性拨款。④综上，对于民初私立大学来说，捐款与学费是其主要经费来源，而这两类经费来源均与办学环境密切相关。私立大学想要获得办学经费，维持生存进而谋求进一步发展，则必须加强与外部环境的密切互动。

尽管南开校友在回忆录中，将试办专门科（班）的失败"轻描淡写"地归结于"经费困难，教授缺乏"，但却点明了私立高校争取办学资源的核心要素：办学经费与师资力量。专门科（班）的失败也在一定程度上呈现了私立高校资源获取的困境。本节将对1915—1916年前后制约私立高校资源获取的外部环境展开论述。考虑到资源获取的"地方性"，本节在兼顾全国范围内的"大背景"之外，尤其关注京津地区政治、经济、文化的"小背景"，以求贴近或者还原历史的"规定

---

① 金国：《资源获取与政治参与：张伯苓的角色困顿与抉择（1919—1946）》，《北京大学教育评论》，2018年第3期，第178页。

② 青士：《政府应补助立案之私立大学》，《教育与职业》，1934年第134期，第168—169页。

③ 《私立专科以上学校补助费分配办法大纲》，《教育部公报》，1934年第21—22期，第43—45页。

④ 《二十四年度私立大学补助费》，《全国学术工作咨询处月刊》，1937年第1期，第88页。

情境"，更具体地呈现外部环境对于办学资源获取的制约与影响。

一、政治环境的影响

　　政治环境对私立高校的影响，不外乎两个方面：一是宏观层面，政府颁布的教育政策对于私立高校的创办产生的影响。为紧扣主题，该部分侧重论述办学政策对于私立高校办学自主权的影响；二是微观层面，政治人物对于捐资兴学的态度。该部分着力于探讨政界人物对于私立高校资源获取产生的影响。

　　首先，从宏观层面探讨办学政策对于私立高校办学自主权的影响。辛亥革命推翻了封建帝制，民主、共和的概念渐入人心，私立高校也迎来了迥异的政治背景。1915年8月，也即南开学校开启高等教育的尝试之时，私立高校正面临着袁世凯政府所颁布的《大总统教育纲要》(简称《纲要》)的制约。

　　《纲要》对私立专门学校的创办作如下规定：专门农、工、商、医学校"均与民生有关"，因此，若有"地方公团及私团，有愿意设立上列四种学校者，亦应力为提倡，暂勿过量干涉。唯资格关系，宜严认定之法，以防幸取"①，"凡办理不得法者，得改设或撤废之"②。《纲要》对私立大学的创办规定如下：

　　　　大学为最高教育机关，除法、商大学除外，如文、理、工、医、农大学，均应由国家设置。现拟将全国划为四大学区，每区

---

① 《大总统特定教育纲要》，《中华教育界》，1915年第4期，第10页。
② 《大总统特定教育纲要》，《中华教育界》，1915年第4期，第11页。

设大学一所，每校分科，暂不必六科皆备，以互相辅益为主。六科之中，应以理、工、医、农为先，文、商次之，法又次之。①

综上，《纲要》对于私立高校的创办实施了较为苛刻的规定，试从以下方面略加阐释。

其一，就私立专门学校层面而言，《纲要》虽提倡创办，但却框定范围，只限于办理与民生相关的农、工、商、医四类专门学校，且对于办学资格从严审查，以便淘汰办学不合格的学校。从办学范围来看，《纲要》限定的办学范围要比1912年教育部颁布的《专门学校令》②窄得多，也即从可办理的10类专门学校，减少至4类。此外，从政府对待公、私立专门学校的"待遇"来看，《纲要》对公、私立专门学校有着明确的区分，而《专门学校令》则未见明显的区分。这也充分说明，政府对私立专门学校的创办呈现"紧缩"的态势，也即政府加强了对于私立专门学校办理的管束与控制。

其二，就私立大学层面而言，《纲要》亦比1912年颁布的《大学令》作了更加严格的限定。《纲要》只准许民间团体办理法、商大学，其余均由国家办理。而1912年颁布的《大学令》只对何以名为

---

① 《大总统特定教育纲要》，《中华教育界》，1915年第4期，第10页。
② 1912年10月22日，教育部颁布《专门学校令》，将专门学校总类分为法政专门学校、医学专门学校、药学专门学校、农业专门学校、工业专门学校、商业专门学校、美术专门学校、音乐专门学校、商船专门学校、外国语专门学校等，私人或私法人筹集经费可办理以上任一专门学校。详见《教育部公布专门学校令》，中国第二历史档案馆编：《中华民国史档案资料汇编·第三辑·教育》，凤凰出版社，2010，第107页。

大学作了详细的规定①，并未对于公立或私立大学作严格的区分，也未见有明显的区别对待。随后，1913年教育部公布了《私立大学章程令》，开始对私立大学的创办作了较为严格的规定。诸如须明确办学经费来源及维持方法、地基房舍之所有者及其平面图。章程对私立大学的校园设施亦作明确的规范和要求：如"校舍除各种教室及事务室外，应备设图书馆、实习室、实验室、器械标本室、药品室、制炼室等，以供实地研究"；对于各科私立大学又有更为详细的要求，如"在商科，并应设商品陈列所、商业实践室等；在文科，并应设历史博物室、人类模型室、美术室"②等。此外，章程还对私立大学的教员与校长人选、学则以及私立大学的存废手续等作了详细的规定。应该来说，在《纲要》颁布之前，政府对于私立大学的管理日趋规范，保障了办学水准。但从另一方面来说，这在一定程度上也限制了私立大学的办学自主权。当然，与《纲要》相比，这些"限制"则显得"微不足道"。

由此可见，在民国初年，随着相关文件的出台（《大学令》《私立大学章程令》《纲要》等），政府对于私立高校的管理日趋严苛，甚至有意限制其发展。在此背景之下，私立高校想要获得更多的办学自主权，其难度可想而知。

其次，从微观层面探讨政治人物对于捐资兴学的态度。政治人

---

① 《大学令》第三条规定，"大学以文理二科为主，须合于左列各款之一，方得名为大学：一、文理二科并设者；二、文科兼法商二科者；三、理科兼医农工科三科或二科、一科者"。详见《教育部公布大学令》，中国第二历史档案馆编：《中华民国史档案资料汇编·第三辑·教育》，凤凰出版社，2010，第108页。

② 《教育部公布私立大学规程令》，中国第二历史档案馆编：《中华民国史档案资料汇编·第三辑·教育》，凤凰出版社，2010，第141—143页。

物捐资兴学的态度体现在其对于私立高校办学的支持力度上。私立
高校想要发展,依赖于各类办学资源的获取。民国初年,民族工商
业虽然取得了一定的发展,对私立高校办学有所支持与贡献,但政
治人物仍然是办学资源的主要拥有者。晚清以降,私立高校创建的
背后多有政治人物的身影。如复旦公学的创办即与两江总督周馥的
资助有关。周氏拨银2万两作为复旦公学的开办费,并划上海官地
70亩为其校址。此后为解决经费问题,复拨常年补助费每月1 400
两。①再如中国公学创办背后即有两江总督端方的经费支持,"每月
由江南藩库拨银一千两,并规定每年共一万二千两"②,以此来维持
中国公学的日常运转。

政治人物襄助私立大学发展,主要是通过参与校董会的方式来实
现。以1923年度的平民大学为例,其时共有30名董事,多数董事具
有政治背景。具体名录如下:丁锦,陆军中将、前航空署长;丁佛
言,参议员、前总统府秘书长;丁宝轩,众议员、前内务部次长;王
景禧,进士、前直隶高等学堂监督;田潜,内务部司长;汪大燮,校
长、前英国公使、前国务总理;林长民,众议员、前司法总长;李
钦,侨务局副总裁;李文枢;徐邦杰,陆军上将、总统府指挥使;恩
华,众议员、蒙藏院副总裁;高孔时,参谋部科长;张一麐,前教育
总长;张寿镛,劝业银行总理、浙江财政厅厅长;陆定,中华储蓄银
行总理;陈宗蕃,国务院参议、汇业银行经理;陈延龄,留日学务专
员;陈蓉光,众议员;马德润,平政院庭长;傅岳芬,前教育次长;

---

① 董宝良等编:《中国近现代高等教育史》,华中科技大学出版社,2007,第61页。
② 张承标:《中国公学创办回忆》,朱有瓛等编:《中国近代学制史料(第二辑上
册)》,华东师范大学出版社,1987,第741页。

汤漪，参议员、宪法起草委员长；杨润，众议员；蒲伯英，众议员、前内务部次长；钱葆菁，前湖北教育厅厅长；钱永铭，交通银行协理；卢弼，平政院庭长；谢翊元，众议员；穆湘瑶，德大纱厂总理；穆湘玥，东南大学校董；颜惠庆，前外交总长、前国务总理。[1]政治人物参与董事会为私立大学争取办学资源提供了“便利”。

有观点在分析近代高等教育发展的特殊道路时提及“军阀政客对于高等教育的恣意摧残和蹂躏”[2]。实际上，这是一种“大而化之”的、较为“笼统”的说法。政治人物阻碍抑或助力私立学校发展，可从两个方面加以阐述。一是从大环境来看，二是从具体案例来看。从大环境来说，各政治集团、军阀等为了获得政权或者现实利益，客观上导致了教育环境的破坏。但是亦有政治人物为达到某种政治目的或其他原因支持教育发展。中国公学在辛亥革命之后得到了孙中山的扶持。军阀阎锡山对山西大学、山西义务教育发展多有支持。[3]此外，江苏督军李纯、东北少帅张学良、广东陈炯明等均非常重视教育。因此，从个案来看，政治人物（包括军阀、政客）是否助力教育发展，完全取决于政治人物本身的政见及其对于教育的重视程度。

严修、张伯苓在正式创办南开大学时，所结识的政治人物（李

---

① 《董事姓名履历表》，平民大学教务处：《平民大学概观》，平民大学总务处，1923，第25—27页。

② 崔恒秀：《民国教育部与高校关系之研究(1912—1937)》，福建教育出版社，2011，第1页。

③ 详见申国昌的博士学位论文《守土经营与模范治理的双重变奏—阎锡山与山西教育》(华中师范大学，2007年5月)中的第二章第三节，第三章第五节，第四章第三、四节等相关内容，论文详细梳理了阎锡山在山西的兴学办学。此外，陈芳在其论文《民国时期的阎锡山与山西大学：政治控制的个案研究》(《山西师大学报》(社会科学版)，2011年第1期，第136—141页)中亦有较为详细的论述。

纯、徐世昌、黎元洪等)多有襄助学校发展。但在严、张二人试办
高等教育时,除却直隶巡按使朱经田之外,未复见徐世昌、黎元洪、
李纯等对于南开专门科(班)的支持。获得握有办学资源的政治人
物的支持,无论对于专门科(班)的试办,还是后来南开大学的正
式创办均有重要的,乃至决定性的影响。

二、经济、文化环境的影响

经济环境对于私立高校的影响主要体现在两个方面:一是经济环
境为私立高校提供办学资源,二是经济环境也为学生提供就业岗位。
为聚焦讨论范围,本节对于经济环境的分析主要侧重于天津本埠。
1915—1916年前后,天津地区的经济环境如何?是否能为南开试办高
等教育提供办学资源的"支持"?这是本节所要讨论的主要内容。

从政府施行经济发展政策的角度分析,袁世凯政府采取了抑制
经济发展的策略。有学者比较了袁世凯政府与晚清时期民间社会的
相关政策,其认为,"从理论上推断,辛亥革命推翻了清朝的封建专
制,建立了中华民国,有关的社会政治生活理应较诸清末更为民主,
也更有利于民间社会的生长,但事实却并非如此。仅从当时《商业
法》规定的裁撤全国商会联合会和总商会、降低商会的地位以及力
图在各方面对商会予以控制等条文即可看出,民初的中国在很大程
度上可以说只是挂一块民国的招牌,袁世凯控制的北京政府对待民
间社会的政策甚至不及清末的清政府"[①]。全国大环境如此,天津地

---

① 章开沅、马敏等主编:《中国近代史上的官绅商学》,湖北人民出版社,2000,第
559—560页。

区的小环境亦不乐观。

第一次世界大战前，天津工商业处于缓慢发展的阶段。此时天
津民族工商业的发展程度不仅落后于上海，而且也落后于广州和武
汉。①以纺织业为例。第一次世界大战前，天津只有一个5 000枚纱
锭的官办直隶模范纱厂。而当时全国纱锭总数为484 192枚，天津仅
占全国1%强，不仅落后上海、武汉等大城市，甚至落后于南通、宁
波等中小城市。②天津的棉纱厂主要是在1918—1921年期间建立
的。③截至1921年，天津共建有7家棉纱厂，纱锭及纺织机数如下：

表1-1 1921年天津的中国纱厂

纱厂名称	纱锭数	织布机数
裕元	73 160	236
北洋	27 500	158
宝成	36 096	125
华新	40 264	178
裕大	35 000	/
恒源	35 440	310
达生	3 230	/

资料来源：天津市历史所编印：《天津历史资料（第三
期）》，1965，第56页。

---

① 祝淳夫：《北洋军阀对天津近代工业的投资》，中国人民政治协商会议天津市委
员会文史资料委员会编：《天津文史资料选辑第4辑》，天津人民出版社，1979，第
147页。
② 祝淳夫：《北洋军阀对天津近代工业的投资》，中国人民政治协商会议天津市委
员会文史资料委员会编：《天津文史资料选辑第4辑》，天津人民出版社，1979，第
148页。
③ 天津市历史所编印：《天津历史资料(第三期)》，1965，第56页。

再以天津的面粉业为例。1920年以前，天津面粉业发展缓慢。虽然面粉业在天津始于1878年，但至1916年，天津才设有四家面粉厂。其中最大的面粉厂日产面粉3 000包，且还属于中日合资企业，而非纯粹的民族企业。①天津民族工商业发展缓慢的主要原因除了政府政策抑制之外，还与长期受制于西方列强的经济压迫和侵略以及经年累月的军阀混战所造成的地区乃至全国市场环境的破坏有关。

然而虽然民族工商业发展趋缓，但天津金融业却在1915年以后逐步发展壮大。盐业、金城、大陆先后在天津设立总行，中南银行在天津设立分行，此四家银行合称为"北四行"。至1927年北伐战争爆发前，天津金融业取得了长足发展。据统计，天津地区当时有"官办银行3家，商业银行18家，外商银行13家"②，组成了涵括国家银行、地方银行、官商合办银行、商办银行、外商银行等类别齐全的天津银行业体系，为天津地区的经济发展起到了带动和促进作用。尤其是著名的"北四行"不仅在天津，乃至在全国都有重要影响。当然这是后话，在南开专门科（班）创办之时，天津金融业尚处在萌发阶段，对南开学校试办高等教育所能提供的支持有限。

但在南开大学正式创办之后，天津金融业对于学校发展的支持力度颇大。以南开大学首创的"特种奖学金"为例。南开大学于

---

① 祝淳夫：《北洋军阀对天津近代工业的投资》，中国人民政治协商会议天津市委员会文史资料委员会编：《天津文史资料选辑第4辑》，天津人民出版社，1979，第149—150页。
② 天津市地方志编修委员会编著：《天津通志·金融志》，天津社会科学院出版社，1995，第4页。

1931年创设了"特种奖学金"制度，其目的在于"培植寒士"，以"资助家境清寒天资优秀有志深造之学生"，该奖学金"以每年350元继续4年为一额"①。捐赠者中多有天津银行业的代表，诸如天津中国银行、天津交通银行、大陆银行、四行储蓄会等。②应该说南开大学"特种奖学金"制度，不仅在"中国社会，开一风气"③，还为办学经费的筹措开创了新的模式。天津金融业尤其是银行业，对于南开大学的支持不仅限于"特种奖学金"，还包括人才培养等方面的合作。诸如1934年南开大学经济学院与金城银行展开合作，为其代为招考、培训银行职员。④天津银行业与南开大学的合作，也在某种程度上展现了私立高校与社会之间的互动关系。

总体来说，在南开学校试办高等教育之时，天津地区的经济环境并未完全发育，未能给予足够的办学支持。从文化因素来说，公共精神的缺失也对私立高校的创办产生不利的影响。公共精神的缺失直接影响社会各界对于私立高校的捐赠。"一些政要军阀虽然窝有百万，但多是为富不仁，没有公共精神，不肯为公益教育事业

---

① 《南开大学特种奖学金章程(1931)》，馆藏天津市档案馆，编号：401206800—J0215—1—001282—00010，第1页。

② 详见《南开大学特种奖学金报告书》(1931)，馆藏天津市档案馆，编号：401206800—J0215—1—001282—00042。

③ 《南开大学之新事业》，《教育周报》，1931年第7期，第5页。受南开大学奖学金制度的影响，东北大学也设有助学金。见《教育界好趋向——东北大学设助学金》，《大公报(天津版)》，1931年8月12日，第5版。《复旦大学校刊》首页撰文指出"本校应仿南开大学举办特种奖学金"。见何崇：《本校应仿南开大学举办特种奖学金之建议》，《复旦大学校刊》，1931第102期，第1页。

④ 《南开大学经济学院代金城银行招考行员训练班简章》，《国立上海商学院院务半月刊》，1934年第12期，第222页。

拿出钱来兴办大学，泽及后世。"①张伯苓在考察美国私立大学何以发达时认为，"盖美人素重公共道德，个人财产不尽遗之后嗣，而以公诸国人，集群力以经营，是以陶成一国之人才"②。也因此，张伯苓在办学过程中积极倡导和培育公共精神。③鉴于国内公共精神的缺失，张伯苓数次前往国外"化缘"。诸如1929年5月，张伯苓赴美主要目的即为"稍募外资，补充南开经费"④。"余至美国后，每遇知友，辄先以募捐之事告。友人皆美国富翁也，故所求无不应。应者或与万金，或与千百金不等，其慷慨之精神，殊令人拜服焉。"⑤

　　出于国家利益考量，政府不得不采取一定措施，鼓励私人、民间团体捐赠办学。教育部更是于1913年颁布《捐资兴学褒奖条例》，营造捐资兴学环境。条例相关内容节录如下：

　　　　第二条　褒奖之等差如左：一、捐资至一百元者，奖给银质三等褒章。二、捐资至三百元者，奖给银质二等褒章。三、捐资至五百元者，奖给银质一等褒章。四、捐资至一千元者，奖给金质三等褒章。五、捐资至三千元者，奖给金质二等褒章。六、捐资至五千元者，奖给金质一等褒章。七、捐资至一万元

①　宁恩承：《百年回首》，东北大学出版社，1999，第93页。
②　梁吉生撰著：《张伯苓年谱长编(上卷)》，人民教育出版社，2009，第229页。
③　宋秋蓉教授在《私立时期南开大学校长张伯苓公共精神的研究》(《江苏高教》，2012年第4期，第152—155页)中有较为详细具体的论述，故不赘述。
④　张伯苓：《来美目的(1929年5月17日)》，龚克主编《张伯苓全集——第二卷 著述 言论(二)》，南开大学出版社，2015，第9页。
⑤　《〈申报〉载在上海中学的演讲(1929年9月16日)》，龚克主编《张伯苓全集——第二卷 著述 言论(二)》，南开大学出版社，2015，第14页。

者，奖给匾额并金质一等褒章。

第四条 捐资逾一万元者，其应得褒奖随时由教育总长呈请大总统特定。

第五条 应给银质褒奖者，由各省县行政长官呈请省行政长官授与；应给金质褒章者，由省行政长官呈请教育总长授与；应给匾额并金质褒章者，由教育总长呈请大总统授与。①

1914年10月，教育部在原有褒奖条例的基础之上，修订了相关内容。主要涉及：其一，授奖范围的扩展，将海外华侨与团体捐资兴学纳入授奖范围；其二，褒章材质的变换，将银质、金质奖章更改为银色、金色；其三，增加"褒状"授奖类型，规定"私人结合之团体捐资逾一千元者，分别奖给一二三等褒状"；其四，提高了呈请大总统特定褒奖的金额，规定"捐资至二万元以上者，其应得褒状由教育总长呈请大总统特定"；其五，调整了请奖年限，将请奖适用年限从1910年调整至1912年。②

尽管政府出台相关文件，积极营造环境，鼓励民间私人或团体捐资兴学，但效果不佳。有学者统计，1914—1916年间，全国捐资兴学千元及以上的受奖者人数及捐资总额呈逐年下降的趋势。造成如此局面的主要原因在于"袁世凯政府在政治上倒行逆施，经济上盘剥民力……将教育财政负担过多地强加于民众，以致丧失民心，

---

① 《教育部公布捐资兴学褒奖条例令》，中国第二历史档案馆编：《中华民国史档案资料汇编·第三辑·教育》，凤凰出版社，2010，第616—617页。
② 《教育部修正捐资兴学褒奖条例(法令)》，《教育杂志》，1915年第2期，第1—2页。

也对政府主导的捐资兴学制度产生了消极影响"。①事实上南开大学
创办之后，所获捐赠也多来自严修、张伯苓的私人关系或不懈化缘，
而非社会大众的捐赠。②

　　综上，在南开专门科（班）创办前后，社会环境并未成为支撑
私立高校生存与发展的保障。南开专门科（班）的失败，似可说明
私立高校的创办离不开社会环境的支持。甚或在某种意义上，社会
环境对于私立高校生存与发展的影响是决定性的。虽然上文分析时，
指向袁世凯政府以及天津地区的"小环境"，可事实上，全国范围亦
复如是。袁世凯称帝失败之后，虽然相关政策被废止，但派系纷争、
军阀混战不断，私立大学的生存境遇更为堪忧。

---

① 冉春：《民国时期捐资兴学制度研究》，科学出版社，2017，第44—45页。
② 以南开大学1919—1927年间的捐赠情况为例。在此期间，捐赠人员以及捐资金
额如下：徐世昌(16 744.71元)、李秀山(537 355.76元)、王仲希(100元)、蔡虎臣(5
000元)、袁伯森(4 790元)、交通银行(10 000元)、阎锡山(5 000元)、陈光远(1 000
元)、黎元洪(8 010元)、李炳麟(1 455元)、严范孙(22 130元)、梁士诒、周自齐(400
000元)、王占元(5 000元)、沈庆辉(200元)、南洋兄弟烟草公司(10 000元)、李组绅
(75 000元)、袁述之(70 000元)、靳云鹏(10 000元)、许静仁(500元)、金伯平(500
元)、谭真工厂(165元)、丁美英(105元)、交通部(10 047元)、罗氏基金会(145 337
元)、施雷德(100元)、中华教育文化基金董事会(79 000元)、何庆成(1 638.5元)、卢
木斋(100 000元，又捐书2万册)、李兴臣(图书7万册)。从捐赠来源看，南开大学
所获的大额捐赠，要么来自私人关系，要么得益于张伯苓的不懈化缘，而非社会民
众的自主捐赠。诸如徐世昌、黎元洪、卢木斋、袁述之、李组绅、罗氏基金会、中华教
育文化基金董事会等。严修在京津地区颇有声望，与社会各界素有往来。严修与
徐世昌为同科举人、与卢木斋为亲家、与袁世凯情谊深厚，袁述之又系袁世凯堂弟，
等等。南开大学在此阶段之所以能够获得中华教育文化基金董事会的大额资助，
与张伯苓在其中担任副董事长密切相关。而获得罗氏基金会的大力赞助，除南开
具有较高的办学水准之外，还与孟禄有关。张伯苓与孟禄结识于哥伦比亚大学，张
伯苓在美游学期间与孟禄多有互动。此外，一些捐赠来自严修、张伯苓的不懈化
缘，如李秀山的大额捐赠。相关捐赠数据来源：《南开大学历年捐款收入表(1919—
1935)》，王文俊、梁吉生等编：《南开大学校史资料选(1919—1949)》，南开大学出版
社，1989，第40—44页。

第三节 "真正民立的大学"的创建

一、批评和非议

从办理专门科（班）到准备成立"大学"，其过程颇为曲折，甚至招致批评和非议。1919年1月12日，南开拟组织大学。1月27日，张伯苓与马千里谈话，请其帮助筹备大学事宜。1月29日，张伯苓与张彭春、华午晴、马千里乘车前往北京参观几所大学新建筑。[1]同年2月4日，张伯苓与严修、张彭春、马千里、华午晴商讨筹备大事事宜，并决定成立大学筹备课，张彭春任主任，马千里任课员，负责规划校舍、草拟校章。[2]1919年2月，张伯苓在与南开同人畅谈筹建大学计划时提及遭受的批评与非议：

> 前此办过专科二次，好批评者，有谓为维持本校运动计而立专科；有谓为维持本校新剧而立专科；又有谓为校长名誉计而立专科者。若此均不待辩论，识者自知。究竟办大学与不办大学比起来是难是易，于此亦可了然。予前给在美留学生将来本校大学教员凌冰去信，告诉他将来在这办大学是一个很不易

---

① 马秋官、马珠官、马翠官（执笔）等：《马千里先生年谱》，天津社会科学院历史研究所编印：《天津历史资料（第十期）》，1981，第23页。
② 梁吉生：《张伯苓年谱长篇（上卷）》，人民教育出版社，2009，第231—232页。

的事情。这因为予由美来华之先①，即曾同凌君谈到办一件新事
的困难，而此次无论如何必极力去作。议者或谓，南开中学已
千余人，事业非不盛，主其事者何乐不可休息休息！抑知此种
思想已十分腐旧，教育的事业乃进的，又安有止境一说？先时
教育为扬名声，显父母，而今日则迥乎异矣！教育为社会谋进
步，为公共谋幸福；教育为终身事业（life work），予于此至死
为止。②

从引文可知，批评和非议主要来自两个方面：一是不应办大学，
建议办专（门）科。张伯苓因办理中学而声名鹊起，可相比中等教
育，创办大学所需办学经费的投入更多。民初教育部对私立大学的
创办有着较为严格、明确的规定。没有足够办学经费的投入，是难
以创办并维持私立大学的生存与发展的。与之相比，专门科的创办
要求相对较低，办学经费的投入也相对较少。诸如教育部对于专门
科的校舍仅作如下要求："一、普通教室及各种特别教室；二、事务
室；三、其他必须具备之室，如实验室、实习室、图书室、器械标
本室、药品室、制炼室等。"③也因此，专门科创办数量要远多于私

---

① 在创办私立南开大学之前，张伯苓曾于1917年8月赴美游学，同时进入哥伦比
亚大学师范学院研习教育，并考察美国高等教育，为筹建南开大学做准备，为期一
年有余，于1918年12月24日返回天津。详见梁吉生：《张伯苓教育思想研究》，辽宁
教育出版社，1994，第203—207页；Sarah Coles Mcelroy, *Transforming China Through
Education: YanXiu, Zhang Boling, and the Effort to Build a New School System, 1901—
1927.* Ph.D. Dissertation, Yale University, 1996, pp.158—164.
② 张伯苓：《办学校须有宗旨（1919年2月14日）》，龚克主编：《张伯苓全集——第
一卷 著述 言论（一）》，南开大学出版社，2015，第110页。
③《公立私立专门学校规程》，《中华教育界》，1913年第3期，第44页。

立大学。以 1915 年为例，被教育部认可的私立专门以上学校共有 21 所，其中专门学校 16 所，而私立大学仅有 5 所。①办学经费是私立大学的生命线，非有巨额资助，实难维持。即便经过"半年功夫"的"审慎筹备"②，南开大学在早期办学过程中亦常有亏欠。1920 年 9 月 19 日，张伯苓在南开学校董事会上报告，"大学本年亏欠二万二千元"③。1921 年 10 月 30 日，张伯苓再次报告 1919 年净亏洋 2 930.918 元，1920 年度共亏洋 7 086.505 元。④事实上，即便被教育部立案认可的私立大学，在其发展过程中亦存在入不敷出、办学经费支绌的情况。中国公学即存"收支年有不敷"的情况，为此"前校董冯总统曾月助千元，并向各省劝募，籍以维持"⑤。总之，创办高等教育不是一件容易的事情。基于此，有反对张伯苓创办大学的声音。

二是中学办得很好，没有必要办大学。张伯苓确因办理中学而声名远播。黄钰生在回忆中学教育时认为，其在南开中学接受的教育是最好的教育。⑥宁恩承亦认为南开中学是当时国内第一流学校，在国际上已渐有名。⑦南开中学到底如何？天津基督教青年会总干事

---

① 《国立公立私立大学及专门学校一览表》，《顺天时报》，1915 年 9 月 5 日，第 4 版。
② 张伯苓：《办学校须有宗旨(1919 年 2 月 14 日)》，龚克主编：《张伯苓全集——第一卷 著述 言论(一)》，南开大学出版社，2015，第 109 页。
③ 南开学校董事会记录(1920 年 9 月 19 日)，编号：1-DZ-01-850，馆藏南开大学档案馆。
④ 南开学校董事会记录(1921 年 10 月 30 日)，编号：1-DZ-01-850，馆藏南开大学档案馆。
⑤ 《校史》，《北京私立中国大学概览》，出版社不详，1925，第 5 页。
⑥ 黄燕生、黄明信、黄书琴：《黄钰生小传》，申泮文编：《黄钰生同志纪念集》，南开大学出版社，1991，第 6 页。
⑦ 宁恩承：《百年回首》，东北大学出版社，1999，第 93 页。

在其1909年的报告中称南开中学是天津市的模范中学。[①]蔡元培曾于1917年5月，受南开励学、敬业、演说协会的邀请到访南开中学，并作演讲。演讲中，蔡元培对于南开中学褒奖有加，盛赞其"为国中知名之学校"[②]。当然，鉴于当时演讲之情境，不乏溢美之词。时任哥伦比亚大学教授克伯屈的评价可谓中允，其在日记中称赞张伯苓"是中国中学教育的先驱者，是一个国际知名的人"。[③]克伯屈在高度评价张伯苓的同时，也侧面肯定了私立南开中学的办学成绩。梁启超对南开中学亦曾赞许道："贵校校风之佳，不仅国内周知，即外人来参观者，亦莫不称许。"[④]鉴于南开中学的盛名，好心者认为张伯苓业已"功成名就"，没有必要办理大学。更有人甚至认为，张伯苓办理南开大学是"沽名钓誉"。

张伯苓深知办学之不易，也知道"为名誉计"之要害。但教育是其终身事业，办理大学亦有现实的必要性。

二、为何开办大学？

张伯苓之所以要开办大学，除了认为大学是培养人才的重要之场所，还有着现实因素的考量，主要有以下三个方面：

---

① Hersey, Roscoe M., *Report of R. M. Hersey, General Secretary, Tientsin*. 1909(p.3). University of Minnesota Libraries, Kautz Family YMCA Archives., umedia.lib.umn.edu/item/p16022coll358:5744 Accessed 04 Feb 2021.
② 蔡元培：《在南开学校全校欢迎会上的演说词》,《蔡元培教育名篇》,教育科学出版社,2007,第64页。
③ 梁吉生：《张伯苓年谱长篇（上卷）》,人民教育出版社,2009,第191页。
④ 梁启超：《梁启超演说词（1917年1月31日）》,龚克主编：《张伯苓全集——第一卷 著述 言论（一）》,南开大学出版社,2015,第65页。

（一）现在教育在另一方面而言，即使青年合于将来社会的习惯，加大学即将其习惯加长，使造成益形坚固之习惯；（二）中学毕业后，直接在社会做事不足，故需要有大学的培养。此外，仍有一个次要的原因，即国中国立、教会立的大学，虽是不少，然而真正民立的大学却不多见。①

何谓社会的"习惯"？张伯苓并未对此作过多的说明。不过，概括起来"为何要办大学"主要涉及两个方面的内容：一是中学毕业生就业能力尚不及要求，需要大学教育进一步锤炼、提升；二是私立大学的数量太少。

对于20世纪20年代前后的中等教育来说，学生就业能力不足，是个不争的事实。具体表现为：

其一，社会实践能力有待提升。就民国初年教育结构而言，中学教育居小学与大学之间，中学毕业一般就可以在社会上谋得职业，有机会成为社会建设的中坚力量。然而现实情况是，由于清末对于中学教育实施"文实分科"，有强化升学准备之目的，因此导致社会上存积大量不能升学，而又找不到工作的毕业生。据黄炎培观察，天津公立中学的情况为"毕业生升学者占三之一，谋事而未得事者占毕业总数二之一"，而江苏的情况大约为"毕业生升学者百分之二十五，谋事而不得事者三十。夫毕业百人，失业者三十"。②中学教育本应培养社会之中坚人物，而实际情况却是培养了一批"特别游

---

① 张伯苓：《办学校须有宗旨（1919年2月14日）》，龚克主编：《张伯苓全集——第一卷 著述 言论（一）》，南开大学出版社，2015，第110页。
② 黄炎培：《考察本国教育笔记（再续）》，《教育杂志》，1915年第5期，第3—4页。

民","无复独立之生活能力"。①究其原因正如教育部所言,学校
"教授理论重于实用,致以社会需要不能相应"②。

为力矫时弊,张伯苓明确办学宗旨,采取措施提升学生的社会
实践能力。1916年1月,张伯苓在谈及南开学校教育宗旨时说到,
"本校教育宗旨,系造就学生将来能通力合作、互相扶持,成为活泼
勤奋、自治治人之一般人才"③,以实现"教育救国",服务社会之
目的。为达此目的,南开学校鼓励学生组织、参加各种学会团体,
以此作为"练习作事之资助"④,这也是张伯苓在中学抑或大学鼓励
学生办理社团的重要原因。1919年2月,张伯苓邀请中学学生家长
座谈,明确阐述"中学时之学生,正在发展集合性及作事心之
际"⑤,希望家长密切配合学校。然而,在张伯苓看来,仅通过中学
教育来锻炼服务社会之能力是不够的。为此,开办南开大学的目的
之一即在于继续"练习作事"⑥。

其实不仅中学阶段如此,20世纪20—30年代的大学教育亦存在
同样的问题。自1895年北洋西学学堂(1896年改为北洋大学堂)⑦

---

① 《教育总长汤化龙关于中学教育之谈片》,中国第二历史档案馆编:《中华民国史
档案资料汇编·第三辑·教育》,凤凰出版社,2010,第289页。
② 《教育部通饬中学校添授簿记》,李桂林、戚名琇、钱曼倩编:《中国近代教育史资
料汇编·普通教育》,上海教育出版社,2007,第794页。
③ 王文俊、梁吉生等编:《张伯苓教育言论选集》,南开大学出版社,1984,第3页。
④ 王文俊、梁吉生等编:《张伯苓教育言论选集》,南开大学出版社,1984,第17页。
⑤ 王文俊、梁吉生等编:《张伯苓教育言论选集》,南开大学出版社,1984,第4页。
⑥ 王文俊、梁吉生等编:《张伯苓教育言论选集》,南开大学出版社,1984,第3—4页。
⑦ 学界对中国近代史上的第一所大学有争议。本文认同陈景磐等教授(1904—
1989)的观点,认为我国自办的新式的大学教育实始于1895年盛宣怀所奏办的北洋
西学学堂的头等学堂(1896年改为北洋大学堂)。详见陈景磐:《中国近代教育史》,
人民教育出版社,1980,第179页。

成立起，至南开大学成立，现代意义上中国人自办的大学教育不过20余年。在这20多年中，社会各界尤其是教育界对于大学教育脱离社会实际的批评不绝于耳。庄泽宣就曾批评道，大学教育"偏注于高玄无薄之理论，未能实用科学，促进生产之发展"，也因此建议"不要把受教育的人拉出社会来，而是把教育事业引入社会里去解决一切问题"。[1]1931年受中国政府邀请，国际联盟指示其执行机构——国际文化合作社，委派考察团成员[2]来华全面考察中国教育。国联考察团同样认为，中国的大学教育存在脱离社会实际的现象：学生进入大学"即成特殊阶级之一员，对于本国大众生活茫然无知，对于大众生活之改进，毫无贡献可言"；教育方法注重讲授，而缺乏动手以及实验的时间。[3]

然而也需要客观地看待学生就业能力不足以及学生失业问题。造成此问题的原因除了与学校教育自身有关之外，还与当时工业化程度以及社会背景有关。就工业化程度而言，南开教授方显廷在其《中国工业化之程度及其影响》的演讲中，对此进行了详细的分析和总结。其认为中国已经进入工业化阶段，但同时具有两个特点，"（一）中国工业化之程度极低……工业化程度最高之纺织业，其纺钟数目亦仅占全世界百分之二又四。凡英美德法印俄日意，无不较中国得多，其他工业更无论矣；（二）中国工业化之第二特点，乃

---

[1] 庄泽宣：《如何使新教育中国化》，民智书局，1929，第91—93页。
[2] 考察团主要成员共四人，分别为：柏林大学教授、前普鲁士教育部部长柏刻(Carl H. Becker)、波兰教育部初等教育司司长法尔斯基教授(M. Falski)、法兰西大学教授郎吉梵(P. Langevin)、伦敦大学政治经济学院叨尼(R. H. Tawney)。参见国际联盟编著：《中国教育之改进》，国立编译馆，1932，第1页。
[3] 国际联盟：《中国教育之改进》，国立编译馆，1932，第175—177页。

工厂规模均极狭小"。①就社会背景而言，据时人观察，"这九年当中，自后四年开始，不断地受着世界经济的袭击和敲诈，经过了大水灾、东三省热河的被夺、淞沪华北的战事，破产和奔溃穿过各部门，急剧地走向极顶，产业的粉碎，已是七零八落……"②如此，造就了严峻的就业环境。

其二，学生素质普遍达不到服务社会的要求。无论私立南开学校培养何种"知中国，服务中国"的专业技能人才，但首先要培养合格的现代国民。对国民素质的改造一直是晚清乃至民国知识分子们的忧心之处和奋斗目标。鲁迅的弃医从文、张伯苓的弃武从教，其目的即在于通过教育来塑造国民性，提升国民素质。据张伯苓观察，国民素质存在的问题主要在于：体质弱、自私、缺乏组织力。体弱则精力不济，作事效率低；自私则难有服务社会之心；缺乏组织力则导致在工作当中难以合作。为此，在日常办学过程中，张伯苓主要从以下几个方面着手提升学生素质，提高服务社会能力：一是开展以根植日常生活、规范人际交往为基础的生活德育。主要包括设置灵活的"修身课"，利用演讲、戏剧等方式开展生活德育；适时利用时事开展爱国教育；专设机构进行指导，如特设学生指导委员会，负责学生良好品格的养成等。二是开展以提高"作事效率"，发扬团结合作为中心的体育活动。私立南开对体育非常重视，校内运动组织健全、赛事频繁，体育设施完备，且配有优良师资。三是开展以造就现代能力、健全人格为目的的群育。包括鼓励学生参加

---

① 方显廷演讲、吴大业记：《中国工业化之程度及其影响》，《南开大学周刊》，1929年第75期，第18—19页。
② 狄舟：《从"毕业即失业"到"失业即创业"》，《新生周刊》，1934年第27期，第527页。

社团活动或成立社团，并提供制度保障，进行氛围引导，给学生带来更多"练习做事参加活动"的机会。四是开展以服务社会，适应社会发展为宗旨的实践、认知教育。充分利用天津的商业环境，鼓励学生走出校园，走入社会，观察和了解社会。①

除张伯苓之外，国民素质提升也一直是同时代教育家们在中学演讲中的常见主题。1913年蔡元培受邀在浦东中学发表演讲，演讲中蔡元培号召学生注重"公"。何谓"公"？蔡元培解释为"所谓公者，即他人尽不到之义务，吾人为之代尽也"，若能做到"公"，则"道德高而旧染除，国日以强矣"。②1917年蔡元培在爱国女校发表演说，阐释爱国之本质在于养成完全之人格，主要注重三点：一是体育，二是智育，三是德育。③除教育家们演讲之外，身为教育总长的汤化龙对此亦有观察，其认为中学教育亟应注意的有两个方面："其一则生徒之自动力是也……其二为养成共同生活之习惯是也"④。不管是"自动力"，抑或"共同生活之习惯"均属于国民素质范畴，这也从侧面证实中学生的素质有待加强。

其实，与其说是中学生素质达不到服务社会之要求，还不如说是整个社会民众的素质远未达到现代国民的要求。这也是严复、梁启超、蔡元培等之所以提倡"群育"的原因之所在，即是希望通过

---

① 金国：《为了"服务社会能力"之养成：私立南开大学的校园文化建设(1919—1937)》，《教育学术月刊》，2015年第3期，第32—39页。

② 蔡元培：《在浦东中学演说词》，《蔡元培教育名篇》，教育科学出版社，2007，第18页。

③ 蔡元培：《在爱国女学校之演说》，《蔡元培教育名篇》，教育科学出版社，2007，第47—48页。

④ 《教育总长汤化龙关于中学教育之谈片》，中国第二历史档案馆编：《中华民国史档案资料汇编·第三辑·教育》，凤凰出版社，2010，第290页。

"群育"来改造国民性。这同样也是国民政府开展"新生活运动"的
目的所在。在蒋介石看来,一个国家复兴的基础包括两个方面:一
是一般国民具备国民道德,二是一般国民具备国民知识。[1]当时代变
革之际,国民素质会与社会要求相脱节,而要改变这些,则端赖教
育。然而在张伯苓看来,要提升中学生的素质,仅有中学教育是不
够的,需要大学进一步的锻造和历练。

　　当然,张伯苓之所以办理大学,除了学生就业能力需要提升之
外,还与"真正民立的大学却不多见"有关。纵观1919年之前私立
大学的办学概况,可知张伯苓所言亦是事实。据1918年教育部统计,
之前经教育部认可的私立大学有5所,后经各种原因,或停办或整
合,现存立案在册的私立大学仅有3所,现存私立专门学校共有21
所。[2]就张伯苓的"办学理想"而言,其对"大学""情有独钟",而
非仅仅办理专门学校。然而"真正民立的大学"确实不多。这与张
伯苓在美国的考察相去甚远,彼时美国的"大学之组织,有赖于私
人经营之力为独多"。[3]

---

[1] 蒋介石:《新生活运动》,正中书局,1934,第5页。
[2] 私立大学相关数据详见《私立大学概说》,中国第二历史档案馆编:《中华民国史
档案资料汇编·第三辑·教育》,凤凰出版社,2010,第178—180页;私立专门学校相
关数据详见《私立专门学校概说》,中国第二历史档案馆编:《中华民国史档案资料
汇编·第三辑·教育》,凤凰出版社,2010,第187—190页。
[3] 华午晴、优乃如述,乐永庆、梅宝昌记:《十六年来之南开大学》,《南大半月刊》,
1934年第15期,第1页。

表1-2 1918年私立大学统计

学 校	机 构	专业及人数 （括号内为当时学生人数）	开办及 立案时间
私立 朝阳大学	大学部	法科(12人)、商科(11人)、预科(30人)	1913年9月开办，1914年5月立案认可
	专门部	法科(79人)、法律别科(5人)以及预科(145人)	
私立 中国大学	大学部	法律科(24人)、政治科(56人)、经济科(19人)、商科(58人)、法预科(219人)、文预科(101人)、商预科(41人)	1913年4月开办，1914年5月立案认可
	专门部	政治经济科(76人)、商科(146人)、法律科(188人)、法律别科(不详)、政治经济别科(不详)、预科(263)	
武昌私立 中华大学	大学部	文科哲学门(21人)、法科经济学门(28)、商科(38人)、预科(90人)	1912年9月开办，1915年3月立案认可
	专门部	法律科(10人)、法律别科(不详)、政治经济别科(不详)、预科(128人)	

资料来源：《教育部公布全国大学概况》，中国第二历史档案馆编：《中华民国史档案资料汇编·第三辑·教育》，凤凰出版社，2010，第179—180页。

　　私立大学数量与办学环境密切相关，前文对此有所分析，故不赘述。基于此种情况，张伯苓立志办理私立大学，体现了其对于"教育救国"理念的高度认同和通过教育改变中国的坚定信念。

三、办学之理想："真正民立的大学"的创建

大学校长的办学理想，影响和决定着学校的办学风格、办学特色。诸如蔡元培之于北大的变革，梅贻琦之于清华的发展，等等。探讨张伯苓的办学理想，有助于深入理解私立南开生存与发展的内在逻辑。

（一）何谓"真正民立的大学"：美国模式的借鉴

要厘清张伯苓的办学理想，则不得不回答何谓"真正民立的大学"。而要回答此问题，则要从张伯苓的教育考察说起。

专门科（班）创办的失败，使得张伯苓认识到自身办理私立高等教育的不足。借由天津基督教青年会总干事格林的帮助，张伯苓于1917年8月，得以赴美进入哥伦比亚大学师范学院研修教育并考察美国高校办学。[①]本次研修考察，获得了师范学院提供的"荣誉奖学金"的赞助，得以免交学费。[②]研修期间，张伯苓"每天两次到学

---

① 张伯苓之所以选择前往美国研修、考察教育，有学者认为主要有两个方面的原因：一是张伯苓看到了美国模式在其办理南开中学方面取得的成功；二是张伯苓想创办一所私立大学，为中学毕业生提供进一步深造的机会。详见 Sarah Coles McElroy, *Transforming china through education: Yan Xiu, Zhang Boling, and the effort to build a new school system, 1901–1927*.Ph.D. Dissertation, Yale University, 1996, p.158.美国模式在中学的成功是不是张伯苓赴美研修、考察的原因不得而知。此前，南开学校受日本的影响较多，甚至在1917年3月，张伯苓还曾派马千里、时子周赴日本考察教育。见《张伯苓教育活动纪事》，王文俊、梁吉生等编：《张伯苓教育言论选集》，南开大学出版社，1984，第270页。但不管怎么说，张伯苓想创办一所私立大学确是事实。然而对于如何办理大学、办理什么样的大学，张伯苓是缺乏经验和认知的。

② 张伯苓：《张伯苓复詹姆士·E.罗素函（1917年9月24日）》，梁吉生、张兰普编：《张伯苓私档全宗（上卷）》，中国档案出版社，2009，第4页。

院听课，主要学习近代教育学、教育哲学、心理学、教育行政等课
程"①。1918年4月5日，严修等取道日本赴美游历。②1918年5月19
日，严修抵达纽约与张伯苓会合。③自此，张伯苓、严修遍访纽约、
芝加哥等地各类教育或教育管理机构，包括幼稚园、小学、中学、
教育局等，拜访或交流人员包括中小学教师、教育官员、知名学者
等，谈及内容包括教学法、美国学制、管理机构设置、学费、董事
会运作、教育经费，等等。④当然，张伯苓、严修亦关注和讨论高等
教育相关议题，并考察美国私立大学办学状况。1918年7月4日上
午，张伯苓与严修探讨"教育与实业"，直至"午饭之后又谈至3时
乃止"。⑤此外，还拜访哥伦比亚大学师范学院克伯屈教授并谈论教
育，其特别强调美国教育应注重建校筹款（纳税）及学生自动等。⑥
在拜访孟禄（Paul Monroe）时，还获赠"各种考验学科之标准"⑦。
1918年11月7日，参观格林奈尔大学，并注意到"本校建筑多系毕
业生捐资为之"，且"本校建自教会资本金全由募捐而来，故校长常
不在校"。⑧通过考察，张伯苓、严修对于美国私立高校办学有着更
为深刻的认知和理解。

① 梁吉生撰著：《张伯苓年谱长编(上卷)》，人民教育出版社，2009，第191页。
② 陈鑫整理：《严修日记：戊午(1918)》，未刊手稿，第8341页。
③ 陈鑫整理：《严修日记：戊午(1918)》，未刊手稿，第8388页。
④ 陈鑫整理：《严修日记：戊午(1918)》，未刊手稿，第8388—8459页。
⑤ 陈鑫整理：《严修日记：戊午(1918)》，未刊手稿，第8447页。
⑥ 陈鑫整理：《严修日记：戊午(1918)》，未刊手稿，第8460—8461页。
⑦ 陈鑫整理：《严修日记：戊午(1918)》，未刊手稿，第8462页。
⑧ 陈鑫整理：《严修日记：戊午(1918)》，未刊手稿，第8603页。

图1-1　严修、张伯苓在美摄影

资料来源：《努力奋斗中之南开学校》，《天津南开学校》，出版社不详，1927，第10页。

CHINESE STUDENTS' CLUB OF COLUMBIA UNIVERSITY

Front Row—T. H. CHANG, S. H. HUANG, S. T. LEO (Vice-President), T. T. LEW, P. I. CHANG, IRVING T. HU, S. E. S. YUI, J. T. HSI.
Second Row—S. Y. CHANG, H. L. HUANG, P. W. CHEN (English Secretary), Miss Y. H. TANG, Miss MABEL LEE, Miss K. O. LEH, Miss R. E. KONN, Miss MILDRED Y. SUNG, M. TSON, Y. T. CHANG (President), C. Y. NIEH.
Third Row—Y. T. SIE, C. H. HUANG, K. L. KWONG, P. L. YUAN, Z. L. CHANG, C. T. TSAI, T. C. CHEN, Y. L. CHIN, T. K. LI, K. LEE.
Fourth Row—H. C. WANG (Auditor), C. Y. CHANG, S. D. REN, Y. K. KUO, Y. C. CHANG, Y. CHANG, T. C. HAO, H. C. ZEN, S. G. SU.
Fifth Row—T. N. LEE, F. H. HUANG (Treasurer), C. H. LI, H. L. LIN, S. J. CHUAN, C. H. WANG, Q. K. CHEN, H. H. LING, H. WANG.
Sixth Row—D. L. CHIC, S. T. YEN, WILLIAM HUNG, T. P. HOU, S. M. LING, S. C. HSU, S. C. LEE, C. C. HSU, G. P. CHEN.

图1-2　1918年哥伦比亚大学中国学生留影（前排右四为张伯苓）

资料来源：Chinese Students' Monthly，Vol.XIII，No. 6，April 1918.林伟博士提供。

本次考察也给予了张伯苓办学思路的启发。1918年3月，张伯苓在哥伦比亚大学发表演讲，谈及中国教育问题时说道：

> 中国教育之两大需要：一为发达学生之自创心，一为加强学生之遵从纪律心……考察中国需要最宜之教育制度，结果获得两种需要者：一则英法美之制度，一则日德之制度。前者专为计划各人之发达，后者性近专制，为造成领袖及训练服从者之用。敝校南开，多半以是二者为圭臬……中国新教育最要之目的，即为训练青年人以服务社会心。[1]

这些启发或思考，奠定了私立南开大学人才培养的"基调"，即培养服务社会之人才。当然，这与张彭春描绘的大学"蓝图"存在一定的差异。如前所述，张彭春所设想的大学应是专注学术研究之大学，更接近于德国大学模式。[2]这其中除了办学"特色"、办学"旨趣"之外，还涉及整个时代高等教育模式转型的问题。据许美德观察，"在1911—1927年期间，人们可以明显看出，中国高等教育又

---

[1] 梁吉生撰著：《张伯苓年谱长编(上卷)》，人民教育出版社，2009，第193—194页。

[2] 前文所述，张彭春于1916年8月描绘了未来大学的蓝图。从拟定科目及办学宗旨来看，其办学理念更接近于蔡元培对于"大学"的定义，也即德国经典大学的办学理念。蔡元培在《大学令》中，将大学办学宗旨确定为"教授高深学术，养成硕学闳才"，虽然"大学分为文科、理科、法科、商科、医科、农科、工科"，但也同时强调"大学以文理二科为主"，要得名为大学须满足："一、文理二科并设者；二、文科兼法商二科者；三、理科兼医农工三科或二科一科者"。见《大学令》，《中华教育界》，1913年第2期，第29页。因为在蔡元培看来，似乎只有文、理二科的纯学术才算得上是高深学问。见周川：《1917年的中国大学：变革及其意义》，《高等教育研究》，2017年第5期，第86—93页。初步设想的私立南开大学显然以文科为主，其办学目的具有学术研究、发明新理之导向，基本符合蔡元培对于大学的期待，也契合德国大学办学理念。

转而倾向于模仿欧洲大学的模式，尤其是德国和法国的大学。后来，中国又对美国的高校模式产生了浓厚的兴趣"。[1]庄泽宣在其《如何使新教育中国化》一书中亦有类似的观察：

> 　　民国成立以后，第一任教育总长是蔡元培先生，而且他刚从欧洲回来，他对于学制的改革，颇主张采用欧洲的制度，但因为历史的关系，民国初年的学制可以说是前清学制与欧制的折衷制度。本来日本的学制也由欧洲学制蜕化而来，不过没有采用双轨制而已。在这个时候国人已经感到新教育日本化的弊病，颇有直接模仿西洋的意思，而留学美国专研究教育的郭秉文、蒋梦麟诸先生也先后回国（1914及1917），中国已办教育多年的范源濂、严范孙诸先生又赴美考察（1918），后来全国高师校长又组织赴美教育调查团（1919），南京高等师范又聚了一班美国留学生，发表了许多的文章，造就了好些学生，于是中国的新教育大有美国化的倾向。[2]

　　此时，美国大学的情形如何呢？此时美国的高等教育呈现出实用主义的特点。20世纪初，杜威成为实用主义的标志性人物，"他的实验主义（即实用主义、工具主义）统治了美国20世纪的教育哲学"。[3]在此教育哲学的引领之下，"美国人往往把高等教育视为向快

---

① 许美德：《中国大学1895—1995：一个文化冲突的世纪》，许洁英译，教育科学出版社，2000，第54页。
② 庄泽宣：《如何使新教育中国化》，民智书局，1929，第12—13页。
③ 约翰·S.布鲁贝克：《高等教育哲学》，王承绪、郑继伟等译，浙江教育出版社，1998，第25页。

速发展的社会提供所需知识和训练有素的人力资源的一种手段"。①
与此同时，张伯苓所游学的哥伦比亚大学正遭受同行的批评。亚伯
拉罕·弗莱克斯纳（Abraham Flexner）即曾批评以哥伦比亚大学为
代表的美国大学功能定位的偏离，认为"追求科学和学术的工作属
于大学……技术教育、职业教育不属于大学，普及教育也不属于大
学。这些教育非常重要，社会当必须为实施这些教育建立适当的机
构，但不能让他们使大学分心"②。作为办学组织，哥伦比亚大学无
疑是成功的，而作为秉持"大学理念"的哥伦比亚大学，其"正确
的价值观未能得以保持"③。

　　20世纪20年代前后，美国模式对于中国教育的深刻影响是个不
争的事实，中国大学的变革正是以美国模式为趋向。④1922年学制更
是将这一影响引向极致。张彭春的办学设想与私立南开大学实际办

---

① 德里克·博克：《走出象牙塔：现代大学的社会责任》，徐小洲、陈军译，浙江教育
出版社，2002，第70页。

② 亚伯拉罕·弗莱克斯纳：《现代大学论：英美德大学研究》，徐辉、陈晓菲译，浙江
教育出版社，2002，第22页。

③ 亚伯拉罕·弗莱克斯纳：《现代大学论：英美德大学研究》，徐辉、陈晓菲译，浙江
教育出版社，2002，第34页。何谓大学的"正确的价值观"，简单来说，在亚伯拉罕·
弗莱克斯纳看来大学应追求科学和学术。但现实却是，美国大学（包括哥伦比亚大
学在内）"对短暂的和眼前的需要不加思考地一味迎合"，"美国的大学正变得越来
越喧闹"，"变得廉价、庸俗和机械"。参见亚伯拉罕·弗莱克斯纳：《现代大学论：英
美德大学研究》，徐辉、陈晓菲译，浙江教育出版社，2002，第34—35页。

④ 相关讨论详见周谷平、朱绍英《郭秉文与近代美国大学模式的导入》，《河北
师范大学学报》（教育科学版），2005年第5期，第15—20页；张雪蓉《美国影响与
中国大学变革（1915—1927）——以国立东南大学为研究中心》，华龄出版社，
2006；周谷平、张雁等《中国近代大学的现代转型：移植、调适与发展》，浙江大学
出版社，2012；茹宁《中国大学百年模式转换与文化冲突》，知识产权出版社，
2012；李学丽《中国大学模式移植研究：历史的视角》，山东师范大学：博士论文，
2014。

学之间的差异也正反映了这一教育转型的时代背景。

总体来说，张伯苓办理所谓"真正民立的大学"，其实就是办理以哥伦比亚大学为模板的私立大学。在人才培养上，注重学以致用，以社会需求为导向，培养服务社会的应用型人才；在办学模式上推行"美国化"，以致在随后的办学过程当中"所用教材，除国文和中国历史外，一律是美国的中学或大学的英文课本"①，甚至在校园内开设美国书店——伊文斯书店的分店，便于学生购买美国书籍。事实上，南开中学的大部分课程也都用英语讲授。②

当然，这一全盘"美国化"的教育模式，面临着如何"中国化"的问题。这也是同时代的教育家们所迫切思考的问题。1924年10月2日，张伯苓在南开学校高级修身班发表演讲，即曾对此现象有所反思："吾以为教育之发展，与一国内之政治情状、社会环境亟〈极〉有关系。吾国近人办理教育每多袭取西方成法，不知西方之教育得西众之辅助、社会之指导，与吾国不相同。以其教育原理应用于吾国，岂有不流弊众〈丛〉生者。"③引发张伯苓对此问题产生深刻思考的是南开大学商科学生宁恩承在《南大周刊》发表《轮回教育》

---

① 郑致光主编：《张伯苓传》，天津人民出版社，1989，第53页。
② 顾临（Roger S. Greene）：《访问天津南开学校——顾临给罗氏驻华医社主任巴垂克（Buttrick）信（1916年9月21日）》，龚克主编：《张伯苓全集——第一卷 著述 言论（一）》，南开大学出版社，2015，第44页。
③ 张伯苓：《在南开学校高级修身班演讲》，梁吉生、张兰普编：《张伯苓教育佚文全编》，人民教育出版社，2019，第102页。

一文所引发的"轮回风波"①事件。《轮回教育》这篇文章尖锐地指出了南开大学在教育上的过度"美国化"：

> 这些教员所讲的内容多是些美国政治、美国经济、美国铁路、美国商业……美国……美国……他们赞赏美国和冬烘先生颂扬尧舜禹汤一般。一班学生也任他"姑妄言之"，我们"姑妄听之"。一年、二年，直到四年，毕业了。毕业后也到美国去，混个什么M，什么D回来，依样葫芦，再虎后来的学生。后来的学生再出洋，按方配药。这样循环下去传之无穷，是一种高一级的轮回。这一种轮回与前一种不同的地方，就是大学毕业生教中学，是半中半英的欺哄法。留学生所用的欺哄法是完全美国法，完全用外国话来虎。这样转来转去，老是循着这两个圈子转是什么意见呢？学问吗？什么叫作学问？救国吗？就这样便算救国吗？②

这一风波，使得张伯苓得以深入思考如何引进、消化国外的教

---

① "轮回风波"是南开大学发展史上的重要事件。宁恩承在其回忆录中详细记载了风波的始末，参见宁恩承：《百年回首》，东北大学出版社，1999，第98—102页。此外，相关媒体亦有报道和评述，参见春番：《教员与轮回教育》，《民国日报·觉悟》，1925年第27期，第2—4页；松：《南开大学风潮》，《现代评论》，1925年第4期，第2—3页；庄泽宣：《轮回教育：致现代评论记者》，《现代评论》，1925年第6期，第15—16页；《天津南开大学之学潮》，《时报》，1925年1月4日，第3版；《南开大学罢教风潮之内幕》，《时报》1925年1月6日，第3版；*Nankai University Closed When Professors and Students Quarrel.* The Shanghai Times，1936—6—23(10)；《天津南开大学风潮与校长问题》，《新闻报》，1925年1月13日，第3版；老秋：《评南开大学罢课风潮》，《醒狮》，1925年1月24日，第1版；一笑：《南开大学风潮经过》，《醒狮》，1925年1月24日，第4版；《天津南开大学风潮解决之回顾》，《新闻报》，1925年2月7日，第3版。
② 笑萍(按：宁恩承)：《轮回教育》，《南大周刊》，1924年第8期，第37页。

材和课程使之适应国情，也即思考什么样的教育适合国内的现实环
境。经不断改革探索，随即在1928年的《南开大学发展方案》中明
确提出，要以"土货化"为今后的教育方针。所谓"土货化"即以
中国历史、中国社会为学术研究背景，以解决中国问题为教育目标。
为避免研究范围过于宽泛，特设置三个标准加以规束：一是各种研
究必须以一具体的问题为主，二是此问题必须为现实社会所急需解
决者，三是此问题必须适宜于南开之地位。①

　　一言以蔽之，在创办之初，张伯苓所谓"真正民立的大学"，即
是以哥伦比亚大学为模板，以美国模式为借鉴，以培养服务社会的
应用型人才为圭臬的私立大学。此外，需要进一步说明的是，美国
模式的借鉴不仅仅是办学理念的借鉴，其实也暗含着张伯苓对于美
国私立大学所拥有的办学自主权的向往和借鉴。

　　（二）何以选择美国模式

　　南开大学之所以选择美国大学模式，有受晚清实学思潮的影响，
更有对于私立大学生存与发展境遇的现实考虑。

　　乾嘉盛世以降，清政府日益衰败，在内忧、外患之下，清政府
签订了《南京条约》。这一不平等条约不仅开启了中国近代史，也加
速了中国传统士大夫的学术转向：从考据学转向经世之学，从皓首
穷经转而关注现实。某种意义上，鸦片战争是为标志，标志着传统
士大夫面对国家存亡之际的主动求变。亦如梁启超所言："'鸦片之
役'以后，志士扼腕切齿，引为大辱奇戚，思所以自湔拔；经世致

---

① 募款委员会：《南开大学之方针与发展计划(南开大学发展方案)》，《南开大学周
刊》，1928年第60期，第9—11页。

用观念之复活，炎炎不可抑。"①经世致用为晚清实学的基本特征。随着政权鼎革，晚清实学作为特定时代的学术思潮虽已踪影全消，但经转换之后，其精神仍在。作为生于晚清、创业于民国的教育家，张伯苓秉承"力行不懈、笃实践履"的心力继承并发扬了晚清实学精神。其提出的"知中国，服务中国"的教育宗旨、"土货化"的教育方针以及"三育并进而不偏废"的人才培养目标等，其背后包含的实学教育思想与晚清实学精神一脉相承。

除受晚清实学精神影响之外，私立南开选择美国大学的办学模式也与其面临的不太"友好"的生存环境有关。为应对不太"友好"的生存境遇，美国大学模式更有利于私立大学获取办学资源，以应对生存与发展的困境。美国模式注重实用主义，突出表现为注重应用性学科的设置。具体来说，应用性学科之所以能够助益私立大学争取办学资源，主要体现在两个方面：

其一，应用性学科的设置是民初私立大学强化与社会各界往来互动的"纽带"，为其获取办学资源提供了可能和便利。如前文分析，民初私立大学办学经费来源主要依靠捐款与学费收入。无论捐款，抑或学费收入都需要与社会各界保持互动。具体来说，也即通过学科设置与人才培养加强与外部环境的互动往来，获得社会的信任与认可，并以此谋求社会各界的捐赠，维持私立大学的生存与发展。南开学校专门科创办的失败，即从反面论证了这一点。不管是"徇中学毕业生之请"而设立的英语专门科，还是与国家政策相抵牾的高等师范专门班，均非私立高校理想的学科设置。

---

① 梁启超：《清代学术概论》，上海古籍出版社，2005，第60页。

南开大学正式创办时，除响应教育部"号召"设立文、理科之外，还设有应用性较强的商科，随后还增设了矿科。在"增科计划"中特别述及要"设法使学生在银行或洋行，为商学上之实地练习，以免徒知商学，并无经验之弊病"。①即使是文理科，也以应用性为主，而非专事学术研究。南开大学矿科的设置即是学校多方寻求办学经费，与企业合作办学，强化互动的典型案例。

其实，不仅南开大学在学科设置上注重应用性学科，考察同时代的其他私立大学，其学科设置大体也以应用性为主。以1918年为例，私立朝阳大学设有大学部、专门部，大学部设有法、商科，专门部设有法律科、预科。私立中国大学同样设有大学部、专门部，大学部设有法科（政治门、经济门、商科）、预科（文科、法科、商科），专门部设有法科、政治经济科、商科、预科法科。私立武昌中华大学大学部设有文科哲学门、法科经济门、商科、预科，专门部设有预科。②从办学性质来看，专门部、预科自不待言，主要培养专门人才或为升学作准备。而大学部的学科设置，也多以应用性学科为主。另外，再以私立专门学校为例。1915年被教育部立案认可的专门学校共有16所，均为法政学校。③据教育部统计，1918年全国共有21所私立专门学校，而其中私立法政专门学校多达14所。黄炎培对于法政学校的"盛况"亦有观察："报章募集生徒之广告，则十七八法政学校也；行政机关呈请立案之公文，则十七八法政学校

---

① 《南开大学增科之计划》，《益世报（天津版）》，1920年12月24日，第11版。
② 教育部专门教育司编印：《全国专门以上学校一览表（全国大学一览表）》，1918，第2—3页。
③ 《国立公立私立大学及专门学校一览表》，《顺天时报》，1915年9月5日，第4版。

也。"黄炎培调查了江宁、苏州、上海、镇江、清江五处法政学校的办学情况，经查共设有法政学校15所，学生总数达4 720人。①之所以如此，一个重要原因在于迎合"就业"市场的需求②，法政学科便成为私立大学以及私立专门学校的常设学科。专门学校不是本文重点讨论对象，但同属私立学校，其学科设置的内在逻辑应有相似之处。维持生存与发展是私立高校首要考虑的问题，唯有借助应用性学科的设置，才有可能广泛建立与社会各界的联系，为谋求办学资源提供便利。

其二，应用性学科的设置还有利于私立大学招揽生源，扩充办学经费。面向社会需求，或者说面向就业的学科设置能为私立大学带来生源，而生源是办学经费的重要来源。民初政府对国立大学及专门学校的学费征收出台了相关规定，但对私立学校不作要求。③也因此，私立大学在学费征收方面有较大的自由度。一般来说，私立大学的学费要高于国立大学。20世纪20年代，私立高校的学费在

① 黄炎培：《教育前途危险之现象》，《东方杂志》，1913年第12号，第18—20页。
② 宋秋蓉教授认为民国初年大量私立法政学校的创办，其原因为：1906年科举制度废除之后，中国知识分子头脑中的"读书做官"观念依然如故。在新式高校各专业中，法政是与官场最对口的专业，于是被视为新的做官途径，人们竞相趋之。见宋秋蓉：《近代中国私立大学研究》，天津人民出版社，2002，第29页。该观点有一定的道理。但与其说私立法政专门学校的创办是为了迎合知识分子头脑中"读书做官"的观念，还不如说是迎合了政府对于法政人才需求的迫切期待。基于人才需求而设置相应专业，是私立大学办学的应有逻辑。然而，民初对于人才的需求并非仅限于法政专业。所以本文更倾向于认为大量法政学科的创办，除了与人才需求有关之外，还与办学成本的选择有关：法政学科相比其他理工农医等专门学科，办学成本要低很多。
③《教育部公布学校征收学费规程令》，《教育杂志》，1912年第9期，第25—26页。

70—100元之间，而国家资助的公立高校学费在40—60元。①诸如国立北京大学每学年学费本科30元，预科25元，体育会费1元；国立北洋大学每学年本科30元，预科20元，每学年住宿费12元，体育费2元，膳费每月约5元。而私立朝阳大学每学年大学部本科48元，大学预科及专门部各科36元，讲义费各科6元；私立复旦大学每学年学费80元，电灯及膳食费60元，宿费20元，运动费4元，阅书费2元，午膳者每学期膳费10元。作为本文案例的南开大学，1921年本科生、专科生学费为36元/年，旁听生每修习1个绩点学费2元，寄宿费每学年24元，印刷费每学期5角，试验费按科规定并预缴试验室赔价费3元，膳食费每月5元。②1923年南开大学的学费为50元/年，寄宿费全年30元，印刷费、体育费每学期1元，预偿费每学期5元，膳费每月5元，此外还有书籍、试验费等若干。③若简单以学生人数乘以学（杂）费（学费+寄宿费），大体可以估算出每年学杂费的收入（实际数字应高于此算法），借此可以估算学（杂）费收入在

---

① 叶文心：《民国时期大学校园文化(1919—1937)》，冯夏根、胡少诚等译，中国人民大学出版社，2012，第134页。在当时，一个普通家庭的年收入情况如何？西德尼·D.甘博曾调查北京地区的324户信徒家庭，其中28.6%的家庭年收入低于100元。参见李明杰、徐鸿编著，西德尼·D.甘博(Sidney D. Gamble)：《暮雨弦歌：西德尼·D.甘博镜头下的民国教育(1917—1932)》，武汉大学出版社，2019，第44页。
② 数据来源于商务印书馆1923年编印的《全国专门以上学校指南》（下文简称《指南》）第二编第5页、26页、18页、39页、28页。该《指南》主要为专门以上学校学生转学以及中等学校毕业生投考参考用书。《指南》虽然于1923年出版，但编著于1922年，并且《指南》中所收录或依据的各学校章程均在1922年之前。后文所述之"学费"指的是"学杂费"，包括诸如讲义费、住宿费、膳食费等所有《指南》中列出的费用。此外，关于20世纪20年代私立大学学费的研究可参见叶文心著《民国时期大学校园文化(1919—1937)》（中国人民大学出版社，2012）中的第六章"大学生活之代价"第133—138页。
③ 《费用》，《天津南开大学一览》，协成印刷局，1923，第17—18页。

私立大学总体收入中的占比情况。1921年南开大学学生人数为224人，1923年为288人，学杂费总收入分别约为13 440元与23 040元。而1921年南开大学年度收入为96 526元，1923年为92 734元，学(杂)费所占年度收入比例分别为13.92%、24.8%。[①]1926年张伯苓在接受《大公报》记者采访时，述及了南开大学的学费收入及所占比例情况："学费昂贵，本非所愿。惟以大学方面，每学生供给，核算年须供给六百元计之，则学费所入，仅及六分之一。"[②]从张伯苓的采访中，大体可以印证私立大学的学费普遍较高，且南开大学的学费每年需100元左右，其占支出总数约1/6。与大额捐赠相比，学费收入虽然数量有限，但相对稳定且有保障，已然成为私立高校办学经费的重要来源。

"私立大学的校长们因绝少有幸获得国家的资助，所以他们的策略是向市场寻求资金"[③]。于私立大学而言，为筹措办学经费，一个较为可行的办法即扩大招生规模。而要扩大招生规模，就必须向"市场"看齐，设置易于就业的应用性学科。1917年复旦大学之所以增设商科，以及随后增设法律、政治、市政、银行等实用性强的学系，即是为了适应上海职业需求和商业发展需要。[④]与之形成鲜明对

---

① 关于南开大学学生人数与年度经费入款数据来源于《六年来之南开大学(历年学校经费出入表)》,《南开周刊(南开学校二十周年纪念号)》,出版社不详,1924,第4页。

② 《与〈大公报〉记者的谈话》,梁吉生、张兰普编:《张伯苓教育佚文全编》,人民教育出版社,2019,第108页。

③ 叶文心:《民国时期大学校园文化(1919—1937)》,冯夏根、胡少诚等译,中国人民大学出版社,2012,第137—138页。

④ 许美德:《中美教育交流:以复旦早期校史为例》,《复旦教育论坛》,2005年第5期,第26页。

比的是，复旦在李登辉担任校长后，曾花大力气办理文、理本科，但规模仍然很小。自1917年筹办商科之后，入学人数大幅上升。[1]并且此后商科在校人数经常处于全校之冠。[2]以1927年为例，该年度在校生总数为931人，商科学生最多，计有326人。[3]有了足够的生源，私立大学的办学经费才有保障。1923年中华教育改进社统计了国立、省立、私立与"教会及外人立"专门学校学生数量，其中国立专门学校平均学生数为351.2人，省立专门学校为204.2人，私立专门学校为362.9人，"教会及外人立"为223.3人。[4]私立专门学校学生数量最多，也佐证了私立高校的办学策略。

　　需要说明的是，反观张彭春早期设想的德国大学模式，其强调和奉行的学术研究至上原则，不利于私立大学获取办学资源。德国大学从本质上排除一切实际和实用性考虑，以至20世纪20年代，一位德国著名的教育官员曾说，对于德国人来讲，大学与实用性考虑、专门和职业性教育，在本质上是毫不相干的。[5]秉承德国大学理念的蔡元培亦认为"大学实止须文理科，以其专研学理也。而其他医、工、农、法诸科，皆为应用起见，皆偏于术，可仿德国理、工、农、商高等学校之制，而谓之高等学校"。[6]为此，蔡元培在北大进行学

---

[1]　周川：《1917年中国的大学：变革及其意义》，《高等教育研究》，2017年第5期，第90页。

[2]　金以林：《近代中国大学研究(1895—1949)》，中央文献出版社，2000，第86页。

[3]　《复旦大学十六年秋季分科分级统计表》，《复旦大学章程》，出版社不详，1927，第8页。

[4]　中华教育改进社：《中国教育统计概览(1923)》，商务印书馆，1923，第9页。

[5]　陈洪捷：《蔡元培的办学思想与德国的大学观》，《高等教育研究》，1994年第3期，第24—29页。

[6]　高平叔编：《蔡元培全集(第三卷)》，中华书局，1984，第331页。

科设置改革，扩充了文理科，停办工、商科，并试图将法学科分离出去。北京大学为国立大学，办学经费来源于政府，蔡元培如此改革无须担心办学经费来源问题。而对于私立大学而言，如此办学则阻碍了与社会各界的往来互动，不利于办学资源的获取。

相比以学术研究为宗旨的德国经典大学理念而言，美国大学的实用主义理念更契合民初私立大学生存与发展的实际状况，更有利于私立大学加强与社会各界的往来互动，从而为办学经费以及其他办学资源的获取创造条件。私立南开大学选择美国大学办学理念更有利于其生存与发展。

第二章

办学自主权与资源获取的平衡："政治动乱中蓬勃发展近十年"（1919—1928）

南开大学毕业生，后来就职于南开中学的金祖懋，在1926年的一篇文章中描述了南开大学的发展状况："在今日教育停顿、弦歌将绝的时候，我们惨淡经营的南开大学，独能在国内放出一线光明，蓬蓬勃勃，有如旭日初升。"[1]何廉在回顾私立南开大学的发展历程时也曾说道："在政治动乱之中，处于'世外桃源'的南开却蓬勃发展了近10年。"[2]何廉所说的"近10年"，指的即是1919—1928年这一发展阶段。然而"蓬勃发展的10年"，并非是一帆风顺的10年。在这10年当中，私立南开大学亦遭遇困境，但每次都能"起死回生"，继续维持日常办学。这一切与张伯苓以及南开大学能够妥善处理和协调与政府、社会之间的互动关系不无相关。本章节主要就私立南开与政府、社会之间的互动展开，着重考察私立南开大学何以能够在北京政府的教育治理逻辑之下，通过社会办学资源的获取，游走于教育与政治之间，

---

① 金祖懋：《南开大学的现状》，《南中周刊》，1926（南开学校二十二周年纪念号），第1页。

② 何廉：《何廉回忆录》，朱佑兹、杨大宁等译，中国文史出版社，1988，第45页。

并以此谋求教育独立与资源获取之间的平衡。

第一节　困境与机遇：教育治理与生存境遇

　　学校发展离不开特定的社会背景。本节重点探讨北京政府时期
(1919—1928)，政府对于私立大学的教育治理，以及在此背景之下
私立大学的发展境遇。

一、私立大学治理理念的变革

　　政府教育政策的出台深刻影响私立大学的发展规模乃至存亡续
绝。伴随着私立大学治理理念的变革，以及相关法律法规的出台，
北京政府实现了从晚清禁止或不鼓励创办私立大学到民初"有条件"
立案的制度性飞跃。北京政府时期，无论是教育部颁布的《专门学
校令》(1912)抑或《大学令》(1912)，均在制度层面突破了晚清禁
止或不鼓励创办私立大学的规定，允许"私人或私法人"创办专门
学校或者私立大学，为私立高校的生存与发展提供了制度保障。《专
门学校令》明确提出，"凡私人或私法人筹集经费，依本令之规定设
立专门学校，为私立专门学校"。①《大学令》则规定，"私人或私法

---

① 《教育部公布专门学校令》，中国第二历史档案馆：《中华民国史档案资料汇编·
第三辑·教育》，凤凰出版社，2010，第107页。

人亦得设立大学"①。在解除私立大学生存与发展的制度性"障碍"的背景下，为"规范"办学，北京政府颁布《私立大学规程》(1913)，对涉及私立大学办学的诸多方面加以规定和限制，并且强调学校的创办、变更等须呈报教育总长认可。②从禁止创办到呈报立案制度的出台，北京政府初步实现了私立大学治理理念的变革与治理方式的转变。

就私立大学治理而言，日益增多的私立高校迫使北京政府及时变革教育治理理念。清政府在学制上是不鼓励私人创办高等学校的，其原因在于清政府深恐对高等教育放权，会丧失对高级知识人才的控制，以防止私立大学（或学堂）成为颠覆政府的革命机关。③而事实上"教育领域一直是政治和文化势力相互竞争的舞台"④，而高等教育更是晚清各种政治势力斗争的角力场和努力争取的对象。尽管不鼓励，但陆续有国人自办私立高校（学堂），尤其是私立法政学堂。为此，清政府不得不出台相关政策文件，规范私立高等学堂办学。1904年清政府颁布《奏定学务纲要》，规定私立学堂不准讲习政治、法律专科，"以防空谈妄论之流弊"，并且要求各省学务大臣"咨行各省，切实考察禁止"。⑤后经浙江巡抚奏请，学部为应对新的

---

① 《教育部公布大学令》,中国第二历史档案馆:《中华民国史档案资料汇编·第三辑·教育》,凤凰出版社,2010,第110页。

② 《教育部公布私立大学规程令》,中国第二历史档案馆:《中华民国史档案资料汇编·第三辑·教育》,凤凰出版社,2010,第141—143页。

③ 王炳照:《中国私学·私立学校·民办教育研究》,山东教育出版社,2002,第373页。

④ 魏定熙:《权力源自地位:北京大学、知识分子与中国政治文化,1898—1929》,张蒙译,江苏人民出版社,2015,第14页。

⑤ 《奏定学务纲要》,璩鑫圭·唐良炎编:《中国近代教育史资料汇编(学制演变)》,上海教育出版社,1991,第497页。

政治环境（政府立宪改革），而同意删除私立学堂禁止讲习法政等条目。在相关政策的引导和规范之下，晚清私立高等教育得以初步发展，私立高校逐渐增多。中国公学、复旦公学、广州光华医学堂、浙江宁波法政学堂、集湖法政学堂、四川岷江法政学堂等即在此阶段得以创办。

民国肇造，随着高等学堂的取消，愿意接受教育的学生人数增加，以及社会对于各类人才的迫切需要，使得民初出现了兴办私立大学的热潮。[1]据不完全统计，仅1912年创办的私立高校就有数所，包括国民大学、法政大学、上海图画美术院、大同大学、德华高等实业学校、武昌中华大学、南阳路矿学堂等。[2]

清末私立高等教育的初步发展，以及民国初年出现的私立大学兴办热潮，于北京政府而言，一方面继承了高等教育发展的现有基础，另一方面也为政府的教育治理带来难题。如舒新城等所言，这既是一笔优厚的遗产，也是一笔重债。[3]所谓基础，即在于不管是清末还是民国初年，在特殊的时代背景之下，虽然业已兴办的私立高校办学质量不高，但毕竟为社会发展、国家建设培养了一批人才，为私立高等教育的再发展储备了人力资源。所谓治理难题，体现在两个方面：一是如何统一私立大学的办学目的，二是如何提升私立大学的办学质量。其实不管是清政府，还是民国初年政府，办学目的的多元化一直存在。教育与政治的密切关系是造成办学目的多元化的重要因素。在推进国家转型、社会变革的进程中，一些私立大

① 宋秋蓉：《近代中国私立大学研究》，天津人民出版社，2002，第27页。
② 宋秋蓉：《近代中国私立大学研究》，天津人民出版社，2002，第24—25页
③ 舒新城、孙承光：《中华民国之教育》，中华书局，1931，第2页。

学扮演了兼具"革命机关"与"人才培养"的双重角色，教育成为革命或培养革命后备人才的手段和方式。这也是晚清政府不鼓励私立大学发展的原因之一。提升办学质量也是教育治理的难题之一。私立大学的创办需要多方面的支持，而缺少国家力量强有力的参与，也使得私立大学的发展举步维艰，甚至难以为继，遑论办学质量的提升。私立大学作为人才培养的重要机关，如何提升办学质量，为政府培养急需人才，是执政者不得不思考和解决的治理难题。

　　基于此，北京政府不得不变革私立大学治理理念，不再将私立大学视为防备对象，而将其看作国家建设和社会控制的重要工具。治理理念的变革，带来了治理方式的转变。北京政府推出的私立大学"立案"制度，即是转变治理方式的重要举措，即将以往的被动"管理"转变为主动"治理"。

　　总体来说，北京政府在私立大学的治理上轻于规范而重于引导。从教育部的布告中可窥见一斑。1914年5月19日，教育部发布《准予北京各私立大学正式立案布告（第六号）》，布告对私立民国大学、私立中华大学校、私立明德大学校以及私立中国公学大学部给予立案认可，并提出相关"整改"要求。

　　　　以上四校应即准予认可，惟自此次布告以后，本部仍须随时派员视察各校办理成绩，以资督策，倘有半途废弛、成效难期者，本部即将认可之案宣布取消，以示限制而重学务。其各校办理诸人，亟宜遵照部章，切实经理，不合者固当力图更张，即合者亦须再求完备，奋其热心，策以毅力，总求尽善尽美，成效日增。庶足辅助国立大学教育高等人才，以为国家社会之栋干，本部实有厚望焉。①

从布告内容来看，北京政府虽然对私立大学提出种种要求，但行文措辞较为"温和"，彰显了政府对于私立大学治理的基本态度，即以鼓励和引导为主，而辅以规范，以求成效。之所以如此，确如布告所言，私立大学是辅助培养高等人才的重要组成部分，政府对此抱有厚望。

值得一提的是，北京政府在推出立案制度的同时，还试图建立"视察长效机制"，正如上述布告所言，"随时派员视察各校办理成绩"。如1916年12月，教育部再次视察私立中华大学，提出了若干改进之处。诸如照章应设之商品陈列所、商业实践室，均尚未设备；所招预科学生，录取亦嫌过宽，等等。②北京政府试图建立的"视察长效机制"，对于鼓励、引导，乃至规范私立大学的发展具有重要意义。

一方面，这一"视察长效机制"体现了民国初年政府鼓励、引导私立大学发展的一贯态度。从《大学令》《专门学校令》《私立大学规程》，到为鼓励更多民间资本参与办学而出台的《捐资兴学褒奖条例令》(1913)，政府均鼓励私立大学的创办。甚至在政体上"倒行逆施"的袁世凯，亦谋求私立大学的发展，但其区别在于私立高校创办的专业类别限制程度有所差异。鼓励私人创办私立大学，在民国其实是一种"共识"。这一"共识"部分来自民主共和的观念深入人心，民众渴望接受教育；部分来自政府认识到教育对于国家盛

---

① 潘懋元、刘海峰编：《中国近代教育史资料汇编(高等教育)》，上海教育出版社，2007，第462页。
② 《教育部视察中华大学报告》，《教育公报》，1917年第6期，第26页。

衰强弱的重要性。然而民国伊始，财政困难，全凭政府之力难以发展教育，因此不得不让更多的社会力量参与到高等教育的办学中来，让私立高等教育成为政府人才培养的有益补充。

另一方面，这一"视察长效机制"虽鼓励、引导私立大学发展，但也在一定程度上表达了政府对私立高校的不满。其实政府对私立大学办学现状的不满早有表露。1913年12月，教育部颁布了取缔私立大学的布告，表达了这一不满，并重申严格要求、严加整顿的决心。

> 原以私立大学得辅助国立大学教育高等人才，以为国家社会之栋干，故特宽予期限，俾得遵照部章逐渐改良，以副国家兴学育才之至意。乃自布告颁行以来，京外各私立大学未另行报部者仍复不少；其中即有一二报部之学校，批阅其表册，或仅设预科、别科，或仅设专门部；其余如学生资格非常冒滥，学校基金毫无的款，种种敷衍不可胜言。似此纯骛虚声，徒淆视听，贻误青年，良匪浅鲜。现在政府大政方针，对于高等教育一项，有严行监理诸私立大学之言；本部职司教育，自当本此方针力求整顿，以戢学界之颓风，而谋士林之幸福。嗣后各私立大学，无论报部与否及开办之久暂，凡一经本部派员视察，即行分别优劣，以定立案之准驳，决不稍事姑息。[1]

从布告内容中，除了可以看出私立大学确实存在良莠不齐、敷衍了事等种种问题外，还可从侧面反映北京政府的教育政策在基层

---

[1]《教育部布告各私立大学须分别优劣以定立案准驳文（1913年12月）》，《政府公报分类汇编》，1915年第14期，第47—48页。

学校难以彻底贯彻的窘境。

二、私立大学的办学困境

尽管政府鼓励、引导私立大学发展，但在近代中国特殊的时代背景之下，私立大学也遭遇了发展困境。突出表现为军阀战争对于教育生态的破坏。北京政府时期，军阀混战，政局不稳，教育生态遭受极大的破坏。1926年李组绅停办矿科的主要原因即在于，"近年以来国内战乱不止，公司营业既长久停顿"。[①]1919—1928年间，平津地区爆发的大规模战争主要有：1920年7月的直皖战争，1922年4月的第一次直奉战争，1924年9月的第二次直奉战争。一旦战事爆发，"津地学校，以经费困难及其他原因，不得不随之停课"。[②]南开学校概莫能外，无论直皖战争，抑或直奉战争，除了给南开大学带来"停课""提前放假"[③]等办学秩序破坏之外，还给学校经费筹集、办学资源的获取带来负面影响。北京地区的学校亦是如此。1924年直奉战争期间，"北京国立各校暂停半年或暂缓开学"，以致《现代评论》发表社论，称首都的教育状况，属于"无教育状态"。[④]除首都之外，国内的普遍情况是，"1916年以后，地方军阀（督军、省长）无心教育，对教育厅长往往任意干涉……几无健全独立的省县

---

① 梁吉生撰著：《张伯苓年谱长编(上卷)》，人民教育出版社，2009，第395页。
② 《京津战事中之南开学校》，《新闻报》，1926年1月5日，第3版。
③ 相关报道参见《京津战事中之南开学校》，《新闻报》，1926年1月5日，第3版；《南开学校提前放假》，《大公报（天津）》，1927年6月1日，第7版；《提前放假后 第一周之南开学校状况》，《益世报（天津版）》，1927年6月9日，第16版。
④ 《首都的无教育状态》，《现代评论》，1926年第100期，第2页。

教育行政机关可言"。①

　　除却军阀混战等对办学环境造成的不利影响之外，私立大学的办学困境还体现在以下三个方面：

　　（一）由学校属性导致的办学经费获取的不确定性

　　因属"私立"，私立大学对于办学环境尤为依赖。和平稳定的社会环境，有利于办学经费的筹措。但在政治动乱、战火不断的近代中国，民众生活处于水深火热之中，工商业的发展举步维艰，办学环境招致破坏，私立大学的募捐更为艰难、更具不确定性。

　　能否募集到办学经费，除却受制于客观环境之外，还与私立大学的创办者、校长以及董事会成员的个人关系网络有关。据何廉观察，处于前工业化的中国社会，"做任何事情都主要靠私人关系，而且往往受地区的限制"。②私立大学办学经费的筹集也主要依赖私人关系。南开学校办学经费的获取正是依赖严修、张伯苓的私人关系，四处"化缘"而来。此外，因办学经费需要依赖私人关系，自然不免受制于学界派别、权力政治等非制度性因素对于资源获取的影响，进而增加办学经费获取的不确定性。③

　　办学经费获取的不确定性，也导致了私立大学经费维持的不稳定性。即便私立大学在初创阶段获得了必要的办学经费，但在发展过程中，随着社会动荡、人际变迁等外界因素的影响，也使得私立大学难以维持必要的支出，以致被迫停办。一些曾经立案的私立大

① 朱庆葆、陈进金等：《教育的变革与发展》，南京大学出版社，2015，第44页。
② 何廉：《何廉回忆录》，朱佑兹、杨大宁等译，中国文史出版社，1988，第48页。
③ 金国：《学界派别、权力政治与近代中国私立大学的资源获取——以私立南开大学与中华教育基金董事会的互动为例(1924—1931)》，《高等教育研究》，2017年第2期，第81页。

学，诸如明德大学（1916）、中华大学（1917）都曾因办学经费支绌而停办。①即使尚在运行或现经立案认可的私立大学，在其发展过程中也常面临经费难以维持或学科发展不平衡的困境。虽然南开大学在北京政府时期蓬勃发展，但依然面临经费支绌、学科发展失衡的问题。②南开大学文科发展较弱，"一个系只有一二教授"，为此南开学校教员呼吁"国内热心教育之士，踊跃捐款，补助南大文科"。③复旦大学亦在其快速发展过程中，出现办学经费难以维持的状况，为此校长李登辉不得不"商之于本届毕业同学及同门会，勉其扶助母校"。④面对办学经费获取的困境，并不是所有私立大学校长都能筹得经费渡过难关。1917年时任民国大学校长安定武即因办学经费筹措无着而离职。⑤

　　其实，不仅私立大学的经费获取存在不确定性，国立大学亦常

---

① 《教育部公布全国大学概况(私立大学概说,1918)》,中国第二历史档案馆编：《中华民国史档案资料汇编·第三辑·教育》,凤凰出版社,2010,第178—179页。

② 南开大学所获捐助中多属指定性捐赠,用于特定项目或学科。南开大学理科发展较快,与其获得较多指定性捐赠有关。截至1928年,南开大学理科获得的捐款数目如下：1920年,袁伯森捐英金1 000镑；1923年,罗氏基金会捐科学馆建筑费10万元及设备费2.5万元,袁述之捐科学馆建筑费7万元；1923—1925年,罗氏基金会捐洋1.3万余元补助理科添聘教授之用；1926年,罗氏基金会捐洋2万元；1926—1927年,中华文化基金委员会补助4.5万元；1927—1928年,中华文化基金委员会补助3万元；1928—1929年,中华文化基金委员会补助3万元。参见《理科历年捐款数目》,《南开大学周刊》,第60期,第46页。

③ 金祖懋：《南开大学的现状》,《南中周刊》,1926(南开学校二十二周年纪念号),第4页。

④ 谷亦彰：《民国十年学校闻见录》,《汉口明德大学校年刊》,出版社不详,1922,第11页。

⑤ 《沿革一览(历略)》,北京民国大学出版部：《北京民国大学一览》,北京民国大学消费社,1924,第1页。

如此①。1922年10月18日，张伯苓在南开大学第四次始业式上，述及国内各大学的办学（经费）状况："此数年间，与吾校同时而起之大学，如东北、西南、东南、河北、鄂大（按：鄂州大学）及厦门等，皆耸动一时。而至今除东南、厦门与南大三校外，他将成为泡影，或至今尚未实现。东南与厦大两校，学款尚裕，可望持久。"然而，南开大学自身办学状况并不乐观，"三年来（按：办学经费）亦不充足，不久将再事筹款，或可望有成效"。②其实，不管是国立大学，抑或私立大学，办学经费始终是大学校长们着力考虑的首要问题。但比较而言，私立大学办学经费的不确定性更为显著，筹款也成为私立大学校长们最为重要的工作之一。

（二）由办学条件导致的师资延聘的劣势

师资对于私立学校的生存与发展至关重要。私立大学的校长们，对此颇有共识。复旦大学非常重视师资延聘。校长李登辉在其担任复旦公学教务长时期，延聘教师均亲自负责。③在其担任复旦大学校长期间，同样重视延揽师资，著名学者王宠惠、郭任远、张志让、孙寒冰等陆续被延聘任教。厦门大学还于1926年出台《厦门大学优待教职员规则》，主要内容包括：（1）优待教员规则，（2）教职员养老金规则。④体现了学校对于师资的重视和尊重。尽管一些私立大学

---

① 关于国立大学办学经费的问题，其代表性著作详见姜朝晖：《民国时期教育独立思潮研究》，中国社会科学出版社，2008。

② 张伯苓：《南开大学成立之动机》，王文俊、梁吉生等编：《张伯苓教育言论选集》，南开大学出版社，1984，第91—92页。

③ 复旦大学校史编写组：《复旦大学志(第一卷，1905—1949)》，复旦大学出版社，1985，第248页。

④《厦门大学优待教职员规则》，厦门大学校史编委会：《厦大校史资料(第一辑，1921—1937)》，厦门大学出版社，1987，第81—83页。

在师资延揽上卓有建树，但对于一般私立大学而言，延聘师资是仅次于办学经费的又一难题。

相比国立、省立以及教会大学，私立大学在师资延聘上难有优势可言，主要体现在两个方面：

1. 薪俸较低，难以吸引师资

薪俸对于师资延聘非常重要。然而，一般来说，私立大学薪俸较低，难以与国立大学相比。据何廉回忆，其在1926年学成归国之际，之所以选择私立南开大学，并非因为薪资优渥，一个重要的原因在于，南开学校虽然薪水很低，但起码可以按时如数发放。[1]何廉的回忆从一个侧面印证了民国初年私立大学薪俸偏低的事实。

关于国立专门以上学校教师的薪俸，教育部曾于1914年颁布文件，作了明确的规定。大学职员的待遇为校长月支400元，学长300元，预科学长300元，学监主任180元，庶务主任150元；大学专任教员月支180元至280元，大学预科专任教员140元至240元；高等师范学校专任教员160元至250元；专门学校专任教员160元至250元。而服务5年以上的各类教职员，确有成绩者，另有数额不等的全年津贴。[2]1917年教育部颁布《国立大学职员任用及薪俸规程》，详细规定了教职员的薪金标准。

---

① 何廉：《何廉回忆录》，朱佑兹、杨大宁等译，中国文史出版社，1988，第39页。
② 《教育部公布直辖专门以上学校职员薪俸暂行章程》，《教育杂志》，1914年第5期，第9—11页。

表2-1　国立大学各类职员、教员薪俸表（1917）

职员	校长	学长	图书馆主任;庶务主任;校医	一等事务员	二等事务员	教员	正教授	本科教授	预科教授	助教	讲师	外国教员
一级	600	450	200	100	60	一级	400	280	240	110	每小时二元至五元	薪数别以契约定之
二级	500	400	180	90	50	二级	380	260	220	100		
三级	400	350	160	80	40	三级	360	240	200	80		
四级	300	300	140	70	30	四级	340	220	180	70		
五级			120			五级	320	200	160	60		
						六级	300	180	140	50		

资料来源：《国立大学职员任用及薪俸规程》，教育杂志社：《教育法令选（下）》，商务印书馆，1925，第88—91页。

应该说，教育部的标准只是"指导性"的规定，各校并未严格执行，事实上也难以完全按照标准执行。此外，各校情况不同，薪资差异较大。同是国立大学，清华的薪资就比其他学校高出不少。1925年时任教务长的张彭春曾打算将其月薪减少至300元，理由之一即为清华"薪金已比其他学校大约高三分之一或四分之一，如在此地三百元月薪的在他校可得二百至二百三四十元"，"就是减薪后远比在别校的待遇好多了！住处好，准发薪，并且将来可以有出洋的机会"。①

虽有学者认为，民国初期"即便是一些远离政治、文化中心的大学，其教师薪俸也都相应地维持在一个较高的水准上"。②但与国立大学相比，私立大学在薪资待遇上依然存在差距。教职员的薪资水平与办学经费充足与否密切相关。于一般私立大学而言，办学经费常常成为制约学校发展的首要问题，遑论提供与国立大学教职员相匹配的薪资待遇。仅以1921年复旦大学为例，"当时国立大学专任教授的月工资在350元至500元之间。复旦大学校长李登辉的工资，每月200元，此外别无其他津贴。复旦专任教授的工资，每月亦为200元，但一年只支十一个月的薪水，另一个月的薪水，以开办暑期学校的收入补足"。③虽然南开大学被学者誉为近代中国融资最为成功的一所私立大学④，但其薪俸与国立大学相比依然存在不小差距。

① 张彭春:《张彭春清华日记(1925)》，开源书局，2020，第72—73页。
② 张明武:《经济独立与生活变迁:民国时期武汉教师薪俸及生活状况研究》，华中科技大学出版社，2012，第17页。
③ 复旦大学校史编写组:《复旦大学志(第一卷,1905—1949)》，复旦大学出版社，1985，第108页。
④ 李承先、韩淑娟:《近代中国私立大学融资渠道与模式研究》，《清华大学教育研究》，2008年第2期，第77—86页。

1921年南开董事会议决大学教员薪水问题，讨论结果为：教员月薪180元，主任教员200元；凡携眷者加租房费25元；任职每逾一年加薪10元，以五年为限。[①]1925年洛克菲勒基金会医学预科教育顾问Gist Gee访问南开大学，记述了南开部分教员的薪俸情况："化学系邱博士275或250元……徐教授250元、杨教授220元、赵先生80元；物理系饶博士240或250元、陈博士200元；生物系应教授245或250元；数学系姜博士280元、助教100元。"[②]1926年南开大学给何廉开出的薪俸仅为180元，而国立暨南大学则为300元。[③]为此，张伯苓不得不"降低了自己的工资以提高一些教师的工资"。[④]

总体而言，私立大学相对较低的薪资水准在吸引师资，尤其在吸引优质师资方面处于劣势。事实上，常有私立大学的教师因薪资待遇出走国立大学的情况。国立大学也常凭借优渥待遇高薪聘请私立大学教师。

2.抵御外部风险的能力较弱，难以稳定师资

由于办学条件差，私立大学抵御外部风险的能力相对较弱，以致难以稳定师资，教师流动频繁。以大夏大学为例。1924年大夏大学成立初期，教员30余人。[⑤]随着校长以及主席董事等人选的确定，

① 南开学校董事会记录(1921年6月12日)，编号：1-DZ-01-850，馆藏南开大学档案馆。

② Gist Gee：《关于访问天津南开大学的报告(1925年3月16日)》，龚克主编：《张伯苓全集——第一卷 著述 言论(一)》，南开大学出版社，2015，第228页。

③ 何廉：《何廉回忆录》，朱佑兹、杨大宁等译，中国文史出版社，1988，第36页。

④ Gist Gee：《关于访问天津南开大学的报告(1925年3月16日)》，龚克主编：《张伯苓全集——第一卷 著述 言论(一)》，南开大学出版社，2015，第227页。

⑤ 《大夏大学校史》，《大夏大学一览》，出版社不详，1926，第2页。

学校发展迅速。1925年教授增至60余人。①1926年教职员减至为39人。②据1928年统计，短短4年内，大夏大学共有60名教职员离职。在离职的60人当中，除却校长马君武，教授共有23人；具有海外留学背景的43人，其中不乏毕业于哈佛、耶鲁、哥伦比亚、普林斯顿等世界著名大学的教职人员；外籍教员2名。③应该说，如此师资在私立大学中实为少见。可见，大夏大学在延聘师资上用力之深。殊为可惜的是，这些离职的教职员任职时间都很短，其中任职时间最长者不过三年有余。如此频繁的师资流动，与"五卅惨案"、校舍被英兵所占④等外部环境的变化密切相关。

不仅大夏大学如此，由于抵御外部风险能力较弱，其他私立大学的师资流动状况亦复如是。1917年2月民国大学宣布成立，至1920年夏季，共有职员21人、教员50人离职。⑤1920年9月至1924年10月，离职的职员共有20人、教员19人。⑥短短7年之间，共离职教员69人、职员41人。而1924年民国大学现任职员、教员总数仅为46人。⑦由此可见，教职员的离职不可谓不频繁，离职率不可谓不高。中国大学在成立初的6年时间里，离职的职员共有40人⑧，离

---

① 陈明章：《学府纪闻——私立大夏大学》，南京出版有限公司，1982，第2页。
② 《职员名录 教员名录》，《大夏大学一览》，出版社不详，1926，第11—15页。
③ 《前本校教职员名录》，《大夏大学一览》，出版社不详，1928，第1—5页。
④ 娄乔菲：《大夏大学编年事辑(上)》，华东师范大学出版社，2014，第26—27页。
⑤ 《前任职教员一览(民国九年夏季以前)》，北京民国大学出版部：《北京民国大学一览》，北京民国大学消费社，1924，第1—5页。
⑥ 《前任职教员一览(民国九年九月起)》，北京民国大学出版部：《北京民国大学一览》，北京民国大学消费社，1924，第1—3页。
⑦ 数据由"现任职教员一览"统计而得，详细名录参见《现任职教员一览》，北京民国大学出版部：《北京民国大学一览》，北京民国大学消费社，1924，第1—4页。
⑧ 《前任职员录》，《北京中国大学六周年概览》，出版社不详，1919，第1—3页。

职教员122人①。据中华大学1924年统计，其教职员共有105人②，而自1912年创办以来，离职教职员总数达138人③。

（三）生源质量与数量之间的权衡与纠葛

生源质量也是民国初年私立高校普遍存在的问题，尤其是专门学校。一些专门学校常利用入学资格中的"疏漏"，诸如"同等学力"一语，扩大招生规模。基于此，教育部于1915年通咨各省，要求各专门学校招生时"一律从严，所录各生同等学力者不得逾中学毕业生十分之二"④。1918年教育部审查专门以上学校新生入学试卷，痛陈招生宽滥的现象。

查专门以上学校招生，部章限定中学毕业及中学同等程度，则各校试题，自当按照中学毕业程度命题，方为合格。乃统阅诸卷，合格者固多，浅易者亦复不少，有数校英文一科，甚至与中学一年生程度相同。命题如此浅易，在现在既无以辨别中学毕业与非中学毕业之程度，在将来必且使中学程度日趋日下，此一弊也……

又查本部专门以上学校招生中规定中学同等程度一条，原指其他各校毕业生，与中学相当或私家自修之士而言。乃审核各校所送名册，所谓中学同等程度者，大半为中学修业学生，

① 《前任教员录》，《北京中国大学六周年概览》，出版社不详，1919，第1—9页。
② 数据由如下材料统计而来：《现任职员表》，《武昌中华大学总览》，出版社不详，1924，第7—9页；《现任教员表》，《武昌中华大学总览》，出版社不详，1924，第9—15页。
③ 数据由如下材料统计而来：《前任教职员表》，《武昌中华大学总览》，出版社不详，1924，第15—24页。
④ 《专门学校招生之限制》，《教育杂志》，1915年第7期，第61—62页。

夫中学修业生亦可以当中学同等程度，则中学生若欲升入专校，何必待至毕业。此五弊也。

宗祥（按：张宗祥）等对于此次审核试卷，一则惧中学之不进步，一则觉专门以上学校招生太嫌宽滥，若不设法使双方各祛其弊，学术前途，实无希望等情。据此查，此次试卷佳者甚少，既足见专门以上学校招生宽滥，尤足征全国中学成绩未尽优良，若不急图整顿，势必日形退化。[1]

之所以存在"招生宽滥"的情形，很重要的原因在于，生源数量对于私立高校获取办学经费意义非凡。私立大学获得办学经费较为"便捷"的办法即为扩大招生规模。招生规模扩大，录取难免有"宽滥"之嫌。这也是私立高校招致时人诟病的原因所在。为尽量招收更多学生，私立大学一般采取如下措施：一是扩大预科生的比例，尽量多招预科生。1926年大夏大学文科学生45人，理科38人，教育科63人，商科44人，预科甲部67人，预科乙部26人，总数为283人。[2]预科学生占比学生总数32.86%。更有甚者如私立大同学院，1916年学生共有53人，全为预科生。[3]所谓预科，如舒新城所言

---

① 《教育部取缔专门学校招生之宽滥》，《教育杂志》，1918年第5期，第29—30页。

② 《全体学生科别分配表》，《大夏大学一览》，出版社不详，1926，第140页。

③ 《民国五年大学概况表》，潘懋元、刘海峰编：《中国近代教育史资料汇编(高等教育)》，上海教育出版社，1993，第458页。需要说明的是，其实不仅私立大学招收预科学生，国立大学也常设预科。1916年，北京大学共有学生1503人，其中预科702人；直隶北洋大学共有学生572人，其中预科289人；山西大学共有学生652人，预科354人。该年度，国内大学(不包括专门学校)学生总数为3609人，预科生总数为2163人，占比59.93%。详见教育部编：《第一次中国教育年鉴(丙编·教育概况)》，开明书店，1934，第14—15页。

"它的时间大部分用在复习中学的功课及语言上"，在舒新城看来，预科"实属浪费，而主张取消"①。办理预科相对简单，对办学设施要求较低。也因此，深受私立高校青睐。

二是不按部章要求，缩短年限。典型如复旦大学。其在1919年招生时规定，"大学分预科、本科二级，预科二年毕业升入本科，本科二年毕业可得学士"②，这显然与《大学令》的要求相违背。《大学令》规定，"大学本科之修业年限四年，预科三年"③。跟教育部规定相比，复旦大学显然缩短了年限。因学制不符合部章规定，直至很晚才被教育部立案认可。南开大学更是背离教育部规定，没有设定具体年限，而是采取"美国大学最新分科、选科办法"，其规定"大学毕业程度以所学课程之多寡为标准，及格功课至少满一百四十绩点者始能毕业"。④

严格招生，提升办学质量关乎学校声誉。倘若生源质量不符要求，私立大学也难以通过教育部的视察审核，以获得立案认可的资格。不被立案认可，反过来又会影响优质生源的招录，乃至师资延聘。但问题在于，在近代中国的特殊背景之下，一些私立大学在其创办初期，主要依靠学费收入维持日常运作。倘若没有足够数量的

---

① 舒新城：《我和教育：三十五年教育生活史(1893—1928)》，知识产权出版社，2016，第144页。

② 《复旦大学章程》，《复旦大学章程》，出版社不详，1919，第1页。

③ 《修正大学令》，《教育杂志》，1918年第12期，第17页。

④ 《南开大学1920年概况》，潘懋元、刘海峰编：《中国近代教育史资料汇编(高等教育)》，上海教育出版社，1993，第436—437页。关于功课绩点，1923年南开大学又有新的规定，"凡正科生习毕一百五十绩点并考试及格者，始能毕业。惟在民国十四年或十四年以前毕业者仍以习毕一百四十四绩点(按：一百四十四绩点似有误，正确似为一百四十绩点)为合格"。详见《天津南开学校大学部一览》，1923，第20页。

学生，怕难以维持正常运转。因此，对于私立大学而言，尤其是处于初创阶段的私立大学，其生源质量与招生数量之间存在着"矛盾"，需要办学者在生存与声誉之间权衡利弊。

三、私立大学的发展机遇

政局动荡，虽然对教育产生不利的影响，但也正因军阀混战，北京政府无暇顾及教育问题，为私立大学的发展提供了难得的机遇。

北京政府的无暇顾及主要体现在两个方面：一是教育政策缺乏整体规划。这从教育总长的频繁轮换中可见一斑。1912—1922年间，北京政府共更换29位教育总长，仅1922年就更换了7任。[①]更换的这些教育总长中，有些是兼任，如1913年3月，陈振先以农林总长的身份兼任教育总长；有些甚至未及赴任，如1914年2月，严修即未赴任教育总长，后由蔡儒楷暂署。教育总长走马灯似的频繁更换，导致教育政策欠缺整体性的规划。以高等教育为例，教育部于1912年公布了大学令，然而时隔5年，随即修正大学令，对大学称谓、预科招生以及评议会的评议事项等均做了不同程度的更改和调整。北京政府时期，此类修订的政策较多。"朝令夕改"的教育政策除了反映"吐故革新"的一面，也在某种程度上反映了北京政府缺乏对教育政策的整体性思考。二是教育政策的执行力弱。政策出台的随意性较大，导致教育政策的权威性日渐丧失，政策执行力日渐衰弱。此外，地方教育会权益意识的高涨，也在某种程度致使教育部的权

---

① 《教育总长姓名及任职时间(1912—1922)》，朱有瓛等编：《中国近代教育史料汇编：教育行政机构及教育团体》，上海教育出版社，1993，第116—118页。

力式微。新文化运动的爆发，客观上使得民主和自由的观念"深入人心"，也由此激发了地方教育会的权益意识。鉴于此，时人建议"把各省教育会当作一个教育机关，把全国教育联合会当作一个教育总机关"，如此才能"绝对不受羁勒不仰声息于教育部"，并最终"根本不承认有教育部"。①教育部的"权威"受到了地方乃至全国教育联合会的挑战。从教育部的立场来说，这是权力式微的象征；而从私立大学发展的角度来说，这恰恰是学校发展的良机。

得益于北京政府准许"试办"规定，南开大学于1919年开始"试办"。也"得益于"北京政府的无暇顾及，南开大学时隔6年之后，才被教育部正式立案认可。②根据《私立专门以上学校认可条例》规定，"私立专门以上学校应于开学后三个月内，将办理情况详具表册呈报教育总长。经派员视察后，认为校址、校舍、学则、学科分配、职教员资格、学生资格、经济状况及各项设备均无不合者，由部批准试办，以三年为试办期"。③由此可知，私立大学的试办期为3年，而私立南开大学直至1925年8月才获教育部正式立案认可。显然，北京政府并没有严格执行"3年"试办期的规定。也正因为如此，反而给了私立大学足够的"试办"空间，为以南开大学为代表的私立高校的生存与发展创造了条件，奠定了基础。在此阶段，私立大学的立案数量有了大幅提升。1918年经教育部立案的私立大学

---

① 知白：《教育经费独立》，《教育杂志》，1922年第1期，第2页。
② 《南开大学正式认可》，《大公报（天津版）》，1925年8月14日，第5版。
③ 《私立专门以上学校认可条例》，中国第二历史档案馆编：《中华民国史档案资料汇编·第三辑·教育》，凤凰出版社，2010，第163页。

仅有3所。①而到了1925年，经教育部立案的共有11所，即明德大学（汉口）、朝阳大学（北京）、武昌中华大学（武昌）、中国大学（北京）、民国大学（北京）、大同大学（上海）、平民大学（北京）、华北大学（北京）、心远大学（江西）、南开大学（天津）、复旦大学（上海）。②

除了政府无暇顾及以外，北京政府教育经费支绌，导致时常拖欠国立大学办学经费，从而凸显了私立大学的比较优势。根据学者研究，北京政府视知识分子为威胁，不愿意为教育投资。③北京政府是否视知识分子为威胁暂且不论，单论北京政府的教育投入。据统计，1913年教育经费预算约为691万元（当年财政总支出64 220万元），1914年约为328万元（当年财政总支出为35 700万元），1916年约为1 284万元（当年财政总支出为47 280万元），1919年约为609万元（当年财政总支出49 580万元），1925年约为706万元（当年财政总支出63 440万元）。④所列举年份的教育经费分别约占财政总支出的1.07%（1913）、0.92%（1914）、2.72%（1916）、1.23%（1919）、1.11%（1925）。此外，北京政府时期各省教育经费占行政费平均不过2%。⑤而按各国成例，各省教育经费至少应占行政经费的20%。⑥北京政府如此的教育经费投入，也在客观上催生了北京国

---

① 《教育部公布全国大学概括》,中国第二历史档案馆编:《中华民国史档案资料汇编·第三辑·教育》,凤凰出版社,2010,第178—180页。
② 《日益增多之私立大学》,《顺天时报》,1925年07月16日,第7版。
③ 丛小平:《师范学校与中国的现代化:民族国家的形成与社会转型(1897—1937)》,商务印书馆,2014,第106页。
④ 盛超明:《简明中国近代财政史》,电子工业出版社,1991,第165—167页。
⑤ 庄泽宣:《如何使新教育中国化》,民智书局,1929,第75页。
⑥ 庄泽宣:《如何使新教育中国化》,民智书局,1929,第75页。

立八校的"索薪运动"。自1919年开始，北京政府常常拖欠教育经费，之所以拖欠经费概有两方面原因。

一方面，从办学规模扩张的角度来说，清末民国初年，随着新教育的迅猛推进，客观上造成了政府教育经费投入的紧张局面。以学生人数的增长为例。1902年学生人数仅为6 912人，1909年学生人数暴增至1 536 908人。而到了1912年，学生人数增加到2 933 387人。1922—1923年度，学生人数达6 615 772人。[1]学生人数的增长，迫切需要增加教育经费投入。

从另一方面来说，教育经费的紧张局面也与军阀对于教育的"重视度"有关。于军阀而言，争权夺利是其首要考虑的问题，而教育经费投入则是其暂缓考虑或者不予考虑的对象。因此，教育经费时有被挪用或占用。鉴于此，教育界先后发起了教育经费独立运动。1922年《教育杂志》发表了《教育经费独立》一文，文章列举了各地为争取教育经费所采取的措施。兹录如下，以此说明教育经费欠缺并非某一地之个案，而是普遍之现象：

> 你不看八校去年一年，完全闹的是经费；武昌高师，今日也赴北京请愿，明日也赴北京请愿，弄到一个七零八落，何尝不是为教育经费？湖南各校常开代表会议，何尝不是为教育经费？江西中等以上九校教职员迭开联席会议，何尝不是为教育经费？安徽各校联合会选举代表，向政府交涉，何尝不是为教育经费？成都各校之罢课运动，何尝不是为教育经费？更有一宗为教育经费无著，致陷于饿莩的，就是那数千的留日学生，

---

[1] 庄泽宣：《如何使新教育中国化》，民智书局，1929，第4—5页。

他们天天辛苦，想学得一些好处，将来为祖国效用效用，那（哪）里知道老早就断了他们的粮。①

教育经费是学校办学的基本保证，尤其对于国立大学来说更是如此。北京政府教育经费投入的多寡，直接影响国立大学的办学成效，影响着师资的去留，从而间接影响私立大学办学。由于私立大学的办学经费主要不来自于政府，因此获得了与国立大学竞争的相对比较优势。在此阶段，私立南开之所以能够广泛延揽师资，一个重要原因在于，相比国立高校的时常欠薪，南开能够按时发薪，不拖欠工资。

相对宽松的办学环境以及与国立大学竞争的比较优势，使得南开大学迎来了发展的"机遇"。在徐世昌、黎元洪等社会各界人士的襄助之下，南开大学得以创办。1920年私立南开获得李组绅每年3万元的捐助开办矿科，江苏督军李纯将其家产1/4（银50万元）捐助南开作永久基金。1922年南开大学租得新址，校园面积400余亩，建有秀山堂、男生宿舍2座、教员住宅9所。1923年获罗氏基金会（按：洛克菲勒基金会）、袁述之的捐助共195 000元，建筑科学馆②（1925年10月竣工）。同年9月迁至八里台新校区，同时增设预科一班，大学初具规模。1925年南开大学获教育部立案认可。1926年南开大学获中华教育文化基金董事会（简称"中基会"）3年共105 000元的补助，专为扩充理科之用。1927年卢木斋捐助10万元建设木斋

---

① 知白：《教育经费独立》，《教育杂志》，1922第1期，第2页。
② 科学馆名思源堂，分上中下三层。上层为化学诸实验室与数学教室；中层为生物诸室及临时图书馆；下层为物理诸实验室。总计历年建筑及经常助费约48万元。详见《大学教育之鹄的》，《天津南开学校》，出版社不详，1927，第18页。

图书馆。[①]南开大学创办时设有文、理、商三科，教职员14人[②]，学生96人（其中文科49人，理科19人，商科28人）。[③]而至1928年，在校学生人数增至357人[④]，教职员达63人[⑤]。近10年间，南开大学办学设施日臻完备，"其建筑之伟俊，规模之宏远，在中国北部学校，号称首屈一指"。[⑥]办学质量、社会美誉度也大幅提升。

---

① 袁白：《校史》，《南开大学周刊》，1928年第60期，第1—2页。关于木斋图书馆的建筑结构及藏书概况，《益世报（天津）》（1928年10月23日，第16版）曾有报道，摘录如下，以示卢木斋捐赠力度之大："新馆建筑之内容：头层有阅报室、办公室及教员研究室等，二层有东西两大阅书厅可容纳五百余人，三层有特别图书室二，再上之圆顶，则为会议室、书库阅览室后，分为四层，计能藏书二十余万卷。全馆结构，系采用最新图书馆建筑法，藏书绝无焚毁之虞。馆中现有西文书籍约一万五千余种，中文书籍约十万余卷，参考书籍二百余种，中西杂志二百余种，中外报章十余种。此次木斋先生慨捐家藏、珍本十万卷，益为本馆生色不小。"顺及一提的是，卢木斋与严修是好友，也是儿女亲家。卢木斋虽然捐建南开图书馆，但其与张伯苓的关系"并不协调"。据刘行宜分析，主要原因有三：一是在卢木斋心目中，张伯苓不懂得做学问，国学基础差；二是卢木斋想聘任一位渊博长者担任捐建图书馆的馆长，但未能所愿；三是卢木斋子女在南开学习升不了级而被淘汰。关于卢木斋的介绍及其捐建南开大学图书馆，以及与张伯苓之间关系的"不协调"，详见刘行宜：《卢木斋、卢慎之兄弟》，中国人民政治协商会议天津市委员会文史资料委员会：《天津文史资料选辑第17辑》，天津人民出版社，1981，第97—135页；胡荣华：《卢木斋捐建南开大学木斋图书馆》，《中国档案》，2021年第2期，第86—87页。
② 《抗战以前南开大学教职员统计表》，王文俊、梁吉生等编：《南开大学校史资料选（1919—1949）》，南开大学出版社，1989，第178页。
③ 南开大学校史编写组：《南开大学校史（1919—1949）》，南开大学出版社，1989，第87页。
④ 《南开大学历年在校学生及毕业生人数表（1919—1948）》，王文俊、梁吉生等编：《南开大学校史资料选（1919—1949）》，南开大学出版社，1989，第117页。
⑤ 《抗战以前南开大学教职员统计表》，王文俊、梁吉生等编：《南开大学校史资料选（1919—1949）》，南开大学出版社，1989，第178页。
⑥ 皋如：《参观南开大学即事十二首》，《南大周刊》，1924年第8期，第26页。

表2-2 1919—1928年南开大学教职员、学生人数

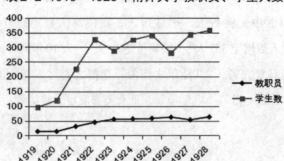

数据来源：《南开大学历年在校学生及毕业生人数表
（1919—1948）》，王文俊、梁吉生等编：《南开大学校史
资料选（1919—1949）》，南开大学出版社，1989，第
117页；《抗战以前南开大学教职员统计表》，王文俊、梁
吉生等编：《南开大学校史资料选（1919—1949）》，南
开大学出版社，1989，第178页。

南开大学之所以能够迅速发展，除了相对宽松的办学环境之外，还得益于严修的声望，并由此带来的社会支持。也得益于张伯苓能够妥善处理好学府与政府、社会之间的互动关系，为学校发展谋取办学资源。1925年张彭春的日记大体可以说明私立南开何以能够在政治动荡中蓬勃发展的部分原因。

伯苓的办事才——特别在独立创造上——是大家佩服的。他的毅力、条理和用人的本领，都是很少人可以和他比的。书本知识他未曾用过许多功夫，并且环境和训练两方面都没有给他机会。天生记忆不强，于博学不相宜。

南开所以有今日，全赖严先生的德望（在初办时特甚）及伯苓的毅力和计划。现在依严先生的比以先少了。基金虽有，

而不多，远不足为大学发展用。南开最大问题是钱少。伯苓的
工作全在筹款。只要校长能弄来钱，校内没有不佩服的。①

　　私立南开大学虽然获得了一定程度的发展，但也如引文所述，
面临着办学经费筹措的问题。这也是包括南开大学在内的私立高校
所面临的最为紧迫的问题。也因此，南开大学如何处理和平衡与政
府、社会的关系，并以此获得办学资源，显得尤为重要。

第二节　游走在政治边缘：
南开大学与政府的互动

　　鉴于严修的声望，私立南开大学从诞生之日起就与政府或政界
保持着密切的关系。创办之初，南开大学的多数捐赠来自有着政治
背景的士绅官商，诸如徐世昌、黎元洪、靳云鹏、袁世凯，等等。②
张伯苓深知与政府（政界）保持密切关系对于办学资源获取的重要
性。因此，在此阶段，张伯苓一方面积极与政治人物保持密切互动，
多方争取办学资源；另一方面也刻意与政治保持一定的距离，维护
教育的独立。

---

① 张彭春：《张彭春清华日记(1925)》，开源书局，2020，第154页。
② 《南开大学历年捐款收入表(1919—1935)》，王文俊、梁吉生等编：《南开大学校
史资料选(1919—1949)》，南开大学出版社，1989，第40页。

一、为获取资源，积极向政治人物靠拢

北京政府时期，政治人物掌握着大量的办学资源，为获取办学经费，张伯苓频繁往来于政治人物之间，并表现出积极靠拢的"迹象"。

（一）结交政要，获取办学资源

天津拥有"密迩京师，首都门户"的特殊地理条件，与政治中心北京保持着一定的"距离"，加之租界的存在，使得天津成为文人雅士以及晚清民国初年"寓公"的理想之地，很多政治人物下野或退隐喜居天津。作为南开大学创办人之一的严修，其本身即是政治人物的代表。在南开大学创办及运行当中，严修在南开大学与政府关系的维系中起着重要的桥梁纽带作用。①严修交游广泛，与之接触的多为声名显赫的政界人物，对于私立南开大学的发展多有襄助。本节以徐世昌、黎元洪、袁世凯为例，概要说明南开大学如何通过与政治人物的往来互动，获取办学资源。

徐世昌与严修为同科举人，二人交情甚笃。这种"交情"也体现在其对于南开系列学校的资助之中。徐世昌对南开早期学校的发展多有支持，严修也曾多次因经费支绌向徐世昌募捐。1907年2月26日，严修致函严智惺，告知"中学筹款，余意先向徐伯（按：徐世昌）函商，乞其月助两数"。②1907年5月，时任东三省总督的徐

① 关于严修在南开学校以及大学创建过程中的作用，黄钰生的观点可兹补充说明，其认为：南开的募款从一开始到1919年，都是打着严范孙的旗帜进行，打张伯苓的旗子不行。包括南开大学筹备时，严老先生都亲自参加募款。后来张伯苓的社会威望逐渐高了，募款主要是张伯苓进行了。详见梁吉生：《一位不服输的教育先行者——记黄钰生先生谈爱国教育家严范孙〉，申泮文编：《黄钰生同志纪念集》，南开大学出版社，1991，第241页。

② 梁吉生撰著：《张伯苓年谱长编（上卷）》，人民教育出版社，2009，第59页。

世昌来校参观，随即慨许捐银1000两。正因如此，诚如严修所言南开中学堂的发展得到了"袁宫保（按：袁世凯）、徐制军（按：徐世昌）诸公之提倡赞助"。①南开大学的创办也同样得到了徐世昌的鼎力支持。1919年2月7日，严修就私立南开大学的筹建与"徐（世昌）总统，约谈两小时"。②虽然不知约谈之内容，但就徐世昌对于实科、科学教育的推崇和重视而言，③其对南开大学的筹建应是赞许有加，并一如既往地大力支持。1922年9月，罗氏基金会决定补助南开大学，但前提是希望南开大学自己能先拿出一半经费。为此，张伯苓向徐世昌接洽，并获捐款8万元。④徐世昌之所以捐助，当然不仅仅限于"交情"，更与南开学校的办学质量有关。徐世昌对于南开系列学校的发展颇多赞许，将其办学成就以及办学之顺序⑤与福泽谕吉⑥所办学校相提并论。

黎元洪在南开学校的创办过程中，亦多加援助。1917年张勋复辟，黎元洪被迫寓居天津，并在天津等地投资兴业："在中兴煤矿投资

---

① 梁吉生撰著：《张伯苓年谱长编（上卷）》，人民教育出版社，2009，第69页。
② 梁吉生撰著：《张伯苓年谱长编（上卷）》，人民教育出版社，2009，第232页。
③ 徐世昌：《欧战后之中国（影印本）》，文海出版社，1967，第43—55页。
④ 梁吉生撰著：《张伯苓年谱长编（上卷）》，人民教育出版社，2009，第315页。
⑤ 南开学校先设有中学堂，后于1919年创立南开大学，1923年成立南开女子中学，1928年成立了南开小学。1936年又在重庆设立南渝中学（后更名为重庆南开中学）。南开教育自成系统，有"小学—中学—大学"，又兼顾女学的完备的教育体系。
⑥ 福泽谕吉（1834—1901），日本教育家、明治时期启蒙思想家。1858年创办"兰学塾"，讲授"兰学"。1860年、1861年、1867年三度访问欧美后，1868年将学塾改名为"庆应义塾"，曾为日本明治维新培养了许多人才。主张废除封建教育制度，学习近代西方教育思想，重视自然科学知识；提倡普及小学教育，强调重视学校教育、女子教育和体育，认为学校应是"开发人类天资的场所"。主要著作有《西洋事情》《劝学篇》《文明论之概略》等。参见朱九思、姚启和主编：《高等教育辞典》，湖北教育出版社，1993，第67页。

40万，实交20万，久大精盐公司、永利碱厂、中国银行、交通银行、金城银行、天津华新纺织有限公司等都有投资。另外，还有中国轮船公司，是与朱桂馨、周叔濂、钱训之等合资经营。"[1]据粗略统计，黎元洪投资的银行、厂矿等金融、实业近70余个，投资金额最低不小于300万元。[2]当然，这些投资并非都在天津，也涉及北京、上海、山东、浙江、江苏等地，但天津是其重要的投资地区。因寓居天津，加之对于天津工商、银行业的广泛投资，使得南开学校与黎元洪之间的互动更为紧密。黎元洪的子女多在南开学校就读，下文将述及。

南开大学创办伊始，黎元洪即捐赠"七长公债"1万元[3]，并出席了南开大学的开学典礼。1919年12月6日，受张伯苓之邀，黎元洪观看了南开学生所演新剧《一元钱》，并捐款200元。[4]黎元洪对文教事业颇为重视。1918年黎元洪应湖北黄陂私立前川中学之请，捐赠银元3万元，作为兴建校舍的费用。是年春，又赞助梁启超巨款，用于在上海佘村园筹建松坡图书馆，以纪念蔡锷护国之功。1924年黎元洪在武昌筹办私立江汉大学，并拨中兴煤矿股票10万元作为建校基金。[5]黎元洪之所以捐赠南开大学，除了其热心教育事业之外，也似与张伯苓"师出同门"有关。黎元洪与张伯苓均为北洋

---

① 黎绍芬：《我的父亲黎元洪》，全国政协文史资料委员会等编：《民国大总统黎元洪》，中国文史出版社，1991，第33页。

② 张树勇：《黎元洪投资金融、实业经济情况》，全国政协文史资料委员会等编：《民国大总统黎元洪》，中国文史出版社，1991，第301页。

③ 王文俊、梁吉生等编：《南开大学校史资料选(1919—1949)》，南开大学出版社，1989，第40页。

④ 梁吉生撰著：《张伯苓年谱长编(上卷)》，人民教育出版社，2009，第259页。

⑤ 徐世敏：《黎元洪与天津》，全国政协文史资料委员会等编：《民国大总统黎元洪》，中国文史出版社，1991，第286—289页。

水师学堂毕业，虽未同期，但师出同校，二人之间因存校友之情，更易亲近与"化缘"。

严修与袁世凯之间有着深厚的友谊，堪称"君子之交"[①]。1895年清廷命袁世凯在天津小站练兵。1898年严修从贵州回到天津，经由徐世昌与袁世凯首次会晤，二人"交谈甚畅"[②]。1908年清廷罢黜袁世凯，严修上折"抗议"，并在袁世凯离京之际前往送别。袁世凯去世之后，严修又亲至河南彰德送葬。在袁世凯落寞之时，严修为其"仗义"而起；在袁世凯腾达之际，却拒任要职。也因此，袁世凯十分敬重严修，并让袁氏诸子拜严修为师，托其教子之责。因为严修，袁世凯及其家族对南开学校的发展多有支持。1906年袁世凯捐银5 000两，[③]与上文述及的徐世昌捐银1000两，合建"慰亭堂"。1920年，"袁世凯的侄子捐给（南开）大学大英金镑一千"。[④]1921年袁述之捐款2万元建化学馆，同时要求南开学校为其家乡陈州府保留20个学额。[⑤]1923年袁述之捐款7万元，筹建科学馆，并"拟在阳历十月工程未竣之前，分四、五、六三个月缴足三万五千元，七、八、九三个月缴足三万五千元"，为怕万一准备不济，有所差池，拟在"上半年期满时，先提出有价证券"，"任凭抵押"。[⑥]如此周全之举，可见袁述之对南开教育的关切和鼎力相助。

---

① 秦燕春：《君子之交：南开鼻祖严修与袁世凯——〈严修日记〉及其他》，《书屋》，2008年第4期，第59—64页。

② 严修：《严修日记（二）》，南开大学出版社，2001，第1014页。

③ 梁吉生撰著：《张伯苓年谱长编（上卷）》，人民教育出版社，2009，第60页。

④ 梁吉生撰著：《张伯苓年谱长编（上卷）》，人民教育出版社，2009，第263页。

⑤ 严修：《严修日记（四）》，南开大学出版社，2001，第2409页。

⑥ 袁述之：《袁述之致张伯苓函（1923年4月中旬）》，梁吉生、张兰普编：《张伯苓私档全宗（上卷）》，中国档案出版社，2009年，第15页。

（二）为政界人物子女入学提供"便利"

政界人物之所以捐助南开学校，也与为其子女入学提供一定的"便利"不无关系。再以徐世昌、黎元洪、袁世凯为例。徐世昌之侄之所以能够入读南开中学堂，恰是严修与张伯苓"商议"的结果。黎元洪的四个子女，均与南开学校有关。长女黎绍芬，与周恩来是同学，1923年毕业于南开大学，后经杜威的帮助，于1923年9月进入哥伦比亚大学攻读教育学硕士学位。长子黎绍基，于1918年春赴日留学。1923年从日本归来，进入南开大学文科学习，1927年毕业。"五卅惨案"期间，其担任南开大学后援会募捐组长，声援工人运动，并得黎元洪相助。次女黎绍芳，曾就读南开大学预科。次子黎绍业，也曾就读于南开中学，后因病退学。据黎绍芬回忆，南开学校确为黎氏子女上学提供了某种便利，甚至是"特权"：

> 在子女教育方面，早先他（按：黎元洪）是不主张我们到外面去读书的，理由是怕沾染上社会上不好习惯，因而在家中设馆。这种馆，既读古汉文，也学数理化，尤其注意学英文。当时华凤阁（天津八大家之一）教汉文，孙启廉教英文，南开中学的数理化教员教数理等课程。四年学完后，由唐宾如（我父的副官）和南大校长张伯苓商议，发给南开中学的文凭，这种特权，在当时是不多见的。[①]

除了徐、黎二人之外，袁世凯家族诸子亦在南开学校就读，严

---

① 黎绍芬：《我的父亲黎元洪》，全国政协文史资料委员会等编：《民国大总统黎元洪》，中国文史出版社，1991年，第32页。

修、张伯苓同样给予了特别关照。1910年8月，张伯苓与严修等人
商议袁世凯诸公子入学堂事宜。[1]具体商议何事，未尝得知，但从
1910年10月袁世凯致信严修的内容中可略知一二，信曰"承代筹儿
辈就学事，周挚详见，感篆万分！……现据年假伊迩，自未便插班，
拟俟明年再行选择遣往就学，以副厚爱"[2]。事实上，在严修、张伯
苓的帮助以及袁氏家族的"要求"之下，不仅袁世凯的子弟得以入
读南开学校，连陈州府的子弟（南开为其留20个名额）也受惠于袁
氏家族的"余荫"。袁氏诸子就读期间，严修时常前往看望。诸如
1911年9月13日，严修到南开中学堂看望袁世凯诸子。[3]政界人物的
子女就读南开学校，也在一定程度上体现出南开学校办学的高水准。

　　为"回馈"政界人物襄助办学，南开学校在招生方面多有"照
顾"，并为其子女入学提供一定的"便利"。但这种"照顾"和"便
利"并非没有"原则"之照顾。诸如1926年7月26日，张伯苓致函
王朝佐告知"贵友刘君荫增此次烦吾弟来函，介绍到校旁听，理应
照准。惟是旁听生花费既重，且无绩点，于该生极不合宜，莫若劝
该生直接出洋留学"[4]。1926年8月3日，致函时任直隶督办兼省长
褚玉璞，告知"敝大学考试已过，正、预各科均经取录足额"，并建
议"林君春生"考入"中学部高级第二年班"最为合适。[5]1926年8

---

① 梁吉生撰著：《张伯苓年谱长编（上卷）》，人民教育出版社，2009年，第88页。
② 全国公共图书馆古籍文献编委会编：《袁世凯未刊书信稿（中）》，中华全国图书
馆文献缩微复制中心，1998，第942页。
③ 梁吉生撰著：《张伯苓年谱长编（上卷）》，人民教育出版社，2009，第107页。
④ 张伯苓：《致王朝佐（1926年7月26日）》，龚克主编：《张伯苓全集——第四卷 公
文 函电（一）》，南开大学出版社，2015，第54页。
⑤ 张伯苓：《致褚韫三（1926年8月3日）》，龚克主编：《张伯苓全集——第四卷 公
文 函电（一）》，南开大学出版社，2015，第56页。

月21日，致函原国务总理熊秉三，告知"吴、朱二生考试成绩现经查明，相差太多，恐不能随班听讲，反致有误前途，故均未录取"。[①]1927年2月17日，张伯苓致函时任教育厅厅长张效良，告知其所托之学生邵士荫因"考试未能及格"，"只可作为附学生"，并解释道"附学听讲于正科无异，至期考时，果无不及格门类，即可归入正科"。[②]1927年5月13日，就入读南开中学之事，张伯苓致函颜惠庆道，"公子程度能尽与章程相符最妙，或有不足之处，可先入敝暑期学校补习"。[③]诸如此类请托入学之事甚多，张伯苓均大体能坚持原则，或在遵循原则之下进行灵活处理（如"附学生"，抑或暑期学校的安排）。某种程度上，这是为了获取办学资源而"妥协"的结果，体现了办学者之良苦用心，以及办学之不易。

除此，私立南开大学还延请政界人物担任校董。诸如国务总理颜惠庆、直隶实业厅厅长严慈约（严智怡）均担任过南开学校的校董。[④]用政界人物命名校园建筑也是"回报"捐赠的方式之一。南开大学很多建筑都是捐建的，其中不乏政界人物，诸如前文所述袁世

① 张伯苓：《致熊秉三（1926年8月21日）》，龚克主编：《张伯苓全集——第四卷 公文 函电（一）》，南开大学出版社，2015，第69页。
② 张伯苓：《复张效良函（1927年2月17日）》，梁吉生、张兰普编：《张伯苓私档全宗（上卷）》，中国档案出版社，2009，第141页。
③ 张伯苓：《复颜惠庆函（1927年5月13日）》，梁吉生、张兰普编：《张伯苓私档全宗（上卷）》，中国档案出版社，2009，第172页。
④ 早期，南开大学、中学两部统由南开学校董事会董理（《董事会》，《天津南开大学一览》，协成印刷局，1923，第6页）。1919—1928年间，南开学校董事会成员包括：严慈约（严智怡）、范静生（范源濂）、孙子文（孙凤藻）、李琴湘（李金藻）、蒋梦麟、王濬明（王秉喆）、陶孟和（陶履恭）、刘芸生、卞俶成、李伯芝、颜惠庆、丁文江等。详见：《本校历史》，《天津南开大学一览》，协成印刷局，1923，第3页；梁吉生撰著：《张伯苓年谱长编（中卷）》，人民教育出版社，2009，第3—4页；《董事会董事》，《南开学校》，1925，页码无。

凯与徐世昌共同捐赠的"慰亭堂"等。

二、涉及政治方面，尽量避免陷入其中

为了获取办学资源，张伯苓与"政客"或"政治团体"走得近，一些举措也招致师生，乃至媒体的非议。如南开聘请校董一事，师生就曾有不同的意见。1919年2月，张伯苓邀请曹汝霖为校董，遭到了师生和校友的反对。周恩来在给留日同学的信中就曾"批评"道，"倘要接近卖国贼，从着他抢政府里的钱、人民的钱，实在是羞耻极了……"[1]又如1928年，南开大学聘请的校董中因"私人政治关系"，引起了"社会及国民政府对于南大的攻击和猜疑"。对此，学生表示不满，并建议"研究系的健将丁文江和最近被通缉的孙子文氏自动辞职"[2]。再如张伯苓为获取办学经费也曾为政治人物"歌功颂德"。1925年9月8日，《晨报》刊载了张伯苓致段祺瑞的函，标题为："张伯苓善祷善颂"，另有副标题"恭维段祺瑞整顿学风，为五千元大谈天道"，语带讥讽，函件内容如下：

> 捧读报载八月二十六日所颁整顿学风命令，钦佩无似。年来我国学纪不振，端由各方学校师生中之不良分子有意破坏所致，良堪浩叹。顷我公责成教育部认真整顿，而章总长（按：即时任教育总长章士钊）并能不避嫌怨，完全负责，窃不胜为教育前途

---

① 梁吉生撰著：《张伯苓年谱长编（上卷）》，人民教育出版社，2009，第233页。
② 清：《南大目前应注意的一个大问题》，《南开大学周刊》，1928年第62期，第17—18页。

贺。惟是整顿方法不一，要以劝诫互用为宜。滋事纷扰者解散之，裁汰之；成绩优美者奖励之，扶持之。栽培倾覆一本天道之至公，如是则观感有资，收效必大。查我国官立各校年费七八十万、五六十万者不等，岁糜巨款而屡滋事端。私立学校往往力求宏达，辄叹无米为炊，相差悬殊，在中央自能鉴别。敝校为私立之一，初不敢自诩成绩，但既不为中外教育界所摒弃，则意图完善，期副社会国人之望，亦属势不能已。目前因经费亏缺甚多，曾经具呈财政部请每月拨五千元，以维校务。①

张伯苓的这一"致函"，确实起到了实际效果，私立南开大学得以从政府那里获得每月5000元的办学补助。②但由此，也招致了外界批评，带来了一定的负面影响。吴稚晖曾在《京报副刊》中撰文，在痛骂章士钊的同时，含沙射影地批评了张伯苓。③张伯苓之所以如此，有其"苦衷"。为获取办学经费，张伯苓不惜"体面"，奉承恭维段祺瑞。张彭春对此作了中肯而关切的分析：

> 国民党得势与南开直接或间接不利。……南开很成问题。经费太困难！不是因为经费也不至于去拍马屁！钱虽是重要，然而也要保守人格的尊严。伯苓因钱过劳了。能到欧、美、日游历休息一年最妙。能想出一个钱少而使大学有精彩的方略——这是南开最急的问题。④

---

① 《张伯苓善祷善颂》，《晨报》，1925年9月8日，第4版。
② 梁吉生撰著：《张伯苓年谱长编(上卷)》，人民教育出版社，2009，第377页。
③ 稚辉：《官软—共产党软—吴稚辉软》，《京报副刊》，1925年第345期，第2页。
④ 张彭春：《张彭春清华日记(1925)》，开源书局，2020，第218—219页。

张彭春在分析时对于党派斗争问题一语带过，事实上这一问题也导致了私立南开大学在段祺瑞政府倒台之后资源获取的困境，尤其是国民党渐渐"得势"之后，这一困境更为凸显。

关于教育与政治之间的关系，不仅张彭春认识到这一点，张伯苓本人也深知其中利害。1925年张伯苓在接受洛克菲勒基金会医学预科教育顾问Gist Gee访谈时也认为，南开大学的发展主要在于远离政治联盟，从而免于陷入各个政党的漩涡。[①]因此，张伯苓在办学中，常游走于教育与政治之间，尽量避免陷入"政治"的漩涡当中。为此，张伯苓数度拒绝来自"政治"的邀请。1926年颜惠庆组织北京政府新内阁，征张伯苓为教育总长，张伯苓坚辞不就。[②]1927年1月31日，张伯苓致函张作霖，婉辞"政治讨论会会员"资格。相关内容摘录如下，以说明张伯苓对于政治的态度：

> 顷由梁士诒先生奉到赐书，以政治讨论会会员见委。捧读之余，极感逾格宠爱，理应敬谨承认，籍答盛意于万一。无如苓自前清时办学以来，早与严范公约定，终身教育，不入政界。故频年虽政府屡有以要职见畀之事，均经婉却。并非托不慕荣禄为名高，良以有约在前。食言之人，为古今中外所唾弃，故不敢固出乎此。且抚躬自问，素对政治方面绝无分毫知识，即令勉为应召，而将来鲜所建，自亦必致贻有辜委任之名。用是反覆思维，不得已，惟有恳请帅座俯谅下情，准予收回聘书，

---

① Gist Gee：《关于访问天津南开大学的报告(1925年3月16日)》，龚克主编：《张伯苓全集——第一卷 著述 言论(一)》，南开大学出版社，2015，第227页。
② 梁吉生撰著：《张伯苓年谱长编(上卷)》，人民教育出版社，2009，第393—394页。

不以方命见罪，幸甚幸甚！①

在这封函电中，张伯苓以"早与严范公约定，终身教育，不入政界"为托词，婉拒张作霖的邀请。但是张作霖并未就此"罢休"。1927年6月20日，张作霖组织安国军政府，委任张伯苓为天津市市长，张伯苓依然坚辞不就。②

应该说，在1928年之前，张伯苓虽然与"政治"走得近，但张伯苓的重心在于教育，并希望通过教育实现救国之目的。1923年11月，张伯苓在南开修身班上发表演说，其对教育救国的理念笃信有加，更是将时局之乱归结为人才之缺乏，而人才培养端赖教育。其谓曰："中国最近之乱源，厥在人才缺乏。固有数以人才名者，然以其非真人才故，不能赖以处置各事，故中国之将来希望，纯在人才之多寡。而本校办理之初衷，即以造就人才为目的。"③其实在更早之前，张伯苓即认定"救国在教育"，甚至认为"解决世界大难题，要在教育"。④1924年12月24日，张伯苓在南开学校再次重申教育救国的信念，其认为"欲积极刷新中国，根本方法在先改变人民，欲改变人民，则必赖乎教育"。在总结20余年的教育经验时，张伯苓特别提及三点：

（一）信——认定某一事业，始终以之，不半途而废，此信

---

① 张伯苓：《致张作霖函(1927年1月31日)》，梁吉生、张兰普编：《张伯苓私档全宗（上卷)》，中国档案出版社，2009，第139页。

② 梁吉生撰著：《张伯苓年谱长编(上卷)》，人民教育出版社，2009，第441页。

③ 崔国良编：《张伯苓教育论著选》，人民教育出版社，1997，第110页。

④ 崔国良编：《张伯苓教育论著选》，人民教育出版社，1997，第100页。

之谓也。(二)永变——方法不变,虽宗旨甚佳,亦不免于守旧,且有碍于进步。吾人宗旨固始终保持,不肯放弃;而进行方法则时时改变,务使其收利益多。(三)专——此项为一切事业成功之要素。抱定某一目的,竭毕生之精神,振刚毅之魄力,猛勇赴之。虽以身殉,不惜也;虽以利诱,不顾也。此等精神,苟能得之,无论用于何种事业,其成功必甚伟大。

此三点,为本校能有今日之原因,为余办教育所持之利器,亦为办一切事业之必需条件也。①

应该说,张伯苓确实能够专注于教育,但其并非对政治毫无兴趣,而是对现有政治倍感失望。1925年12月,张伯苓在南开大学商学会成立大会上谈及政治现状,并阐述了自己的"政治梦"。

有人说我厌谈政治,其实何尝如此,实在地讲,今日之政治,无所谓政治。中国现在之政治,一官僚之政治,政客之政治耳! 政客把身卖与军阀,是为饥寒所迫,不得不然,假使不出卖,就没有饭吃。我并不是不谈政治,是谈政治的机会没有到。我认为要人人有业后,始可谈到政治。现在一般在政界混饭吃之人,皆家无常产,没有饭吃,机会一到,乱喊乱咬,我尚忍心劝人去入此陷阱乎? 所以我的方针,是先办实业,后谈政治,从实业中拿些钱来,去办政治,不是从政治中拿些钱出

---

① 张伯苓:《教育为改造中国之根本(1924年12月14日)》,龚克主编:《张伯苓全集——第一卷 著述 言论(一)》,南开大学出版社,2015,第220页。

来，去买议员，这种先实业而后政治，就是我的政治梦。①

在张伯苓看来，唯有提升施政者的素质才能从根上解决问题。其实这与胡适的"好人政府"有"异曲同工之妙"。在胡适等人看来，国内政治混乱、军阀混战，是因为好人自命清高，不愿意参与政治的结果，因此提出要由知识分子中的"好人"组成"好人政府"来改变现状。②人的因素是胡适、张伯苓所共同考虑的因素，但二者的区别在于，张伯苓更进一步，努力通过教育塑造"好人"。张伯苓勉励学生的演说颇能说明这一点。

　　中国自革命以来已十三年。国内之纷争日裂，人民之痛苦益深，政体虽更，国乱如故。近且东南、东北干戈叠起，实业停顿，教育破产，如以此为达到民主国家捍御外辱之目的之方法则可；如其以此为真爱国，真爱民族，其谁信乎？最可病者，国人经过此多种之政变，忘其责任之所在，一任此辈军阀政客之妄为。趋炎附势，唯利是图，其有真心为国为民族而革命而改造者，盖鲜有其人。诸君方在此受高等教育，吾今以此责任冀望于诸君。

　　……现在之政体之民生，何处不待诸君起而革命而改造？诸君生当今日，机会甚多，责任极重，宜于此数年内，预备充分之学问之能力，以期异日尽责于国家。苟能唤醒国人，明其

---

① 尹慎笔记：《张校长在商学会成立大会演说词》，《南大周刊》，1925年第24期，第41页。
② 胡适等：《我们的政治主张》，《东方杂志》，1922年第8期，第138页。

所以，则子所负责已尽大半矣。如其因循不进，随波逐流，其
有益于国家者盖鲜。①

　　张伯苓的这一演说，也阐明了青年学生的责任之所在。张伯苓
对于教育救国的笃定也体现在其对于青年学生参与运动的态度上。
南开大学对于学生参与社会运动既鼓励又克制。比如在"五卅惨案"
爆发之后，积极鼓励学生组织宣传、援助工人罢工，并开展了募捐
活动。不过，行伍出身的张伯苓反对空喊口号式的爱国行为，其认
为"只以手持旗帜游行于街市为爱国亦不免于肤浅"②。南开对于学
生参与运动较为克制，以免学生多受纷扰，认为学生的任务在于
"尽心为学，以备将来之用"③。

　　张伯苓对于政治有着自己的理解和判断。然而，这种理解和判
断随着时代和环境的变化而变化，随着南开大学办学资源获取难易
的变化而变化。大体说来，在此阶段，张伯苓对政治兴致不高，为
获取办学资源而周旋于教育、政治之间。但随着办学困境的凸显，
张伯苓在是否涉足"政治"方面有所动摇，这部分内容将在后续章
节中详细展开。得益于严修、张伯苓与政界人物的斡旋，私立南开
大学获得"政府补助者较他校特多"④。

---

① 崔国良编：《张伯苓教育论著选》，人民教育出版社，1997，第131—132页。
② 梁吉生主编：《张伯苓的大学理念》，北京大学出版社，2006，第11页。
③ 李伦襄记：《修身班校长讲演录》，《校风》，1916年第37期，第10页。
④ 梁吉生撰著：《张伯苓年谱长编(上卷)》，人民教育出版社，2009，第390页。

第三节 "化缘老和尚"：社会办学资源的获取

　　尽管较其他高校，私立南开大学从政府获得的补助较多。但这些补助依然无法满足学校的日常运营，因此张伯苓不得不从政府之外谋求办学资源。为获取办学资源，严修、张伯苓及南开大学多次行"募集"之能事①，四处"化缘"，通过多种方式和途径为私立南开大学的创办、运行及发展壮大筹措办学资源。

一、基督教的扶持：私立南开与基督教的互动合作

　　私立南开大学与基督教的互动合作，主要通过张伯苓受洗成为基督徒来具体实现的。如胡适所言，民国时期知识分子对于基督教的态度有两种：第一种是容忍，也即承认基督教在相当范围内有传教的自由；第二种是了解，也即研究基督教的经典与历史，知道它在历史上造的福与作的孽，知道它的哪一部分是精彩，哪一部分是

---

① 《大公报》主笔张季鸾曾问张伯苓："你怎么那么擅于捐钱？"张伯苓笑着答道："容易，摸着穴位一针就是一笔钱。"见黄钰生：《读〈南开大学校史(稿)随笔》，申泮文编：《黄钰生同志纪念集》，南开大学出版社，1991，第155页。此外，张伯苓在多个场合述及如何获得捐赠。诸如1929年9月23日，其在赴欧美考察归来后的欢迎会上谈及如何在美国募款的心得体会。张伯苓认为，在美国募捐，"用可怜的态度，beggar的手段，美国人是决不与以同情的"。详见：张伯苓：《中国的富强之路(1929年9月23日)》，龚克主编：《张伯苓全集——第二卷 著述 言论(二)》，南开大学出版社，2015，第18页。可以看出，张伯苓在募捐校款方面确有过人之处。

糟粕。①知识分子对于基督教的态度比较"暧昧"，有容忍和了解，也有局部的欣赏和反对，但少有受洗成为基督徒的。

张伯苓于1908年7月24日，正式决定成为基督教徒。1909年9月15日，在天津西沽基督教公理会教堂，张伯苓正式受洗成为基督徒。1921年1月，张伯苓被选为天津基督教青年会会长。张伯苓成为基督徒，在当时影响比较大，"张氏（按：张伯苓）是当时加入基督教的极少数中国知识分子之一，因此颇引人注意"②。也因此，天津基督教青年会总干事韩幕儒（R.M.Hersey）在基督教青年会年度和季度报告中特别提及，张伯苓受洗成为基督徒是天津运动史上最重要的事件。③G·赫伯特·科尔（G.Herbert Cole）亦认为，张伯苓成为基督徒是基督教青年会过去10年当中最重要的工作成果。④事实上，在正式受洗之前，张伯苓与基督教青年会之间就有较长时间的互动交往经历。张伯苓自述是"从两个基督教青年会的干事——C.H.饶伯森和罗伯特·盖来先生那里第一次听说基督教的"，并且"十分钦佩他们的精神"，然后"开始十分虔诚地研究基督教"。⑤随后，

---

① 胡适：《基督教与中国》，《生命》，1922年第7期，第3页。

② 佚名著：《张伯苓先生的小传》，张源译，郭荣生、张源编：《张伯苓先生纪念集(张伯苓先生百年诞辰纪念册)》，文海出版社，1975，第197页。

③ Hersey, Roscoe M., *Report of R.M. Hersey, Associate Secretary, Tientsin.* 1908(p.2). University of Minnesota Libraries, Kautz Family YMCA Archives., umedia.lib.umn.edu/item/p16022coll358:6942 Accessed 04 Feb 2021.

④ Cole, G.H., *Report of G.H.Cole. 1908(p.4.).* University of Minnesota Libraries, Kautz Family YMCA Archives., umedia.lib.umn.edu/item/p16022coll358:4188 Accessed 21 Feb 2021.

⑤ 弗兰克·B.楞次（Frank B.Lenz）：《人格之魅力（1929年5月）》，张兰普、梁吉生编：《铅字流芳大先生——近代报刊中的张伯苓》，天津社会科学院出版社，2021，第93页。

1904年10月，私立中学堂便邀请天津基督教青年会干事饶伯森担任教员。①在邀请饶伯森的"同时又请了一位叫雷曼的先生"，在"中学部教化学"。②1906年10月25日，张伯苓出席青年会的颁赠奖品仪式，并与饶伯森先后发表演讲。③1908年5月31日，青年会邀请道学博士明华德至私立南开中学堂宣讲德育④，等等。

对于张伯苓受洗成为基督徒，严修明确表达了自己的观点，规劝张伯苓放弃信仰。⑤为此，张伯苓曾选择辞去校长一职。严修等遂商议将私立学堂送归官办，但政府认为："私立学堂方患其少，岂有改私为官之理。"⑥于是，张伯苓继续担任校长一职。严修规劝张伯苓放弃信仰，也大体反映了知识分子与基督教之间的"暧昧"关系：一方面与基督教青年会保持密切的关系，另一方面在"入教"问题上保持谨慎的态度。

张伯苓之所以要加入基督教，可以从其两篇演讲中找寻"答案"。一篇是1908年发表的《信道之由》；另一篇是1925年发表的《基督教与爱国》。这两篇演讲大体可以解释张伯苓加入基督教青年

① 梁吉生撰著：《张伯苓年谱长编(上卷)》，人民教育出版社，2009，第45页。私立中学堂应为"天津民立中学堂"，成立于1904年，是年9月8日，举行开学式，张伯苓任监督。1905年学校先后更名为"私立敬业中学堂""私立第一中学堂"。见《本校历史存草(1914年11月16日，节录)》，张兰普、梁吉生编：《铅字流芳大先生——近代报刊中的张伯苓》，天津社会科学院出版社，2021，第5页。

② 张伯苓：《青年会在中国的地位》，梁吉生、张兰普编：《张伯苓教育佚文全编》，人民教育出版社，2019，第281页。

③ 梁吉生撰著：《张伯苓年谱长编(上卷)》，人民教育出版社，2009，第56页。

④ 梁吉生撰著：《张伯苓年谱长编(上卷)》，人民教育出版社，2009，第68页。

⑤ 弗兰克·B.楞次也曾言："张伯苓成为一名基督徒，这样的决定在当时中国的文化人中并不被认可。"见弗兰克·B.楞次：《人格之魅力(1929年5月)》，张兰普、梁吉生编：《铅字流芳大先生——近代报刊中的张伯苓》，天津社会科学院出版社，2021，第93页。

⑥ 梁吉生撰著：《张伯苓年谱长编(上卷)》，人民教育出版社，2009，第71页。

会的原因：

一是基督教青年会为张伯苓提供了精神支柱。在《信道之由》一文中，张伯苓详细梳理、回顾了自己的精神世界。其20岁之前"少负不羁"，对于"一切神道仙佛皆不折服"；23岁之时，跟随严修，然而"严先生为人甚道学，闻余所谈，颇不以为是"。"盖某因直情径行，言论所及，求诸人世有万万不能行者，遂生一厌世之心"，"世俗既非所好，家庭之乐亦不足以解我厌世之思想"。就在此时，基督教青年会的介入与往来互动，使得玩世之张伯苓、厌世之张伯苓，变为"乐天之张伯苓"。①《基督教与爱国》这篇演讲，则是将加入基督教的原因归结为"发生于我（按：张伯苓）的爱国心"②。在北洋水师学习期间，在亲见国家积贫积弱之时，张伯苓立志改造中国人，而改造之方法在于教育。然而办学过程中，张伯苓遭遇诸多困难，对办学、对人生抱有一种悲观的态度。恰在此时，基督教青年会给予了张伯苓精神上的慰藉，鼓励张伯苓打破困难，积极创办教育。因此在张伯苓看来，之所以信仰基督教，源之于爱国之心。两篇演讲虽从不同方面表达了基督教给予的帮助，但都共同强调了基督教在精神上给予的支持。

与一般人对于基督教的看法不同，张伯苓在批评时人反对基督教的同时，也阐述了其对于基督教的理解。在张伯苓看来，基督教有着特殊的"功用"，而这种"功用"，在特定背景之下，往往与救国、图强以及民众教育相联系。"敝人今天所谓基督教，也就是宗教

---

① 张伯苓：《信道之由（1908年8月16日）》，龚克主编：《张伯苓全集——第一卷 著述 言论（一）》，南开大学出版社，2015，第4—6页。

② 崔国良编：《张伯苓教育论著选》，人民教育出版社，1997，第151页。

的真义，并非仅仅的讲演神灵，祷告上帝。我们还用这宗教的能力，改造社会，使国家的地位不在外国之下"。[1]"我（按：张伯苓）觉得青年会也同样在办教育"，"他们的教育机关是青年会，受他们教育的是全社会许多民众"。[2]

二是基督教青年会的"极力争取"也是张伯苓受洗的原因之一。张伯苓之所以加入基督教青年会与青年会工作人员的极力争取关系密切。这点反映和体现在青年会对于南开学校发展给予的多方面的帮助上（诸如提供教员、奉献讲座、提供教育咨询，等等），以及对于张伯苓在运动事业上的大力支持（如为天津第四届运动会提供场地），等等。此外，值得一提的是，与张伯苓接触的青年会工作人员的兴趣或专业"背景"与张伯苓非常接近，这在某种程度上对张伯苓加入基督教青年会产生了积极的影响。1894年美国青年会干事里昂（D. Willard lyon）在天津成立了第一所青年会。[3]张伯苓在"严馆"[4]执教时，青年会里有两位运动家，当时均在华北工作，一位是格林[5]，毕业于普林斯顿大学，曾担任全美橄榄球中锋。

---

① 崔国良编：《张伯苓教育论著选》，人民教育出版社，1997，第152页。

② 张伯苓：《青年会在中国的地位》，梁吉生、张兰普编：《张伯苓教育佚文全编》，人民教育出版社，2019，第283页。

③ 孙彦民编著：《张伯苓先生传》，中华书局，1971，第11页。

④ "严馆"为严修设立的家馆，1898年张伯苓开始在严修家馆任英文数理教席，教授严氏子侄。详见梁吉生撰著：《张伯苓年谱长编（上卷）》，人民教育出版社，2009，第18页。

⑤ 格林（Robert R.Gailey），1869年出生于马里兰州，毕业于普林斯顿大学，大学三年级时曾被评为全美橄榄球明星球员和全美最佳中锋。1898年被北美协会派来中国，在天津创办了天津基督教青年会。在津期间，格林通过青年会组织了一场篮球比赛，成为篮球运动传入中国的标志。详见李明杰、徐鸿编著，西德尼·D.甘博(Sidney D. Gamble)：《暮雨弦歌：西德尼·D.甘博镜头下的民国教育(1917—1932)》，武汉大学出版社，2019，第24页。

另一位是饶伯森，毕业于普渡大学，为跳高名将。[1]张伯苓因是海军出身，对体育"情有独钟"，同样的兴趣爱好拉近了两者之间的情感距离，某种程度上为吸收张伯苓成为基督徒起到了积极的推动作用。基督教青年会派遣"运动家"来华传教，并非"巧合"，而是"特别"安排。加强宣传和推广体育运动，是天津青年会的主要任务之一。为此，基督教青年会常派遣一些体育专业人员来华负责体育工作。[2]

　　关于如何评价张伯苓加入基督教一事，早期中国台湾与大陆学者持有不同看法。中国台湾版《张伯苓先生传》对其加入基督教持肯定的态度，认为其豁达大度、坚毅的性格以及高瞻远瞩、淡泊名利、不顾物质享受、不计眼前成败等特质与信仰基督教有关。[3]大陆版《张伯苓传》大体持否定的态度。该著在承认事实的基础上，尽量"撇清"张伯苓与基督教的关系，转而强调"爱国"的一面，即认为"张伯苓加入基督教是他在苦难深重的旧中国寻求精神慰藉的一种支柱；而他从爱国主义出发，却是贯彻始终的"。[4]尽管两岸学者看法各异，但有一点是肯定的，即张伯苓加入基督教，对于私立南开大学获取办学资源是有所裨益的。

---

[1] 孙彦民编著：《张伯苓先生传》，中华书局，1971，第11页。需要说明的是，原文将饶伯森的毕业学校误写成普林斯顿大学，实际为普渡大学。详见普渡大学档案与特别收藏，网址为https://archives.lib.purdue.edu/agents/people/871。

[2] 王建明：《天津青年会与近代中外文化交流研究述评》，《兰州学刊》，2012年第7期，第58页。张伯苓受洗之前，基督教青年在中国，尤其是天津地区的体育工作参见 Chih—Kang Wu, *the Influence of the YMCA on the Development of Physical Education in China.* Ph.D. Dissertation, University of Michigan ,1957.pp.88—112.

[3] 孙彦民编著：《张伯苓先生传》，中华书局，1971，第12页。

[4] 郑致光主编：《张伯苓传》，天津人民出版社，1989，第25页。

其一，提高了私立南开以及张伯苓本人的国际影响力，为筹集办学资源提供了便利。关于张伯苓的"影响力"与基督教的关系，张彭春亦曾有言，"伯苓的名望是一般美国人造起的。特别是宗教界和教育界。他是几处教会学校的董事——如金陵、燕京、协和等。各处青年会及'自立教会'都很倚重他。"①当然，基督教青年会之所以倚重张伯苓，与其自"受洗"以来，不遗余力且卓有成效地推进青年会的工作有关。韩幕儒在给青年会的年度报告中特别提及，张伯苓加入基督教青年会之后，很快成为执行力很强的基督教工作人员，并让其父亲和弟弟信仰了基督教。②除家人之外，南开中学生马千里亦在"屡次受张伯苓、张仲述昆仲的影响"之后，成为基督教徒。③格林在其报告中亦盛赞张伯苓公开支持基督教，决定性地影响了学生等群体对于基督教态度的转变。④1912年4月，南开学校成立基督教青年会，其宗旨在于"研究基督教之要道，发达德智体三育"。青年会内又分设"查经、祈祷、图书、庶务、服务、经济、唱

---

① 张彭春：《张彭春清华日记(1925)》，开源书局，2020，第154页。
② Hersey, Roscoe M., *Report of R. M. Hersey, General Secretary, Tientsin. 1909 (P. 3).* University of Minnesota Libraries, Kautz Family YMCA Archives., umedia.lib.umn.edu/item/p16022coll358:5744 Accessed 05 Feb 2021.
③ 马翠官《先父马千里先生事略》，中国人民政治协商会议天津市委员会文史资料委员会编：《天津文史资料选辑(第17辑)》，天津人民出版社，1981，第159—160页。
④ Gailey, Robert R., *Report of R. R. Gailey, General Secretary, Tientsin. 1909 (p. 7).* University of Minnesota Libraries, Kautz Family YMCA Archives., umedia.lib.umn.edu/item/p16022coll358:2801 Accessed 05 Feb 2021.

诗、导引、布道、游戏十部"①。此外，青年会还设有"办公室和书报阅览室"②。南开学生在评价学校课外组织时认为，"青年会是南开课外组织中最有力的"。③1922年3月17日，南开大学正式成立基督教青年会。④在张伯苓的付出和努力之下，其于1912年在中华基督教青年会第六次大会上被选举为大会主席，并当选中国基督教青年会全国委员会委员。此后，1913年、1914年、1916—1921年及1932年均为该会委员。1923年张伯苓任天津基督教青年会会长。此外，借由天津青年会总干事格林的帮助，张伯苓多次赴美，广泛接触美国社会各界人士。⑤这些活动和经历大大提升了张伯苓以及南开大学的国际影响力，为私立南开的资源获取提供了便利。具体来说这些活动"与他日后募捐得到的罗氏基金，兴建'思源堂'，发展南

---

① 《南开学校学生课外组织联合会章程（1918年10月9日修改）》，龚克主编：《张伯苓全集——第九卷 规章制度》，南开大学出版社，2015，第17页。需要说明的是，1922年出版的第44期《南开周刊》刊发《历史上的南开青年会》一文，对南开学校青年会的创办历史多有介绍，该文认为南开青年会试办于1913年，正式成立于1915年。见柳钟文：《历史上的南开青年会》，《南开周刊》，1922年第44期，第1—5页。1915年度的《天津南开学校章程》，则记载南开青年会创办于1912年4月。见《沿革志略》，《天津南开学校章程》，出版社不详，1915，第8页。事实上，1912年4月是创办日期，也是试办日期，试办期为3年。1915年4月17日，南开学校青年会正式成立。见《天津南开学校青年会正式成立》，《青年》，1915年第5期，第178页；《中学部青年会略史》，《南开周刊（南开学校二十周年纪念号）》，出版社不详，1924，第5—29页。
② 顾临：《访问天津南开学校——顾临给罗氏驻华医社主任巴垂克（Buttrick）信（1916年9月21日）》，龚克主编：《张伯苓全集——第一卷 著述 言论（一）》，南开大学出版社，2015，第43页。
③ SL：《南开学校学生生活状况》，《学生杂志》，1922年第7期，第56页。
④ 《南大青年会开周年会》，《大公报（天津版）》，1923年3月17日，第6版；《青年会》，《乙丑级刊：南开大学乙丑级毕业纪念册》，1925，第56页。
⑤ 王建明：《天津青年会与近代中外文化交流研究述评》，《兰州学刊》，2012年第7期，第59页。

开大学以及同不少美国人的结识，有一定的关系"。①

其二，师资上的直接支持。最典型的莫如基督教青年会对南开学校体育师资的直接支持。中国近代体育事业的发展与基督教青年会有着密切的关系。自1895年中国基督教青年会创立时起，青年会围绕"四育"（德育、智育、体育、群育）积极开展各项活动。于南开而言，尤为重要的即是体育活动的开展。通过青年会的引入，近现代体育从西方传至中国。篮球运动的引进和推广是天津青年会引进西方体育贡献最大的项目②，对南开大学篮球运动的开展帮助极大。著名的"南开五虎"③篮球运动员即由天津青年会干事董守义负责指导。④董守义曾被天津青年会推荐至美国春田学院（Springfield College）进修体育，并成为美国中部青年夏令营体训班网球比赛双打冠军，同时又是棒球赛的冠军成员之一。董守义就任南开大学，除了指导篮球项目之外，还担任大学部柔软体操以及田径赛运动的指导员。⑤

当然，张伯苓对于基督教青年会也多有支持，也曾派教员参与

① 郑致光主编：《张伯苓传》，天津人民出版社，1989，第24页。
② 王建明：《天津青年会与近代中外文化交流研究述评》，《兰州学刊》，2012年第7期，第58页。
③ "篮球五虎"指南开学校代表队的五名主力队员，分别为王锡良、唐宝堃、刘建常、魏蓬云、李国琛。相关媒介多有报道，诸如《南开篮球队练习 五虎内一虎缺席》，《益世报（天津版）》，1930年1月13日，第16版；《南开五虎 剧战胜北平》，《时报》，1930年4月10日，第5版；《五虎披靡》，《南开双周》，1930年第4期，第87页；《南开五虎 津门相会》，《时报》，1932年1月28日，第4版。关于"南开五虎"的回忆文章详见王锡良：《忆当年南开"五虎"鏖战南北》，中国人民政治协商会议天津市委员会文史资料委员会编：《天津文史资料选辑第12辑》，天津人民出版社，1980，第158—170页。
④ 郑致光主编：《张伯苓传》，天津人民出版社，1989，第24页。
⑤《董守义任本校体育教员》，王文俊、梁吉生等编：《南开大学校史资料选（1919—1949）》，南开大学出版社，1989，第575—576页。

青年会组织的活动。诸如"何廉、方显廷、张彭春、黄子坚、李适生等教授曾（被派）去东马路青年会做过学术演讲……另外，张伯苓还为青年会培养、输送、推荐了许多干部"。①不得不说的是，基督教青年会通过结识张伯苓，使其接受"洗礼"，也达到了宣传教义、扩大基督教社会影响的目的。

二、军阀的捐赠：私立南开与军阀之间的互动

"北洋政府时期，卸任失势的官僚军阀和较大的商人也是社会资金的主要拥有者，出于各种利益的考虑，他们之中不少人捐资于学校教育，从而促进私立大学的发展。"②军人政治虽对教育产生了不利的影响，但是"军阀政治并不完全是负面的……在军阀割据的局面下，若哪一位军阀重视教育，则其所控制的地盘上的教育就会发展"③。私立南开大学的发展确与军阀的捐赠密切相关。为募集学校发展基金，南开大学"通电各省，请各省督军省长特别提倡，愈多愈善，以便兴学"。④军阀对于南开大学的资助，并非仅限于"所控制地盘上的教育"，这其中有基于"乡梓之情"，也有基于"教育的重视""爱国之情"等。但即便如此，捐赠兴学的前提仍是基于"熟人社会"中的"关系"资本。如何向军阀筹款，张伯苓颇有"心

---

① 侯杰、李钊：《"宗教爱国"的提倡者——南开学校创办人张伯苓简论》,卓新平、许志伟主编：《基督教研究第七辑："全球地域化与中国基督宗教"学术研讨会论文集》,宗教文化出版社,2004,第508页。
② 宋秋蓉：《近代中国私立大学研究》,天津人民出版社,2002,第26页。
③ 叶赋桂：《新制度与大革命——以近代知识分子和教育为中心》,教育科学出版社,2010,第97页。
④《南开大学催基金》,《大公报(天津版)》,1919年12月9日,第10版。

得"。有人问他怎么能募捐这么多钱？他幽默地说道，"只要摸准了，一抓就是一笔。"①时任江苏督军李纯的"南开大学正式成立祝词"（节录），大体能反映私立南开大学接受军阀捐赠的现状：

> 自两先生计划书出，黎前总统、冯前总统、徐大总统、曹督军、阎督军、孟督军、陈督军、王督军、曹省长莫不起而赞成。纯亦勉趋其后。盖实见我中国富庶为全球冠，何以贫弱至此？则以教育未能发展，一切科学或得粗而遗精，或规近而忘远，遂不能与各国竞争，恶得不贫，恶得不弱？我南开私设大学既为倡始，尤所爱国诸公相继兴起，庶愈推愈广遍于全国，将来教育勃兴，人才蔚起，图富图强卓然有以据其大本。自兹以往，安知我中国大学不足比美国大学？安知中国人才不足比于美国人才？安知我中国国家不足媲美于美国家？或若夫进而益上，或具有过之无不及焉，则纯尤报无穷之希望也。谨以此意为南开大学祝，且为将来无数之大学祝。②

通过祝词，能够印证南开大学的创立，受惠于军阀的支持和帮助。本节以李纯、阎锡山、张学良为例，概要说明南开大学何以获得军阀的捐赠。

（一）李纯与南开大学基本金

李纯（1874—1920）字秀山，天津人，家住天津河东水梯子大

---

① 郑致光主编：《张伯苓传》，天津人民出版社，1989，第32页。
② 李纯：《南开大学正式成立祝词》，王文俊·梁吉生等编：《南开大学校史资料选（1919—1949）》，南开大学出版社，1989，第12页。

街东兴里。1891年入天津武备学堂。毕业后留校任靠班（相当于班长），追随袁世凯，与袁克定交好。后参加淮军，历任北洋常备军提调、陆军第六镇十一协作领、第六师师长、九江镇守使、江西护军使、江西都督，授武昌将军督理江西军务。1917年任江苏督军。

李纯早在担任标统时，便通过手中权力经营棺材、建筑工程等谋取财富。督守江西时，靠着买地皮盖房子出租敛聚财富，及江苏督军时，财产以千万计。据李纯的军需课长刘晓斋回忆，"督军具有一省地盘，掌生杀予夺大权，在各种税收方面的额外收入，雇员们明着暗着的送礼，都无法估计。只就我经办的报销来说，除去对上对下以及有关方面必须分润的数目外，李净得也有千万元"[1]。然而据窦守镛回忆，李纯自知文化低，因此很重视文人，其在督苏期间网罗不少前清功名人士，故意表现礼贤下士的姿态。自1917年起，李纯在天津河北三马路、河东关帝庙、尚师坟地，陆续创办了三个秀山小学，所有建校及常年经费由其负担，借以"沽名乡里"。[2]

南开大学创办草案初定，严修、张伯苓便开始走访、游说各地军阀，筹集办学经费。1919年4月27日，严修与张伯苓南下向江苏督军李纯"化缘"。1919年5月1日，李纯答应为南开大学捐赠20万元。[3]为落实捐款事宜，严修于6月10日，致函李纯，并于10月1日亲赴南京拜访。李纯因故未得谋面，派人转告严修："南开基金事，

① 窦守镛等：《李纯一生的聚敛》，中国人民政治协商会议天津市委员会文史资料委员会编：《天津文史资料选辑第1辑》，天津人民出版社，1978，第120—121页。
② 窦守镛等：《李纯一生的聚敛》，中国人民政治协商会议天津市委员会文史资料委员会编：《天津文史资料选辑第1辑》，天津人民出版社，1978，第117页。
③ 梁吉生撰著：《张伯苓年谱长编（上卷）》，人民教育出版社，2009，第245页。

俾自有办法，毋庸过虑。"①1920年10月11日，李纯自戕。②去世后，遵其遗书，捐南开大学基本金50万元（约其财产1/4）。③10月18日，张伯苓专程赴江苏吊唁李纯。④1920年11月7日，南开校董会商讨李纯遗捐基本金事宜。⑤11月16日，南开学校召开追悼会悼念李纯。⑥12月12日，南开再次召开董事会，商讨议题之一为"李秀山督军遗捐之基本金至今尚未交到，当如何催促？"董事会议定的结果是，"对于李督军遗捐基本金问题，众意以为不宜直接往催，只可待之"⑦。1921年4月1日，南开大学与懋业银行交接李纯捐助南开款项，共得民国元年公债218.8万元（每百元合现洋22.85元），并存入懋业银行，以期按年生息。⑧自此，"南大前途生命已有稳固基础"⑨。经南开校董会商议，公推李纯为南开大学基本金创办人，李桂山（按：李纯之弟）为基金管理员。

---

① 梁吉生撰著：《张伯苓年谱长编(上卷)》，人民教育出版社，2009，第269页。
② 关于李纯之死有不同说法，官方版本为，李纯因"忧国忧民"而自杀；坊间另一说法是，李妾与其随从私通，被李发觉，结果被随从刺杀而死。对于社会上传闻，张伯苓在修身班发表讲话，"坚信李是因病魔自杀，自杀时外衣全解开，直接由皮肤打进的子弹，伤在右胁下"。参见梁吉生撰著：《张伯苓年谱长编(上卷)》，人民教育出版社，2009，第271页。关于李纯之死流言参见《李纯全史(四十二)》，吴虞公、张云石：《李纯》，上海广益书局，1925，页码无。
③ 梁吉生撰著：《张伯苓年谱长编(上卷)》，人民教育出版社，2009，第270页。
④ 梁吉生撰著：《张伯苓年谱长编(上卷)》，人民教育出版社，2009，第270页。
⑤ 南开学校董事会记录(1920年11月7日)，编号：1—DZ—01—850，馆藏南开大学档案馆。
⑥ 梁吉生撰著：《张伯苓年谱长编(上卷)》，人民教育出版社，2009，第271页。
⑦ 南开学校董事会记录(1920年12月12日)，编号：1—DZ—01—850，馆藏南开大学档案馆。
⑧ 《本校接受李秀山捐款》，王文俊、梁吉生等编：《南开大学校史资料选(1919—1949)》，南开大学出版社，1989，第16页。
⑨ 陈冠雄：《南开大学三年来的概况》，王文俊、梁吉生等编：《南开大学校史资料选(1919—1949)》，南开大学出版社，1989，第13—15编。

应该来说，就平津地区办学环境而言，办理私立大学并非易事。李纯的捐赠，为南开大学的发展奠定了坚实的基础。也因此，李纯在张伯苓的心中是一位对南开"很关心、很替学校帮忙的人……他的为人实在高出这些执政的人百倍。"①

私立南开之所以能够获得李纯的资助，当然与严修、张伯苓不懈努力的"化缘"相关，但其背后可能还与"乡梓之情"有关。中国自古有落叶归根，荣归故里之说。作为天津出生的地方大员，李纯常年任职在外，在获得财富、功名之后，通过办学"回馈"乡里，亦合乎情理。事实上，南开学校在其办学历程的介绍中亦强调李纯"怀念桑梓，慨捐巨金"。②除此，可能也与严修的德望不无关系。胡适认为严修"是中国旧有知识与道德传统中尤为可爱而启迪人心的代表之一"③。严修为前清进士，入翰林，曾位至学部侍郎，掌管全国教育，在"天津甚至华北声望极高"④，颇受敬重。综合以上，李纯捐赠南开大学也似可理解。

（二）阎锡山及其创办费

在民国初年政局动荡形势之下，阎锡山对教育异常用心，率先在山西革新义务教育、师范教育、社会教育等，特别是在义务教育方面取得了显著的成绩，以致山西被时任总统徐世昌赞誉为教育"模范省"。陶行知更是高度评价道，"山西是中国义务教育策源

① 梁吉生撰著：《张伯苓年谱长编（上卷）》，人民教育出版社，2009，第270页。
② 《努力奋斗中之南开学校》，《天津南开学校》，出版社不详，1927，第10页。
③ 司徒雷登、胡适等：《别有中华：张伯苓七十寿诞纪念文集》，张昊苏、陈熹等译，南开大学出版社，2019，第12—13页。
④ 《南开校史》，陈明章：《学府纪闻——国立南开大学》，南京出版有限公司，1981，第5页。

地"①。阎锡山对于教育的重视也带动其他各地军阀纷纷投资办教育。②鉴于山西在教育上取得的成绩，1921年孟禄应中国实际教育调查社范源濂、蔡元培、陶行知、张伯苓等邀请，来华开展科学教育调查。孟禄途经山西时，对山西教育赞赏有加。③

基于阎锡山对于教育的重视，南开大学筹办之初，严修、张伯苓便取道山西，前往"化缘"。1919年4月14日，严修、张伯苓借由参加第七届华北运动会开幕的机会（按：张伯苓任总裁判长），车到太原，拜访阎锡山。阎锡山也借此介绍了"山西学务计划"④。随即4月17日，严修、张伯苓、范源濂三人顺及参观太原县城的农业学校二处，小学一处，女学一处。4月18日上午，参观了山西大学、女师范和模范单级小学、尚志社女学校等地，张伯苓发表演讲，并与阎锡山"谈约六七刻之久"。⑤张伯苓对于这次山西之行，感触甚多，对阎锡山赞赏有加。在4月24日的修身班中，张伯苓说道："余年来颇见过些政客。然而从未见过头脑之清楚、办事之尽力如山西督军阎公者。"⑥当然，这次山西之行，严、张二人从阎锡山处，成功"化缘"了5000元创办费。⑦

南开大学成立之后，阎锡山与张伯苓等也偶有互动。1924年第三

① 陶行知：《陶行知全集(第二卷)》，四川教育出版社，1991，第245页。
② 申国昌：《阎锡山兴办山西教育的性质》，《山西大同大学学报》(社会科学版)，2010年第2期，第15页。
③ 石生：《阎锡山会晤孟禄博士》，《山西文史资料》编辑部编：《山西文史资料全编第五卷 第59辑》，政协山西省委文史资料研究委员会，1999，第1171—1175页。
④ 梁吉生撰著：《张伯苓年谱长编(上卷)》，人民教育出版社，2009，第240页。
⑤ 梁吉生撰著：《张伯苓年谱长编(上卷)》，人民教育出版社，2009，第241页。
⑥ 梁吉生撰著：《张伯苓年谱长编(上卷)》，人民教育出版社，2009，第243页。
⑦ 南开大学校史编写组：《南开大学校史(1919—1949)》，南开大学出版社，1989，第40页。

次全运会召开，阎锡山、张伯苓二人任组委会副会长，致力于体育运动的开展。1925年中华教育改进社第四届年会召开，阎锡山就教育问题请教张伯苓、陶行知、蒋梦麟等。1927年张伯苓就中华教育改进社每月补助经费致函阎锡山。①从现有材料来看，阎锡山与严修、张伯苓在学校初创阶段交往互动较少。严修、张伯苓之所以能够获得阎锡山的捐助，概因阎锡山对于教育的重视。有学者研究，阎锡山兴办山西教育的动因之一，即在于其"崇儒重教的个人喜好"②。

（三）张学良的捐赠

张学良与张伯苓及南开大学之间的交往、互动被南开校史视为"佳话"。张伯苓与张学良的结识起因于基督教青年会。青年时代的张学良经常出入奉天基督教青年会，并通过他的英文教师、时任奉天基督教青年会总干事约瑟夫·普赖德（Jlseph Pltt），与基督教青年会保持密切联系。基督教青年会对张学良的成长影响很大，并因由青年会使之最终成为基督徒。③对于其与基督教青年会的这段往事，张学良在接受日本NHK记者专访时说道：

> 我年轻时候很喜欢运动。奉天有个摩登俱乐部，里面都是外国人，唯一就我一中国人。那时我才十七八岁，喜欢打网球。那时候运动场很少，只有那里可以打网球，这样，我就开始与西洋人接触增多了。当时，我的英文老师叫普赖德，他是奉天

---

① 张伯苓：《致阎锡山函（1927年5月4日）》，梁吉生、张兰普编：《张伯苓私档全宗（上卷）》，中国档案出版社，2009，第170页。
② 申国昌：《守土经营与模范治理的双重变奏——阎锡山与山西教育》，华中师范大学：博士学位论文，2007，第33—38页。
③ 张学良口述，唐德刚撰写：《张学良口述史》，山西人民出版社，2013，第31—32页。

YMCA（基督教青年会）的总干事。因此，我与YMCA发生了更密切的关系，经常到YMCA去玩，打网球、打乒乓球。①

奉天基督教青年会时常邀请社会名流前来演讲，张学良与张伯苓即结识于1916年10月9日的一次演讲。在这场题为《中国之希望》的演讲中，张学良被张伯苓强调的自强精神所打动，使得正处于"对于世事，极其灰心"，"对于现实异常悲观"的张学良"志气为之大振"。②对此，张学良回忆道：

> 你知道张伯苓先生吧，张先生当时在天津的南开大学。当时南开还不是大学，张先生是那里的校长。我去听过他的讲演。那天张伯苓先生讲演的题目是"中国不亡吾辈在"（按：题目应为《中国之希望》）。我对这个题目很生气了。过了一会，我向张先生发怒了，"有我在，中国就亡不了。你这是讲的什么，你把你自己想成什么人了！"我是急性子，说话不好听。我非常不愉快。张先生说："每个人都要自强，只要有了自己，中国就亡不了，我们必须要有这么想的气概。不管人家怎么说，自己要有这种信念。"
>
> 我对这个话非常感动，我这个非常容易受别人影响。我受到了强烈的感动，下了决心。我，现在只不过是一个在我父亲大力庇护下的有钱的纨绔子弟。但是，我不能总是扮演这种有

---

① 管宁、张友坤译注：《缄默50余年 张学良开口说话——日本NHK记者专访录》，辽宁人民出版社，1992，第9页。
② 《张汉卿先生来校讲演》，《南开大学周刊》，1930年第100期，第115页。

钱的纨绔子弟的角色。我必须为国家为社会做点什么。①

张学良的爱国之举，始自1915年2月，也即其15岁之时，张学良参加了作为反对二十一条运动组成部分的爱国储蓄运动。②张学良虽是"花花公子"，但颇具爱国心。爱新觉罗·溥仪的弟弟溥杰曾回忆道，"他（张学良）的思想也很进步，与原来的军阀不大一样。同时他还有爱国心"③。

受爱国心的驱使，在张伯苓演讲的感召之下，张学良与张伯苓多有互动，并为南开大学的发展提供了帮助。兹举三例，略加说明。

其一，南开大学利用张学良的关系代为说项。1926年南开大学基金公债利息款项迟迟未发，学校经费紧张，为此，张伯苓多次致函财政总长潘复，恳求"特别关照，速予清拨，以济眉急"，并特别强调"此项利息即学校命脉"。④是年底，南开大学亏欠银洋3万余元，历年累积亏达12万元。鉴于利息款项迟迟未拨，张伯苓分别与1927年1月15、20日致函张学良，详说利息款项之重要性，并请求张学良代为鼎力向顾（按：维钧）总理、汤（按：尔和）总长说项，"务于日内将息款匀拨，以济眉急"。⑤2月13日，张学良来函告知已

① 管宁、张友坤译注：《缄默50余年 张学良开口说话——日本NHK记者专访录》，辽宁人民出版社，1992，第18—19页。
② 张友坤、钱进编：《张学良年谱（上）》，社会科学文献出版社，1996，第21页。
③ 管宁、张友坤译注：《缄默50余年 张学良开口说话——日本NHK记者专访录》，辽宁人民出版社，1992，第17页。
④ 张伯苓：《致潘复函（1926年12月24日）》，梁吉生、张兰普编：《张伯苓私档全宗（上卷）》，中国档案出版社，2009，第123页。
⑤ 张伯苓：《致张学良函（1927年1月15日）》，梁吉生、张兰普编：《张伯苓私档全宗（上卷）》，中国档案出版社，2009，第135页；张伯苓：《复张学良函（1927年1月20日）》，梁吉生、张兰普编：《张伯苓私档全宗（上卷）》，中国档案出版社，2009，第136页。

向顾、张二人说项。①

　　其二，张学良对于南开大学的支持，还体现为其对南开大学毕业生就业请求的关照上。1926年6月28日，张伯苓分别为学生梁岩、潘景武的工作问题致函张学良；②7月21日，张学良来函告知，"梁岩在本部秘书处办事，潘景武为本部少校秘书事"③。

　　其三，南开大学直接向张学良"化缘"，争取办学经费。1928年1月14日，张伯苓借南开大学东北研究会成立之际，致函张学良请为研究会名誉董事。④此举一方面为研究提供便利；另一方面也为进一步谋得办学经费创造条件。1928年8月，张伯苓借助熟人关系谋求张学良之父张作霖的遗产，襄助南开大学发展，但却以失败告终。12月17日，张伯苓亲自拜访张学良进一步争取办学经费，二人欢谈甚洽约一个半小时。隔日，便接友人通知，"汉卿先生慨捐二十万元，并于午后一时，盼再一谈"⑤。同日，也即12月18日，张伯苓电告南开大学同仁，"汉卿先生允捐二十万元，分十年，每年交两万"⑥。

　　显然，张学良的捐赠一方面是基于对张伯苓本人及其办理南开大学的钦佩；另一方面，也恐与蒋介石有关。据国民政府秘书钱昌

---

① 梁吉生撰著：《张伯苓年谱长编（上卷）》，人民教育出版社，2009，第431页。
② 张伯苓：《致张学良函（1926年6月28日）》，梁吉生、张兰普编：《张伯苓私档全宗（上卷）》，中国档案出版社，2009，第31页；张伯苓：《致张学良函（1926年6月28日）》，梁吉生、张兰普编：《张伯苓私档全宗（上卷）》，中国档案出版社，2009，第32—33页。
③ 梁吉生撰著：《张伯苓年谱长编（上卷）》，人民教育出版社，2009，第397页。
④ 张伯苓：《致张学良函（1928年1月14日）》，梁吉生、张兰普编：《张伯苓私档全宗（上卷）》，中国档案出版社，2009，第261—262页。
⑤ 《张汉卿先生允捐本校》，《南开大学周刊》，1929年第69期，第40页。
⑥ 《张汉卿先生允捐本校》，《南开大学周刊》，1929年第69期，第39页。

照回忆，蒋介石曾打电话给张学良让其捐赠南开大学。[①] 但不管怎么说，张伯苓与张学良之间的互动对于办学经费的获取起到了积极的作用，助推了南开大学的发展。

对于来自军阀的捐赠，南开师生颇有"微词"，甚至起而抗之。对此，张伯苓有自己的理解，认为"美丽的鲜花不妨是由粪水浇出来"[②]。基于私立大学的生存境遇，"鲜花-粪水"一说，其实更多是一种"不得已而为之"的说辞。在公共精神缺失的时代背景之下，为了南开大学的生存与发展，大概也只能如此。

图2-1　《中国名人录》中的张伯苓

资料来源：M. C. Powell：《中国名人录》，上海密勒氏评论报，1925，第55页。

三、知名度的获得：张伯苓与体育

对于私立大学而言，校长或学校的知名度与办学资源的获取息息相关。张伯苓在谋划学校发展的同时，也需要进一步提升知名度

① 钱昌照：《钱昌照回忆录》，中国文史出版社，2014，第37页。
② 南开大学校史组编：《南开大学校史（1919—1949）》，南开大学出版社，1989，第89页。

和声誉，为办学资源的获取创造条件。

如前所述，基督教青年会提高了南开大学以及张伯苓本人的国际影响力。然而，张伯苓或南开大学"知名度"的获得除了跟基督教青年会有关，也与张伯苓积极倡导体育有关。行伍出身的张伯苓对体育"情有独钟"，也更其他人所没有的对于体育重要性的切己体察，其认为"德智体三育之中，我中国人所最缺者为体育"①。张伯苓在不同的场合，以不同的方式强调着体育的重要性。②甚至还稍显武断地认为，"不认识体育的人，不应该做学校校长"。③需要说明的是，张伯苓倡导的体育并非仅是"强壮其体魄"、提升"作事效率"，而是有着更深层次的追求，即通过体育发扬追求公平、团结合作之精神。张伯苓对体育的重视，并非"口号式"的宣传，而是将体育落实到日常的办学过程当中。有学者对此有较为详细的阐述④，故不再赘述。张伯苓及其私立南开如何通过体育获得知名度，具体来说，主要有如下几种方式：

① 张伯苓：《欲成事者须带三分傻气(1916年5月10日)》，龚克主编：《张伯苓全集——第一卷 著述 言论(一)》，南开大学出版社，2015，第31页。
② 有关张伯苓关于体育的强调，以及其在体育发展上的贡献，详见梁吉生：《允公允能 日新月异：南开大学校长张伯苓》，山东教育出版社，2003，第五章(第181—220页)；孙海麟编：《中国奥运先驱张伯苓》，人民出版社，2007；梁吉生：《张伯苓教育思想研究》，辽宁教育出版社，1994，第六章(第140—166页)。
③ 梁吉生：《允公允能 日新月异：南开大学校长张伯苓》，山东教育出版社，2003，第183页。
④ 具体参见梁吉生：《允公允能 日新月异：南开大学校长张伯苓》，山东教育出版社，2003，第181—213页；李世宏：《张伯苓学校体育思想研究》，《体育文化导刊》，2010年第7期，第128—131页；周志刚：《张伯苓体育价值观研究》，《体育文化导刊》，2013第9期，第127—130页；申泮文：《不懂得体育的人不宜当校长》，《中小学管理》，2011年第10期，第52页；孙海麟编：《中国奥运先驱张伯苓》，人民出版社，2007。

一是本人积极参与体育界组织的运动，并出任负责人。张伯苓是近代体育运动的倡导者，被誉为中国奥运第一人，活跃在国内、国际的重大体育赛事活动中。早在南开大学成立之前，张伯苓便积极参加天津乃至全国运动会。1906年张伯苓参加天津第四次青年会运动会，并出任裁判员。①1907年参加天津学界第五届联合运动会闭幕式暨颁奖典礼，并发表题为《雅典的奥运会》的演讲，号召"中国人应该加紧准备，在不久的将来也出现在奥运赛场上"。②1910年在南京参加第一次全国运动会，任总裁判。会后张伯苓与唐绍仪、伍廷芳、王正廷等发起成立"全国学校区分队第一次体育同盟"（按：中华体育协进会的前身），并任董事。③1917年出席在日本举行的第三届远东运动会，并在开幕式上作为中国代表发表讲话，④等等。此外，张伯苓还历任全国代表队的领队、全国及华北运动会总裁判、全国及华北体育联合会的常务委员、中华体育协进会董事长等职。张伯苓通过参与、组织各类体育运动，通过媒体的宣传和报道，大大提升了其本人以及南开大学在体育界、教育界乃至社会民众中的知名度，这为办学资源的获取提供了一定程度上的便利。因张伯苓与基督教青年会的特殊关系，"张氏（按：张伯苓）不久即以提倡体育运动而驰名全国"⑤，以致20世纪30年代，体育专业杂志更是将张伯苓作为体育家与运动家进行报道和介绍。⑥曾经毕业并任

---

① 梁吉生撰著：《张伯苓年谱长编（上卷）》，人民教育出版社，2009，第55～56页。
② 梁吉生撰著：《张伯苓年谱长编（上卷）》，人民教育出版社，2009，第62～63页。
③ 梁吉生撰著：《张伯苓年谱长编（上卷）》，人民教育出版社，2009，第94页。
④ 梁吉生撰著：《张伯苓年谱长编（上卷）》，人民教育出版社，2009，第185页。
⑤ 佚名著、张源译：《张伯苓先生小传》，王云五、罗家伦等：《民国三大校长》，岳麓书社，2015，第197页。
⑥ 《体育家与运动家》，《勤奋体育月报》，1934年第2期，第181页。

教于南开学校的教育家黄钰生在总结张伯苓的教育贡献时，也将体育作为其主要贡献，并称赞张伯苓为“人民体育的先驱”[①]。

二是通过学生参加体育竞赛获奖提升南开大学的知名度。南开体育在全国很有名气，这也是南开学子在回忆时颇为称颂的一点。南开体育的“有名”体现在两个方面：一是南开因注重体育得以闻名，二是因南开学生运动员参加竞赛获奖而闻名。本节主要论述后一方面，即有赖于学子们在竞赛场上的表现，大大提升了学校的美誉度和知名度。早在1915年，南开中学时代，张伯苓即率领学生参加运东运动会，在该运动会上，南开运动员发挥出色，“计得奖牌三面，证书四纸”[②]。南开大学成立之后，继承了南开学校积极参加竞赛的传统。1919年韦光熉代表中国参加第四届远东运动会。1921年邹锡参加第五届运动运动会。1923年李植仁代表中国赴澳洲参加足球比赛，周兆元参加第九届远东运动会。1924年以南开篮球队为主力的华北代表队赴武昌参加第三次全国运动会，并获得全国篮球冠军，等等。南开学子在20世纪30年代，更是频繁打破赛会纪录：1930年范祝昌打破全国800米赛跑纪录，曾被《大公报》评为“全国田径十杰”。1932年谭郁华打破全国男子跳远记录；南开篮球更是威震全国。[③]南开运动员的出色发挥，使得南开体育声名远扬。这也印证了南开学子的观察，“大凡一个学校体育上之所以能出名的，多半是靠几个出类拔萃的运动员，在运动场上，一展好手，夺得锦标

① 黄钰生：《张伯苓先生追悼词》，梁吉生编著：《张伯苓与南开大学》，山西教育出版社，1995，第274页。

② 梁吉生撰著：《张伯苓年谱长编(上卷)》，人民教育出版社，2009，第137页。

③ 梁吉生：《允公允能 日新月异：南开大学校长张伯苓》，山东教育出版社，2003，第198页。

赛"。①然而，也正是经由比赛，通过当地乃至全国媒体的宣传报道，
"南开之名因之闻名全国"②。

体育为南开大学知名度的获得，乃至学校"品牌"的构建和传播起到了很好的推动作用。"民国初年南开学生在华北运动会出名，因而南开出名。民国初年南开学生出名运动员如郭毓彬、魏文翰，全国闻名，南开之名因之闻于全国。"③因此，张伯苓也大胆断言："南开今后之发展，吾敢断言，有赖于运动员者，实一大部分。"④南开大学或张伯苓之所以能够通过体育扩大学校知名度，大体有如下几方面原因：

其一，体育被视为民族复兴的工具。晚清以降，随着国力积弱，外强入侵，"东亚病夫"的称号一直是国人的梦魇。为此，北京政府更是将"军国民教育"纳入了教育宗旨之中。何谓"军国民教育"，蔡元培对此做了简单的类比，其认为所谓军国民教育在教育界中即为体育。⑤随着国家主义、民族主义的兴起，个人被定义为国家的一分子，"而处兹国际竞争时代"，国家的荣辱和每个人的强弱紧密相关。⑥"就民族全体来说，要整个民族的兴盛，自然全靠各个分子的

---

① 于一：《"我校的体育问题"的回应》，《南大周刊》，1926年第34期，第19页。

② 宁恩承：《张伯苓与南开大学》，王云五、罗家伦等：《民国三大校长》，岳麓书社，2015，第231页。

③ 宁恩承：《百年回首》，东北大学出版社，1999，第72页。

④ 张伯苓：《运动员之风气》，王文俊、梁吉生等编：《南开大学校史资料选（1919—1949）》，南开大学出版社，1989，第539页。

⑤ 蔡元培：《蔡元培关于教育方针之意见》，中国第二历史档案馆编：《中华民国史档案资料汇编·第三辑·教育》，凤凰出版社，2010，第20页。

⑥《天津运动界访问记（二）》，《大公报（天津版）》，1928年5月18日，第10版。

健全。"①张伯苓亦认为，"故欲为当国救命，以救中国之衰弱计，非提倡体育不为功"②。作为竞技运动的体育，在民国时期，大多与民族复兴、国家强盛相联系，更多的是作为宣示自我、抵御外辱、为国争光的工具性存在，以致"近数年来，我国上下，咸知体育为复兴民族之必要工具"③。体育上的成绩，尤其在国际赛场上取得佳绩，被视为国家摆脱"东亚病夫"称号的有力凭证。因此，备受国人关注。

其二，体育是在其他物质条件匮乏的情况之下，是国人最缺，也是最容易取得"突破"的领域。张伯苓在多个场合表示，国人最缺体育。1916年5月10日，张伯苓在南开修身班上强调，"德智体三育之中，我中国人所最缺者为体育……至体魄，则勿论欧美，与日本人较，已相差远矣"④。相比其他领域，南开学子或个别运动员在国内外比赛中取得"突破"性成绩，要相对容易得多。张伯苓多次率领南开学子或国内运动员参加国际性的比赛，屡获佳绩，给予处在水深火热中的国民极大的鼓舞。当然，体育竞赛与群众性体育有着本质差别，张伯苓深谙其中道理，南开大学并非一味地参与体育竞赛而忽略群众性体育的推广。

其三，基督教青年会的组织和推动造就了观众基础。如前所述，体育作为基督教青年会的主要"业务"之一，其在组织、推动以及普及体育运动方面做出了重要的贡献。以篮球为例。天津篮球运动

---

① 王正廷：《王正廷在南开大学的演讲(1931年1月14日)》，龚克主编：《张伯苓全集——第二卷 著述 言论(二)》，南开大学出版社，2015，第71页。
② 张萱三：《张伯苓先生回国》，《中国学生》，1929年第10期，第17页。
③ 许肖传：《读张伯苓王正廷谈体育有感》，《上海公报》，1937年第4期，第5页。
④ 王文俊、梁吉生等编：《张伯苓教育言论选集》，南开大学出版社，1984，第11页。

随着基督教青年会在天津的创办而引入天津。青年会设有专门干事，负责辅导篮球运动，并积极组建篮球队，开展比赛活动。随着篮球运动的推广逐步深入，越来越多的学校被带动起来，以致"篮球运动在天津市成为最受群众欢迎的体育活动"①，由此也奠定了体育运动的群众基础，造就了体育比赛的受众群体。

四、走出校园：寻求工商、银行业的互动与合作

私立南开大学成立之时，正是天津近代民族工商业迅速发展的重要时期。得益于官僚、地主、商人以及北洋军阀的投资②，天津的面粉工业、化学工业、制革工业、造纸工业、毛纺织工业等迅速发展，至1925年天津一跃发展成为国内仅次于上海的第二大工业城市。③此外，如前所述，天津银行业在此阶段也得以迅速发展，兹不赘述。私立南开大学自创建之初，便积极寻求工商、银行业的互动与合作，大体来说，主要有以下几种形式：

（一）争取工商、银行业的捐赠与支持

南开大学在此阶段接受的直接捐赠数额有限。1919年"交通总银行"捐助南开创办费10 000元，④1920年南洋烟草公司从捐助各校

① 李清安等：《天津篮球运动发展小史》，中国人民政治协商会议天津市委员会文史资料委员会编：《天津文史资料选辑第12辑》，天津人民出版社，1980，第148页。
② 祝淳夫：《北洋军阀对天津近代工业的投资》，中国人民政治协商会议天津市委员会文史资料委员会编：《天津文史资料选辑第4辑》，天津人民出版社，1979，第146页。
③ 祝淳夫：《北洋军阀对天津近代工业的投资》，中国人民政治协商会议天津市委员会文史资料委员会编：《天津文史资料选辑第4辑》，天津人民出版社，1979，第150页。
④ 《南开大学历年捐款出入表》，王文俊、梁吉生等编：《南开大学校史资料选(1919—1949)》，南开大学出版社，1989，第40页。

总款项20万元中，分赠南开1万元，[1]1923年谭真工厂捐助建筑费165元。[2]之所以捐赠数额有限，与当时国民公共精神的缺失、资助兴学的社会氛围尚未形成密切相关。这也是司徒雷登之所以体谅张伯苓办学不易的原因所在。因为相比之下，"美国人习惯于响应国内和国外在教育和宗教方面的呼吁……张伯苓没有这些优越条件"。[3]

除直接捐赠办学经费之外，南开大学亦受到来自工商、银行业的其他形式的支持与帮助。以天津金城银行为例。时任天津金城银行总经理、南开校董周作民对于南开大学的发展多有襄助，其形式主要有：一是代为催款。1924年4月18日，张伯苓致函周作民恳请其以南开校董名义，代为催促财政部库藏司司长尽快拨付逾期三个月未付的息款6 000元，以济困穷。[4]1924年8月30日，再次致函恳请代为催拨"弊校请领之部款2 000元"。[5]二是为南开大学提供实习机会和解决部分学生的就业问题。1924年5月16日，张伯苓致函周作民："本校暑假有商科毕业十余人，内有志在银行事业者，务请我公特别成全，代为安置三二人俾往练习。"[6]6月24日，再次致函商请一名商科学生暑

① 梁吉生撰著：《张伯苓年谱长编(上卷)》，人民教育出版社，2009，第268页。
② 《南开大学历年捐款出入表》，王文俊、梁吉生等编：《南开大学校史资料选(1919—1949)》，南开大学出版社，1989，第41页。
③ 司徒雷登：《我所认识的张伯苓》，梁吉生编著：《张伯苓与南开大学》，山西教育出版社，1995，第270页。
④ 张伯苓：《致周作民(1924年4月18日)》，龚克主编：《张伯苓全集——第四卷 公文 函电(一)》，南开大学出版社，2015，第13页。
⑤ 张伯苓：《致周作民(1924年8月30日)》，龚克主编：《张伯苓全集——第四卷 公文 函电(一)》，南开大学出版社，2015，第17页。
⑥ 张伯苓：《致周作民(1924年5月16日)》，龚克主编：《张伯苓全集——第四卷 公文 函电(一)》，南开大学出版社，2015，第14页。

期实习事宜。①7月25日，又致函推荐商科毕业生孟汝楫就职金城银行。②三是提供贷款便利。袁述之捐助建设"思源堂"款项还差3万余元，遂将煤矿股票4万元交给张伯苓抵押借款。张伯苓遂请周作民帮忙，"向贵津行押借三万元，利率愈轻愈妙"。③当南开学校遭遇"公款补助如旧不发"，学校"恐将不能支持"之时，特恳请周作民"准由贵津行再接济二三万，以救眉急"。④

以上所托之事，周作民均尽力帮忙并协助解决。作为"回报"抑或"感谢"，张伯苓亦利用其在中基会的身份设法为金城银行谋求便利或利益。1924年9月20日，张伯苓致函告知："日前文化基金董事会在外交部开会，章程通过，一切都在预备期中，至将来收存赔款，弟已代为说项，贵行当不致向隅。"⑤

（二）合作办学

为获取办学经费，私立南开多方寻求资源，合作办学是非常重要的资源获取的方式。所谓合作办学，即指学校与企业合作，进行"订单式"的人才培养。此举一方面为企业培养了所需人才，另一方面也缓解了办学经费支绌的困境。南开大学矿科的创办即是合作办学的典型。1920年李组绅允诺每年补助款项3万元，专办矿科，毕

---

① 张伯苓：《致周作民（1924年6月24日）》，龚克主编：《张伯苓全集——第四卷 公文 函电（一）》，南开大学出版社，2015，第15页。

② 张伯苓：《致周作民（1924年7月25日）》，龚克主编：《张伯苓全集——第四卷 公文 函电（一）》，南开大学出版社，2015，第15—16页。

③ 张伯苓：《致周作民（1924年9月22日）》，龚克主编：《张伯苓全集——第四卷 公文 函电（一）》，南开大学出版社，2015，第20页。

④ 张伯苓：《致周作民（1925年11月12日）》，龚克主编：《张伯苓全集——第四卷 公文 函电（一）》，南开大学出版社，2015，第33页。

⑤ 张伯苓：《致周作民（1924年9月20日）》，龚克主编：《张伯苓全集——第四卷 公文 函电（一）》，南开大学出版社，2015，第18页。

表2-3　南开大学矿科科课程表（1923年）

第一学年

学程	英文	算学:微积分	算学:弧三角	物理	物理试验	定性分析	定性分析实验	地质学	机械画	平面测量	平面测量实习	柔软操			总计
每周时数　上学期	3	3	2	4	3	1	6	3	6	/	/	/	/	/	31
每周时数　下学期	3	3	/	4	3	1	6	3	6	2	注1	注2	/	/	31

第二学年

学程	应用力学	定量分析	定量分析实验	机械计划及制图	热机学	热力学	建筑材料学试验	采矿学	结晶学与吹管分析	结晶学与吹管分析实验	矿物学	矿物学实验	矿山测量	矿山测量实习	柔软操	总计
每周时数　上学期	4	1	6	4	3	/	/	3	2	6	/	/	2	/	/	31
每周时数　下学期	4	1	6	4	/	2	3	3	2	/	2	6	2	注3	注2	33

续表

第三学年

学程	采矿学	矿山机械学	电机学大意	直流电机试验	金木工厂实习与汽力学试验	试金术	试金实习	图解力学	岩石学	岩石学实验	地质史学	地质史鉴定法	普通冶金学	冶铁炼钢学	矿律	总计
每周时数 上学期	3	2	3	/	3	2	3	4	2	3	/	/	3	/	/	28
每周时数 下学期	3	2	3	3	6	/	/	/	/	/	2	3	/	3	2	27

第四学年

学程	矿厂计划	矿床学	非铜铁冶金学	选矿学	选矿实习	交流电机学	交流电机试验	水力学	水力学实验	矿山管理与簿记	工业经济学	特别研究	总计
每周时数 上学期	4	3	3	2	/	2	3	2	3	/	3	3	25
每周时数 下学期	7	3	3	2	3	2	3	/	/	3	3	3	27

注1：平面测量实习于暑假限内至著名矿山附近举行，共六星期。

注2：柔软教操每星期每天十分钟。注3：矿山测量实习于暑假限内至著名矿山举行，共四星期。

资料来源：《矿科课程表》，《天津南开大学一览》，协成印刷局，1923，第37—40页。

业后学生在矿场做事。①同年10月,南开大学矿科董事会在北京召开,董事会详细研究了课程设置以及入矿实习练习等事宜。1921年9月1日,矿科正式成立,初始暂开一班,共招收学生42人。②

表2-4 南开学校大学部矿科预算表（1922年7月—1923年6月）

入 款		出 款	
摘要	金额(元)	摘要	金额(元)
学费	2 580	薪津	15 300
宿费	1 500	工资	340
常捐	30 000	文具	340
银行生息	100	邮电	100
试验费	220	消耗	1 080
十年决算应余之款	8 000	购置	1 000
/	/	修缮	900
/	/	杂支	540
/	/	临时费	22 800
总计	42 400	总计	42 400

资料来源:《附录:南开学校大学部矿科预算表（1922年7月—1923年6月）》,《南开周刊》,1922年第32期,第28页。

但是好景不长,矿科开始出现亏款。1924年3月,据南开董事会报告,1923年矿科亏洋14 620元。③1924年决算亏洋约6万元,

---

① 南开学校董事会记录(1920年9月19日),编号:1—DZ—01—850,馆藏南开大学档案馆。

② 梁吉生撰著:《张伯苓年谱长编(上卷)》,人民教育出版社,2009,第283页。对于首班招收学生人数,另有一说为46人。据矿科第一届毕业生编撰的《乙丑级刊》记载,1921年矿科开班,共招收学生46人,其中大半毕业于南开中学部。然而矿科需要学识"宏博",身体强壮,至学年末,半数学生转学其他。1922年夏,全部学生共有22人。参见《矿科小史》,《乙丑级刊:南开大学乙丑级毕业纪念册》,1925,第37页。

③ 南开学校董事会记录(1924年3月30日),编号:1-DZ-01-850,馆藏南开大学档案馆。

1925年度预算共亏 72 296 元。[1]1926年6月8日，由李组绅提议暂停办理矿科。[2]1926年6月13日，南开学校董事会讨论矿科停办事宜：

（一）矿科由下学年起暂停招生，在校矿科一、二年级学生送往他校转学，或改入本校他科，三年级学生三人，送往矿厂实习一年，即准予毕业。

（二）矿科已聘定之教授三人，请李组绅先生设法安置。

（三）矿科董事会与矿学会仍须照旧存立，暂不取消。

---

① 南开学校董事会记录（1925年3月29日），编号：1-DZ-01-852，馆藏南开大学档案馆。

② 关于矿科停办的原因，张伯苓年谱援引李组绅的解释：查天津南开大学之附设矿科，原以国内矿业日见发达而矿学人员尚感缺乏，于是本人不揣冒昧为造就人才计，遂有是项之组织，并与张校长提议，即在南开附设一科，俾作创办之基础……计成立以来，一切设置完备，成绩极佳……不意近年以来国内战乱不止，公司营业既长久停顿，本人经济即大感困难，前拟持久之策至此亦格而难行，遂致矿科经济积欠至数万之多。若再因循作误不思急事筹措，不特无以对张校长，亦无以对诸校友。而本人之负疚滋大，用是辗转思维，在此时局杌陧期内，惟有将矿科暂行结束一法，所有本班毕业诸生拟令其分赴各矿实习，其余未毕业者或即送他校肄业，以免中途辍学。此后亦不再招收新生……详见梁吉生撰著：《张伯苓年谱长编（上卷）》，人民教育出版社，2009，第395页。宁恩承在其回忆录中也述及矿科失败的原因："许多人只有空大的计划，远大宏图，而无确实精细的实行方法，结果一事无成。例如民初实业界名人李祖绅先生，他是北洋大学毕业，有组织力，有创造力，有远大的眼光，也有公共精神，力主开发实业，利民富国。他创办六河沟煤矿，并向南开大学捐款三万元，创办南开大学矿科。唯是李先生仅有远大计划，而煤矿办得不成功，许多屑务细节未能认真，煤矿失败了，南开大学矿科办了两班就无下文了。"详见宁恩承：《百年回首》，东北大学出版社，1999，第74页。1926年7月26日的《晨报》报道了南开停办矿科一事，并详列疑点，兹摘录如下，以供学界参详。概括起来，所列疑点包括：(1)平时经济支配之可怪；(2)债务之可怪；(3)对中国教育急需之实用教育蔑视轻率之怪。其最终结论认为：张伯苓迷信纯粹科学教育，其所以创立矿科者，只以彼时全校处于不定之地位，且利用矿科以为外府，故设"普通费用"名目，以外搬运之工具，因文商两科无多消费也。详见《南开大学停办矿科原委》，《晨报》，1926年7月26日，第6版。

　　（四）矿科欠款八万四千元，由李先生担负，分期摊还。

　　（众意李先生既因经济关系提议暂停，只得将该科暂行结束，俟时局平静，李先生经济充裕时再行开办。）[1]

　　至此，矿科宣告结束。客观地说，从矿科开办至结束，南开大学培养了一批矿科人才。据1934年南开学生郭荣生的统计，大部分矿科学生仍服务于矿业，"直到现在还平均有二十四人在他的本位事业上作事，矿科成绩之佳，可以想见了"[2]。

　　虽然矿科办学时间不长，但事实证明是成功的。张伯苓亦坦诚，文、理、商、矿四科，"论起精神，矿科最好"，究其原因在于"矿科每个暑假有练习"。[3]合作办学给予了矿科学生更多的实践学习。南开大学在以后的办学过程中，延续了合作办学的思路。诸如1930年，南开大学计划开办电机工程系，便与天津电车电灯公司商定，"利用其机器厂作为实验，并请其工程师随时到校讲授"[4]。

　　合作办学是私立南开大学充分利用社会资源办学的有力尝试。虽然办学时间不长，但无论从资源获取抑或学生培养的角度而言，都取得了非常好的效果，可惜办学环境的恶化致使这一双赢的有益尝试被迫终止。

---

[1] 南开学校董事会记录(1926年6月13日)，编号：1-DZ-01-852，馆藏南开大学档案馆。

[2] 郭荣生：《南大毕业生近三年之职业调查》，王文俊、梁吉生等编：《南开大学校史资料选(1919—1949)》，南开大学出版社，1989，第340页。

[3] 张伯苓：《熏陶人格是根本(1925年11月25日)》，龚克主编：《张伯苓全集——第一卷 著述 言论(一)》，南开大学出版社，2015，第239页。

[4] 张伯苓：《致蒋梦麟函(1930年4月15日)》，梁吉生、张兰普编：《张伯苓私档全宗(上卷)》，中国档案出版社，2009，第393页。

（三）利用天津及其他地区的商业环境，鼓励学生走出校园

与工商界的互动还体现在南开大学积极鼓励学生充分利用天津的商业环境，走出校园，走向社会，到工商企业当中进行参观调研。1920年南开《校风》杂志刊登了商科学生利用假期参观工厂的事迹，尤其表扬了南开学生张世珍的"商业实验"，即到美国自来水笔公司担任代卖员，认为此举"证之商业学理合之商业现状"。①1924年商科学生组织商业参观团，其目的在于"观察实际上的商业知识，与课本上所学的学理作一对照"。商业参观团不仅考察天津地区，还先后前往上海、杭州等地的商业机关参观考察。②为更好地指导学生进行社会调研，南开大学特于1926年开设社会观察课，经张伯苓指定，由赵漠野负责一切具体事务。社会观察课的设立，有如下几个目的：

（一）培养学生实际观察能力。

（二）谋学校生活与社会生活之联络。

（三）注重客观的事实作为学术研究之根据。

（四）作将来课程改造之科学的基础。

（五）引起学生兴趣作将来择业之准备。

（六）将研究观察结果，报告社会，供将来解决问题时的
参考。③

① 《课外学习活动之一斑》，王文俊、梁吉生等编：《南开大学校史资料选（1919—1949）》，南开大学出版社，1989，第282页。
② 《商业参观团》，《乙丑级刊：南开大学乙丑级毕业纪念册》，1925，第64页。
③ 问泗：《社会视察委员会》，王文俊、梁吉生等编：《南开大学校史资料选（1919—1949）》，南开大学出版社，1989，第286页。

　　社会观察课的观察范围囊括了政治、司法、交通机关、公用机关、工业、商业、社会机关、舆论机关、教育等天津地区所能涉及的重要机构团体。①由此也拉开了南开大学社会调查的序幕，以致1930年，南开大学教员张志刚在《商学院之现状及其将来》一文中呼吁到："天津为华北之商业中心点。举凡交通、国际贸易、银行、海关等，皆有实地调查之价值，裨益于学子者殊非浅鲜，故自下学期起，本学院决定大规模之津埠商业调查。"②需要说明的是，南开大学虽立足天津，鼓励学生走出校园，但参观调研的范围并非仅仅局限于天津地区。1924年6月26日，"南开大学商科学生十五六人"前往江苏无锡、上海等地"参观工厂局所"，"以资借镜"。③

① 从所参观的对象大体能反映出天津当时的社会机构概况，因此有必要列举如下。(1)政治机关主要有：天津特别市政府及所属各局、天津警备司令部、天津县政府、日本、英国、法国、意大利、比利时租界局、驻津美国兵营、天津造币总厂、天津常关、天津海关；(2)司法机关主要有：天津地方法院、河北高等法院、河北第三监狱；(3)交通机关主要有：天津电话局、天津电报局、天津无线电报局、天津摄影电报处、天津电车公司、广播无线电台、津沽保磁内河航运局、招商局、公懋汽车行、美丰汽车行、中央汽车行、捷隆汽车行、津浦铁路机厂、太古轮船公司、怡和轮船公司、美最时轮船公司、通济隆转运公司、中国旅行社；(4)公用机关主要有：英租界自来水厂及发电厂、济安自来水公司、天津电车电灯公司发电厂、法租界电灯房、日租界电灯房；(5)工业机关主要有：裕元纱厂、恒源纱厂、北洋纱厂、华新纱厂、宝成纱厂、三津永年面粉公司、东方铁厂、北洋火柴公司、丹华火柴公司、天津造胰公司、光华造胰工厂、明星汽水公司、鸿兴汽水公司、宏中酱油公司、模宏陶瓷工厂；(6)商业机关主要有：中国、交通、浙江兴业、中南、华义、麦加利、汇丰、金城、大陆、盐业等各大银行、四行储蓄库，兴隆、隆茂、太古、怡和、平和、美最时等洋行、利济贸易公司、中原公司及各大商场；(7)社会机关主要包括：广仁堂、济良所、妇女救济会、贫民救济院；(8)舆论机关主要包括：大公报、益世报、庸报、商报、天津泰晤士报、华北新闻、华北明星等报馆；(9)教育机关主要有：广智馆、陈列所、演讲所、图书馆及本市各大、中、小学校等。参见南开大学校史编写组编：《南开大学校史(1919—1949)》，南开大学出版社，1989，第178—179页。
② 张志刚：《商学院之现状及其将来》，王文俊、梁吉生等编：《南开大学校史资料选(1919—1949)》，南开大学出版社，1989，第246页。
③《南开大学商科赴沪参观》，《大公报(天津版)》，1924年6月22日，第6版。

图2-2　《南开学校社会观察新组织》

资料来源：赵漠野：《南开学校社会观察新组织》，《南中周刊》，1926（南开学校二十二周年纪念号），第1页。

鼓励学生积极走出校园，至少有三个方面的益处：一是从知识获得上来说，有利于弥补课堂教学的不足；二是从教学设施上来说，可以弥补教学设施不足的缺憾。作为私立学校，虽然南开大学在教学设施的投入上用力颇深，但由于办学经费获取的不易，难免存在不尽完善之处，而天津的商业环境可以很好地弥补这一缺憾；三是从提升学生服务社会能力上来说，广泛的社会调查有利于提升学生的就业竞争力。为提升学生服务社会能力，南开大学作了很多有益的尝试和实践。诸如南开大学对商学会的成立非常重视，张伯苓鼓励学生积极加入商学会，并要求商科学生必须全部加入。通过社团的历练，利于学生培养团结合作之能力，增强就业竞争力。当然张伯苓鼓励学生加入商学会，背后也有着更为深远的考虑，"吾愿三十年后南开学校之商科学生在中国商界可逐渐减杀外人之势力也"①。

五、基金会的赞助：私立南开与基金会的互动

在私立南开大学蓬勃发展的近十年中，基金会也给予了极大的帮助和支持。给予资助的基金会主要包括罗氏基金会、中华教育文化基金董事会（以下简称"中基会"）等。

罗氏基金会成立于1913年。对于中国来说，最早接触到的基金会即罗氏基金会，中国也是该基金会非常重要的海外工作对象，其主要致力于中国的医疗事业，帮助创建自然科学诸学科，推动乡村建设，开展平民教育，促进中国学者的西方交流，等等。②根据现有

---

① 崔国良编：《张伯苓教育论著选》，人民教育出版社，1997，第119页。
② 关于罗氏基金会在华工作，参见马秋莎：《改变中国：洛克菲勒基金会在华百年》，广西师范大学出版社，2013年；资中筠：《洛克菲勒基金会与中国》，《美国研究》，1996年第1期，第58—78页；张大庆：《中国现代医学初建时期的布局：洛克菲勒基金会的影响》，《自然科学史研究》，2009年第2期，第137—155页；卢宜宜：《洛克菲勒基金会的中国项目(1913—1941)》，《中国科技史料》，1998年第2期，第24—28页；徐勇：《洛克菲勒基金会与"中国项目"(1935—1944)》，《聊城大学学报》(社会科学版)，2015年第4期，第66—70页。

材料，在南开大学创办之前，罗氏基金会曾造访、考察过南开学校。1916年9月7日，张伯苓即陪同罗氏基金会代表顾临参观南开学校，尤其询问了"一二年内毕业之人数，各科之程度以及诸种理科之设备"。[1]对于罗氏基金会的访问，张伯苓非常重视，遂于1918年游学美国哥伦比亚大学之际，就办学经费的争取，与严修一道访问美国罗氏基金会教育项目负责人伯萃。经不断接触与互动，最终于1920年，也即南开大学正式创办之后，罗氏基金会才开始答应补助南开大学理科。补助事项包括：教员薪水、理科设备以及教室实验室等，补助经费占全年经费的1/2或3/4。[2]罗氏基金会对于获得这些补助设有前置性的要求，即要求南开大学自筹一定数额的经费，补助项目及具体要求如下：

（一）科学馆建筑费十五万至二十万，该团补助一半，自筹一半；

（二）理科各五万元，该团补助一半，自筹一半；

（三）该团补助增加理科教员薪金半数，以三年为限；

（四）每年加派美国理科专家来校协助，其薪金及旅费均由该团供给。

以上四项帮助条件，有效期截止日期为1923年12月。[3]

1922年9月，南开大学终得罗氏基金会补助的正式答复。据统

---

① 梁吉生撰著：《张伯苓年谱长编（上卷）》，人民教育出版社，2009，第166页。
② 梁吉生撰著：《张伯苓年谱长编（上卷）》，人民教育出版社，2009，第268页。
③ 梁吉生撰著：《张伯苓年谱长编（上卷）》，人民教育出版社，2009，第311—312页。

计，1923 年至 1928 年，罗氏基金会捐助南开大学的款项及类别主要有：1923 年捐赠建筑费及设备费 125 000 元、理科经费 1 127 元，1924 年捐赠理科经费 2 900 元，1925 年捐赠理科教员薪金 4 110 元，1926 年，捐赠理科经费 6 800 元，1927 年捐赠理科经费 5 400 元，1928 年捐赠理科经费 8 500 元。[1]1928 年以后，罗氏基金会对南开进行了持续的捐赠，其中对于南开经济研究所的"补助之年限最久，数目亦巨，计自民国二十一年以来，年年均荷补助，会无间断"。[2]据何廉回忆，罗氏基金会对南开大学经济研究所的拨款最多时高达年度预算的 1/3，这项拨款一直持续到 1948 年……战争时期只不过数额少了一点。[3]

在 20 世纪 20—30 年代，罗氏基金会对我国自然科学学科创建与发展给予了关注和支持，全国共有十来所大学，包括燕京大学、清华大学等著名高校都曾接受过资助。[4]对于初创的私立大学来说，能够获得罗氏基金会的资助，实属不易。从现有材料来看，南开之所以能够获得资助，除了具有较高的办学水准之外，还应与孟禄有关。

张伯苓与孟禄结识于哥伦比亚大学。张伯苓在美游学期间与孟禄多有互动，这些互动于孟禄而言，加深了与中国教育界的交流与了解，为其访华以及随后从事中国方面的研究提供了便利；对于张伯苓或南开大学而言，则更深刻地了解了美国教育，尤其是私立高等教育的实际运作情况，为今后南开大学的创办奠定了基础。1921

① 《南开大学历年捐款出入表》，王文俊、梁吉生等编：《南开大学校史资料选(1919—1949)》，南开大学出版社，1989，第 42 页。
② 《南开大学经济研究所一览》，出版社不详，1941，第 3 页。
③ 何廉：《何廉回忆录》，朱佑慈、杨大宁等译，中国文史出版社，1988，第 50 页。
④ 资中筠：《洛克菲勒基金会与中国》，《美国研究》，1996 年第 1 期，第 60 页。

年受袁观澜、陈筱庄的邀请，孟禄来华游历考察教育，并访问了南开大学。南开大学对此十分重视，多次商讨接待之办法，并特派凌冰南行迎接。对于南开办学，孟禄给予了很高的评价："来华游历南北，参观各地学校，以南开为最善。"①此次来华，孟禄还有一重要任务，即参加协和医学院（罗氏基金会在华的力作）落成典礼。孟禄曾于1914年9月作为教育家代表参加了罗氏基金会主持的关于中国医学与教育、公共卫生的会议，这次会议促成了罗氏基金会决定在中国开展医学教育方面工作的决定。②北京协和医学院便是这一决定的产物。严修在向国内学者介绍孟禄时称其为慈善家③，即与孟禄参与慈善的经历有关。1922年7月31日，南开大学再次邀请孟禄来校演讲，讲演主题为"科学之必要"。④

　　虽无直接材料证实孟禄在南开大学获得罗氏基金会资助的过程中给予了何种程度的帮助。但根据南开大学对于办学资源获取的渴求程度，以及与罗氏基金会的互动来看（诸如张伯苓、严修到美国之后主动拜访基金会教育项目负责人伯萃），从而推断孟禄与南开获取基金会的资助有关应在"情理之中"。

　　如果说，南开大学获得罗氏基金会的资助需要合理"推断"，那么其获得中基会的资助与孟禄相关，确是无疑的。

　　孟禄对于中基会的成立以及董事会章程的制定起着直接的推动作用。得益于孟禄等人的建议，时任美国总统的柯立芝同意将第二

---

① 梁吉生撰著：《张伯苓年谱长编（上卷）》，人民教育出版社，2009，第289页。
② 张大庆：《中国现代医学初建时期的布局：洛克菲勒基金会的影响》，《自然科学史研究》，2009年第2期，第140页。
③ 梁吉生撰著：《张伯苓年谱长编（上卷）》，人民教育出版社，2009，第292页。
④ 《孟禄博士讲演科学》，《大公报（天津）》，1922年8月2日，第10版。

次退还的庚子赔款用于成立中华教育文化基金董事会。该会于1924年9月成立，主要负责保管、分配、使用美国退还的庚子赔款。中基会成员由中方董事颜惠庆、顾维钧、范源濂、施肇基、黄炎培、蒋梦麟、张伯苓、郭秉文、周贻春、丁文江共10人，以及美方董事孟禄、杜威（John Dewey）、贝克（Baker）、顾临、贝诺德（Bennett）共5人组成。①首任董事长由颜惠庆担任，副董事长为孟禄、张伯苓，丁文江为秘书，会计由贝诺德、周贻春担任，执行委员会委员分别由顾临、蒋梦麟、顾维钧担任，干事长为范源濂。②其实，孟禄早在1924年7月底，即受美国政府委托，以非官方的身份访华，就庚款用途、委员会人选与社会各界进行广泛的交流、磋商。③

　　鉴于罗氏基金会在华资助产生的重大影响，中基会在制定资助政策时，便以罗氏基金会为效仿的榜样④，旨在加强中国科学教育事业的发展。⑤为此，基金会遴选资助对象时，特别注重科学教育、科

---

① 董事会成员产生的过程详见《教育界推选美国退款委员》，《教育杂志》，1924年第10期，第3页；《提议中华教育文化基金董事会悬缺董事请以丁文江补充》，《教育公报》，1924年第10期，第32—33页；《中华教育文化基金董事会成立与孟禄去华》，《教育杂志》，1924年第10期，第3页；何树远：《中华教育改进社与中华教育文化基金董事会》，中国社会科学院近代史研究所编：《中国社会科学院近代史研究所青年学术论坛》，2009，第155—174页；杨翠华：《中基会对科学的赞助》，"中研院"近代史研究所，1991，第10—18页。

② 《中华教育文化基金董事会第一次总报告》，《外交公报》，1926年第63期，第4—5页。

③ 《孟禄博士为美款来华》，《申报·教育界消息》，1924年8月19日。

④ 卢宜宜：《洛克菲勒基金会的中国项目(1913—1941)》，《中国科技史料》，1998年第2期，第24—25页。

⑤ 郑砚秋：《郭秉文与华美协进社》，《教育学报》，2014年第5期，第81页。

学应用以及科学研究等领域的资助。①

　　南开大学在获得罗氏基金会资助的同时，也强化了与孟禄等中基会成员的互动。1925年10月17日，南开大学科学馆落成，张伯苓除了邀请捐款人袁述之以及罗氏基金会代表参加并发表演讲之外，还特意邀请了中基会的丁文江、任鸿隽等参加并发表讲演。②10月15日，南开大学接待了中基会调查团（主要成员有陶行知、钱崇澍、祁天锡、李耀邦等）来校参观，这期间张伯苓留该团午餐，所有理科教授作陪。③颇具意味的是，在一个月之后，张伯苓单独邀请了陶行知来校进行讲演。11月26日，陶行知以中华教育改进社干事的身份接受了南开大学的邀请，并在随后发表了《大学生应有之精神》的演讲，要求大学生研究学问要有科学精神。④11月27日，陶行知在南开大学理科同乐会上讲演《学术独立在中国之重要》。⑤从演讲内容，以及听众对象来看，虽然陶行知以中华教育改进社的身份造访南开，但事实上却与中基会支持发展的科学教

① 1925年6月2日至4日，董事会第一次年会在天津裕中饭店召开，初步议决了补助范围：(1)发展科学知识，及此项知识适于中国情形之应用其道在增进技术教育科学之研究试验与表证，及科学教育法之训练；(2)促进有永久性质之文化事业如图书馆之类。详见《中华教育文化基金董事会第一次总报告》，《外交公报》，1926年第63期，第4页。在第一年会议议决补助范围的基础上，中基会在1926年2月26日至28日召开的第一次常会上，进一步细化了款项支列范围，主要包括：科学研究（包含物理、化学、生物学、地学、天文气象学）；科学应用（包含农、工、医）；科学教育（包含科学教学、教育之科学的研究）；图书馆建设以及其他影响范围遍及全国的教育文化事业。详见《中华教育文化基金董事会分配款项之补充原则》，《外交公报》，1926年第63期，第37—38页。
② 梁吉生撰著：《张伯苓年谱长编（上卷）》，人民教育出版社，2009，第379页。
③《招待中华教育文化基金董事会调查团》，《南大周刊》，1925第21期，第55页。
④ 梁吉生撰著：《张伯苓年谱长编（上卷）》，人民教育出版社，2009，第383页。
⑤《理科全体同乐大会》，《南大周刊》，1925年第24期，第47页。

育密切相关。同年12月2日，中基会代表任鸿隽、程文勋到访南开大学，考察矿科，并发表演讲。①同日，南开大学组织理科教授饶毓泰、邱宗岳、姜立夫、应尚德赴北京参观各大学理科教育。为此，陶行知于12月4日发表《南开大学教授来京参观感言》一文，对南开大学此举给予高度评价，其认为"南开大学理科教授此可以算为大学教授交相参观的发端"，并期望"各大学各科教授接踵而起，举行此种有价值的参观"，同时呼吁"教育行政机关如能拨些经费鼓励鼓励，那就更易收效了"。②1926年3月2日，南开大学邀请孟禄到校演讲，并勉励学生，"学生的责任首在探知识，次在应用知识"。③也即在本月，中基会视察员陶行知、李耀邦等一行再次考察南开大学，并在调查报告中赞赏有加，并提议中基会以最高额度补助私立南开大学。

> 南开大学创办于民国八年，为国内办理最有成效之私立大学，校长张伯苓先生与积学之教授通力合作，精神至佳。校内教学、训育各方面，生活均极健全。学生分配廿二行省，其教育影响已不限于一地方而普及全国。学额限定为五百人，名额较少，训练可期完密。科学方面，该校已竭其财力所及锐意经营，尤以化学、物理为最优，但教授及设备均亟待补充，俾臻完善。该校资产已有二百五十万，由私人捐助，政府补助者较他校特多，足征社会之信仰。本会视察员之意，在私立大学中

---

① 《南开矿学追志》，《南大周刊》，1925年第25期，第38页。
② 陶行知:《南开大学教授来京参观感言》，《新教育评论》，1925年第1期，第6页。
③ 《名人演讲》，《南大周刊》，1926年第28期，第56页。

其应得奖励与补助者，莫南开若。兹提议本会酌量情形予以最
高额之补助金，以宏私立大学教育之效益。[①]

应该说，在与中基会的频繁互动以及孟禄等董事会成员的努力
之下，南开大学在1926年度的资助之中获得了较多补助。其中南开
大学常年补助经费为每年3万元（3年为限），一次性补助经费为1.5
万元，三年总共资助10.5万元。与此同时，其他受资助的大学三年
共资助的金额分别为：北京大学7万元，武昌中华大学4万元，复旦
大学4万元，大同大学4万元，东南大学（农科）10.5万元，南洋大
学11万元，湘雅医学专门学校10.5万元。[②]虽然未如陶行知所言，
中基会以最高额度进行补助，但南开大学获得补助金额仅次于南洋
大学，而远多于北京大学。

1927年至1928年，中基会除了按约定每年补助3万元之外，还
分别补助社会经济调查委员会4 000元、图书馆经费2万元，等
等。[③]1928年以后，中基会对南开大学间有资助，包括罗氏基金会在
内的其他基金会（如管理中英庚款董事会等）、学会（如太平洋国际
学会等）等组织对南开大学不同程度的资助，部分缓解了办学经费
紧张的窘境。

总体说，南开大学之所以能够获得较多资助，除却办学实力之
外，概有如下几个方面的原因：

---

① 梁吉生撰著：《张伯苓年谱长编（上卷）》，人民教育出版社，2009，第390页。
② 《款项分配表》，《外交公报》，1926年第63期，第7—9页。
③ 《南开大学历年捐款出入表》，王文俊、梁吉生等编：《南开大学校史资料选（1919—
1949）》，南开大学出版社，1989，第42—43页。

其一，孟禄与张伯苓关系密切。孟禄作为美方代表，且担任中基会副董事长，因其在学术界享有很高的威望，以及丰富的慈善工作经验，使之在中基会的日常运行当中处于领导地位，成了基金会运作的实际操作者之一。[1]需要强调是，孟禄本人对于张伯苓以及南开大学非常关注，张伯苓本人以及董事会其他部分成员（按：郭秉文、蒋梦麟）在哥伦比亚大学游学期间均曾受教于孟禄，这种"师生关系"对于南开大学获得中基会的资助起到了重要的促进作用。

其二，中基会董事成员中有多位南开大学校董。范源濂、颜惠庆、蒋梦麟、丁文江等均为南开大学校董，为南开大学争取办学资源为校董职责之所在。[2]根据中基会运作的权力架构，身为干事长，范源濂在基金董事会的早期事务当中扮演着重要角色，也为南开大学获取中基会的资助提供了可能或者便利。

其三，更为重要的是张伯苓在中基会中担任要职。之所以能够被选为副董事长，本身足以说明张伯苓在中基会中具有较高的声望和"人气"。在1925年6月中基会首次选举中，颜惠庆以10票当选为董事长，孟禄、张伯苓分别以9票、5票当选为副董事长（蒋梦麟3

---

① 陈竞蓉：《孟禄与中国近现代教育》，华中师范大学：硕士学位论文，2004，第64—65页。

② 以1920、1929年的南开学校董事会章程为例，概要说明董事会的职责。南开学校1920年的董事会章程规定，董事资格"以学望素著，能辅助校务之进行者为标准"。1929年的董事会章程则明确规定，董事的职权之一即为"筹募本校经费"。虽然不同阶段，董事会资格或职权内容表述有所不同，但内在基本要求是一致的，即为学校发展提供支持和帮助。详见《董事会章程(1920年6月13日董事会议决修正)》，《天津南开学校大学部一览》，出版社不详，1921，第2页；《章程》，《天津南开大学一览》，出版社不详，1929，第13页。

票、黄炎培2票、丁文江2票、顾维钧1票)。①从选票数量可以看出张伯苓能够获得董事会成员之间的信任，以致在1928年的改选中被推选为董事长。这些也印证了胡适对于张伯苓的评价——张伯苓是中、美董事都信服的人。②

---

① 中华教育文化基金董事会第一次年会第三次会议记录(1931年6月3日)，馆藏中国第二历史档案馆，全宗号五(2)，案卷号1379，第48页。
② 高平叔撰著：《蔡元培年谱长编(第三卷)》，人民教育出版社，1999，第275页。

第三章

国家力量的强势介入与
资源获取的困境（1928—1937）

1928—1937年是私立南开大学发展的关键时期。在此阶段，随着国家力量在教育领域的凸显，南开大学在资源获取上陷入了困境。为此，张伯苓不得不萌生"国立"的想法。但此时，国民政府加大对初等教育的资助力度，削减高等教育经费在中央财政经费中的比例，[①]没有足够的财力将私立南开大学收归国立。南开大学仍然以私人团体办学，为国家培养人才。为缓解生存与发展的压力，张伯苓强化与政府、社会的互动，采取多种措施应对办学困境。尽管如此，抗战之前私立南开大学的发展仍然举步维艰。

---

① 商丽浩：《政府与社会：近代公共教育经费配置研究》，河北教育出版社，2001，第141页。

第一节 国家力量的介入:
南京国民政府的教育治理

国民政府奠都南京之后,强化了教育治理,对私立大学的生存与发展产生了重要的影响。本节概要论述南京国民政府的教育治理逻辑,并进一步阐释国家力量何以介入私立大学的发展,并影响其办学资源的获取。

一、教育治理变革

执政的国民党从其自身利益出发,开始逐步注意到教育,尤其是高等教育,在国家建设、政权巩固当中的重要性。为此,国民政府出台了相关法律法规,采取了一系列的措施,强化(高等)教育治理。

在教育行政体制改革方面,为力矫旧弊,在蔡元培等人的力促之下,仿效法国教育制度,实行了大学院和大学区制的改革。虽然这是一场被学者誉为"教育独立思潮下的大学区实验"①,但所谓的"教育独立"仅是在国民政府领导之下的"教育独立"。固然大学院与大学区制改革有其积极的意义,但是从另一方面来说,也强化了国家力量在教育领域的渗透与管控。根据《大学院组织法》规定,

———————————
① 姜朝晖:《民国时期教育独立思潮研究》,中国社会科学出版社,2008,第214页。

"中华民国大学院，为全国最高学术教育机关，承国民政府之命，管理全国学术及教育行政事宜"，并且议决"全国学术上、教育上一切重要问题"。①蔡元培的本意在于使教育行政部门免受政府"其他各部之熏染"，同时避免执掌教育行政之人"不知学术为何物，而专骛营私植党"，以致"声应气求，积渐腐化"。②但相比北京政府，大学院的设置使得教育行政权力更为集中，对教育的控制更为凸显。③1929年3月，国民政府确立了三民主义教育宗旨，要求"教育合于党义，与党中建设的计划相呼应"。④在三民主义教育宗旨的指导之下，国民政府对高等教育进行了一系列的改革，包括统一教育方针，强化教育督查制度等。通过这些措施和手段，进一步加强教育的统一性和纪律性。就教育目的而言，要求"大学及专门教育必须注重实用科学，充实学科内容，养成专门知识技能，并切实陶融为国家社会之健全品格"。⑤高等教育不仅为国家建设培养人才，高等教育也是中央政府扩张权力的一个渠道。⑥政府通过高等教育使得中央的权力得以向全国扩张。兹以教育方针与学生管理为例，概要说明国

① 《中华民国大学院组织法》，《大学院公报》，1928年第1期，第49页。

② 蔡元培：《发刊词》，《大学院公报》，1928年第1期，第11页。

③ 这里所谓教育控制，仅指国民政府对所掌控地区的教育控制。事实上，大学院初建时，所能控制的范围仅有江苏、浙江一带。详见 Linden, Allen B., *Politics and Education in Nationalist China : The Case of the University Council, 1927—1928*. The Journal of Asian Studies, vol. 27, no. 4, 1968, pp. 763‐776. 有关大学院及大学区的研究参见陶英惠：《蔡元培与大学院》，《"中央研究院"近代史研究所集刊》，1972年第3期(上)，第189—205页；赵峻岩：《民国时期大学区制度变迁研究》，南京大学出版社，2015。

④ 陈东原：《中国教育新论》，商务印书馆，1928，第3页。

⑤ 《中华民国教育宗旨及其实施方针》，《教育部公报》，1929年第5期，第3页。

⑥ 费正清、费维恺编：《剑桥中华民国史(1912—1949)·下卷)》，刘敬坤等译，中国社会科学出版社，2007，第386页。

民政府的教育治理变革。

（一）在教育方针方面，极力倡导实科教育

1912年北京政府颁布的《大学令》明确规定，"大学以教授高深学问、养成硕学闳材、应国家需要"为宗旨，并"以文、理二科为主"。①为贯彻执行《大学令》，北京政府于1913年出台《大学规程》，对大学的学科和科目作了更加具体的规定。②尽管如此，从出台的文件来看，政府更为强调文、理二科，而对于医科、工科、农科等关注不够。在此阶段，可以看出，政府没有特别强调实科在国家建设中的重要性，更没有将实科教育作为主导性学科来对待。1922年北京政府颁布的学校系统改革令，对此有所纠偏。举例来说，一是在中等教育中，将"依旧制设立之甲种实业学校，酌改为职业学校或高级中学农工商等科"。二是在高等教育中规定，"因学科及地方特别情形得设专门学校"，"大学校及专门学校得附设专修科，修业年限不等，凡志愿修习某种学术或职业而有相当程度者入之"。③虽如此，实科教育依然未能成为学校系统中的主体。

南京国民政府成立之后，一方面要回应教育界对于教育不能适应国情的批评，另一方面也要为国家发展厚植物质基础。为此，鉴于国内农工医理等学科专业学生比例较小（"自政府决定加速经济建设工作以来，工科、农科人才之供给渐感不济"④）、文法

①《大学令》，璩鑫圭、唐良炎编：《中国近代教育史资料汇编(学制演变)》，上海教育出版社，1991，第663页。
②《教育部公布大学规程令》，《教育杂志》，1913年第1期，第1—19页。
③ 吴家莹：《中华民国教育政策发展史(国民政府时期，1925—1940)》，台湾五南图书出版公司，1990，第104—105页。
④ 林美莉编辑校订：《王世杰日记(上册)》，台湾"中研院"近代史研究所，2012，第20页。

科学生比例偏多的现实情况，①中央政府明确了大学教育朝着强化
实科方向改革的意图和基本原则。自此，国民政府的教育方针有
了明确的导向，即认为大学教育应该注重与国家物质建设相关的
实用科学。1929 年国民政府颁布《中华民国教育宗旨及其实施方
针》，明确提出"大学及专门教育必须注重实用科学，充实科学内
容，养成专门知识技能"②。1931 年国民政府重申这一教育方针，
并通过出台《确定教育设施之趋向案》，强化大学教育应以注重自
然科学及实用科学为原则。③1931 年 9 月，第三届中央执行委员会
通过《三民主义教育实施原则》，在涉及高等教育方面，亦特别强
调培养具有"实用科学的智能"的学生，课程设置"应视国家建

---

① 据 1930 年教育部对于全国各大学及学院学生数的统计，法学院学生人数为 3
507 名，占比学生总人数 18.03%；文学院 2 271 名，占比 11.68%；工学院 2 135 名，占
比 10.98%；理学院 1 232 名，占比 6.28%；商学院 1 127 名，占比 5.79%；农学院 724 名，
占比 3.72%；教育学院 649 名，占比 3.33%；医学院 658 名，占比 3.38%；艺术学院 205
名，占比 1.05%；专修科 1 012 名，占比 5.25%；预科 5 446 名，占比 28.00%；其他选修
及研究生 487 名，占比 2.51%。若去除"专科""预科"和"其他选修及研究生"之外，
农、工、医、理科学生共有 4 779 人，文、法、商、教育、艺术科学生共有 7 554 人，其中
文、法科学生占比最高，学生总数为 5 778 人，远多于农、工、医、理科学生总和。学
生人数及占比参见《教育部报告民国十九年度高等教育概况(1931 年 1 月 26 日)》，
中国第二历史档案馆编：《中华民国史档案资料汇编·第五辑·第一编·教育(一)》，
江苏古籍出版社，1994，第 274 页。另据时任教育部长朱家骅在《九个月来教育部整
理全国教育之说明》一文中所言："十九年度文法科学生为数达一万七千人，而农工
医理诸科学生合并计算，仅为八千余人，不及文法科学生三分之一。"参见朱家骅：
《九个月来教育部整理全国教育之说明》，教育部，1932，第 12 页。数据统计口径不
同，导致学生人数有所差别。但不管如何统计，文法科学生比例较大、农工医理等
科学生比例较小是事实。
②《中华民国教育宗旨及其实施方针》，《教育部公报》，1929 年第 5 期，第 3 页。
③《确定教育实施趋向办法》，教育部编：《教育法令汇编(第一辑)》，商务印书馆，
1936，第 21 页。

设之需要为依归"。①

表3-1　1928—1930年度各大学学系数及所隶学院

年度	学系总数	文	理	法	教育	农	工	商	医
1928	425	117	94	74	26	32	39	33	10
1929	505	143	113	81	36	40	44	35	13
1930	547	140	129	91	42	38	52	36	19

资料来源：教育部1931年编订的《全国高等教育统计》中的《表19：十九年度各大学学系数及所隶学院》《表20：十八年度各大学学系数及所隶学院》《表21：十七年度各大学学系数及所隶学院》。

为达到倡导实科教育的方针要求，国民政府采取了一系列的措施，包括控制录取以及转学学生的数量、控制高校录取学生类别的人数和比例、撤销合并相关院系等，以抑制文科，积极倡导实科的发展。1933年5月，时任教育部部长的王世杰在其日记中提及文、实科比例问题，以及教育部关于促进实科发展的计划：

> 到部后调阅二十年度各大学统计，全国文科（文、法、商、教育等科）大学生数额，占大学生总额约百分之七十，共约二万三千人；实科（理、农、医、工）生仅占百分之三十，约九千余人。因于五月廿日详订限制全国各大学（包含各独立学院）招生办法，务使各校自本年起招收文科新生严守一定之限制；

---

① 《三民主义教育实施原则》，教育部编：《教育法令汇编(第一辑)》，商务印书馆，1936，第24页。

其不遵守此项限制者，教部即不审定其新生之学籍。①

为此，教育部计划拟定两项限制办法：

> （一）自二十二年度起，各大学兼办有甲类（即文、法、商、教育、艺术等）学院及乙类（即理、农、工、医等）或独立学院兼办有甲类学科及乙类学科者，任何甲类学院或学科所招新生数额，连同转学生，不得超过任何乙类学院或学科所招新生数额，其甲类学院或学科所设学系与乙类学院或学科所设学系数目有不同时，任何甲类学院或学科各系所招新生之平均数不得超过任何乙类学院或学科各系所招新生之平均数。（二）凡专办前述甲类学科之独立学院所招新生之数额，不得超过各该学院二十年度新生数额，如有特殊情形，须先呈经该部核准。②

1937年桂荣棻统计了1931—1935年之间的文、实科招录情况，颇能说明新政之下，文、实科招生比例的变化。

---

① 林美莉编辑校订：《王世杰日记(上册)》，台湾"中研院"近代史研究所，2012，第1页。王世杰日记所记为概数，1931年度文科、实科学生的具体数字为：全国文科学生总数为23 230人，实科学生为9 928人。数据参见《公私立专科以上学校之整理——各大学招生选料之限制》，《中国国民党指导下之政治成绩统计》，1933，第99页。
② 《公私立专科以上学校之整理——各大学招生选料之限制》，《中国国民党指导下之政治成绩统计》，1933，第99页。

表3-2 1931—1935年度取录新生科别情况

年度	科别											
	理科	农科	工科	医科	以上实类各科	文科	法科	教育	商科	以上文类各科	总计
1931	1 899	412	1 372	539	4 222	3 286	4 142	1 436	647	9 511	137 33
1932	1 266	426	1 109	588	3 389	2 474	2 280	966	501	6 221	9 610
1933	1 474	441	1 027	499	3 441	2 246	1 791	655	450	5 142	8 583
1934	2 194	663	1 999	604	5 460	2 440	2 154	893	953	6 440	11 900
1935	2 703	694	2 332	687	6 416	2 280	1 804	1 120	914	6 118	12 534

资料来源: 桂荣荣:《大学生失业之检讨》,《蜀青》,1937年第2期, 第126—127页。需要说明的是, 原文 "以上实类
各科" "以上文类各科" 以及 "总计" 等个别数额有误, 已修正。

从以上数据可以看出，实科每年取录新生的比例是逐年提高的：1931—1935年的比例分别为：30.74%、35.27%、40.09%、45.88%、51.19%。应该说，国民政府在倡导实科教育方面取得了一定的成效。再以工科为例，具体说明。据1935年的统计，全国设有工程学系的院校共有35所，共设有90个工程学系，其中土木系25个、机械系18个、电机系16个、化工系11个、矿冶系6个、采矿系3个、纺织系2个、建筑系2个、水利系2个、大地测量系1个、铁道系1个、桥路系1个、机电系1个、输机系1个。如将采矿并入机械系，则土木系30个、机械系20个、电机系16个、化工系11个、矿冶系9个、纺织及建筑系各2个，全国共有学生4 500人。虽然每年工科毕业人数只有1 000余人，但"五六年来中国之工程教育"在"质的方面，均有极显著之进步"。①

国民政府注重实科人才培养的教育政策一直延续到抗战后。战时国民政府虽调整相关教育政策，但强调实科教育或实科人才培养的基本精神未变。

（二）在学生管理方面，加强训育，强化组织纪律和统一性

南京国民政府成立之前，教育界弥散着民主、自由的气息，高校亦如此。1922年制定的以"发扬平民教育精神、谋个性发展"等为基础的"新学制"，更是强化了民主、自由的气息，为国民政府变革教育政策增添了难度。无论民主、自由的氛围，还是新学制本身，均与国民党重组织、重纪律的行为价值取向相背离。因此，摆在国

———————
① 《中日学术界之盛会（天津南开大学之盛会）》，《新北辰》，1935年第11期，第70—71页。

民政府面前的重要任务即"整理学制系统",重点在于"纠正因新学制而产生的自由与散漫的思潮"。①由此,国民政府拉开了教育政策改革的序幕。自南京国民政府成立至1937年的十余年间,政府颁发了一系列高等教育法令、法规,强化了对于高校的管控,加强了高等教育领域的纪律性和统一性。1931年教育部更是通令全国各级学校学生一律穿着制服。②1936年9月5日,蒋介石"于黄埔行辕以茶会款待各大学校长"时发表《对于广东教育界之希望》的演讲,其中特别提及学生培养"尤须特别注重训育,以严格之训练,使学生养成有规模之生活,守纪律之习惯"。③蒋介石的演讲也体现了国民政府对于学生管理或学生教育的期待。概以学生管理中的军事训练为例,略加阐释。

在军事训练方面,国民政府主要通过制定一系列的规章制度完善和加强军事训练,以达到强化训育,增加纪律性的目的。1927年教育行政委员会通过了委员韦悫拟定的《国民政府教育方针草案》,草案明确提出"各学校应增设军事训练"。④同年11月14日,大学委员会在沪开会,提请国民政府制订《各国立大学军事训练条例》。条例提出,各国立大学要"聘请军事专家,在正课之余实施训练"。⑤1929年1月29日,国民政府正式出台《修正高中以上学校军事教育

---

① 吴家莹:《中华民国教育政策发展史(国民政府时期,1925—1940)》,五南图书出版公司,1990,第2—3页。

② 《全校一律穿制服》,《南开大学周刊》,1931年第104期,第48页。

③ 秦孝仪总编:《总统蒋公大事长编初稿(卷3)》,中国国民党党史委员会,1978,第324—325页。

④ 楼云林:《国民政府教育方针草案之提拟》,《中华教育界》,1928年第1期,第4页。

⑤ 《提议请国民政府订定各国立大学军事训练条例并拨给补助费》,《教育行政周刊》,1927年第18期,第19页。

方案》,明确规定"凡大学高级中学及专门学校大学预科并其他高中以上学校,除女生外,均应以军事教育为必修科目,其修习期间均定二年"。实施军事教育的目的除了"锻炼学生身心"之外,还在于"涵养纪律服从"等诸观念。①为更好地实施军事训练或军事教育,国民政府一并通过《修正高中以上学校军事教官任用简章》(1929)②与《修正高中以上学校军事教育服务条例》(1929)③。1929年4月26日,国民政府出台《中华民国教育宗旨及其实施方针》,再次强调"中等学校及大学专门,须受相当之军事训练"。④1930年9月3日,第三届中央执行委员会审议通过《三民主义教育实施原则》,该制度特别指出要通过军事教育等措施达到训育目的,也即再次强调军事教育作为训育的重要手段。⑤

抗战期间,为适应抗战形势的变化,教育部于1938年通过《青年训练大纲》,特别要求青年学生要"遵照军人读训之精神自省自立",要"学习军事技能",要使生活"军事化"等,并培养"严守纪律""协同一致"等优秀品质。⑥1937年教育部部长王世杰在日记中,特别表扬了上海各校每年在吴县开展的军事训练,认为此举

---

①《修正高中以上学校军事教育方案》,《教育部公报》,1929年第2期,第73—74页。
②《修正高中以上学校军事教官任用简章》,《教育部公报》,1929年第2期,第88—89页。
③《修正高中以上学校军事教育服务条例》,《教育部公报》,1929年第2期,第89—91页。
④《中华民国教育宗旨及其实施方针》,教育部编:《教育法令汇编(第一辑)》,商务印书馆,1936,第20页。
⑤《三民主义教育实施原则》,教育部编:《教育法令汇编(第一辑)》,商务印书馆,1936,第24页。
⑥《青年训练大纲》,教育部编:《教育法令汇编(第四辑)》,正中书局,1939,第13—17页。

"用意殊善"。①可见国民政府对于青年学生军事训练的期待。通过以上法令法规等规章制度文件的出台或颁布，国民政府逐步推进军事训练，以达到强化训育，增强纪律性和统一性的目的。②

统一性的要求，除了体现在学生管理上，还体现于教学计划当中。以体育为例。国民政府对于体育亦非常重视。"体育除健身强体外，还有重要的训育功能。"③在《三民主义教育实施原则》中，国民政府特别强调体育在高校学生锻炼强健体魄及培养坚韧奋斗精神当中的重要作用。④为保障体育的顺利开展，国民政府于1929年颁布了《国民体育法》，该法为我国历史上第一部体育法。《国民体育法》规定，"高中或高中相当以上之学校均须以体育为必须课，如无体育课程之成绩，不得毕业"。⑤为贯彻落实《国民体育法》，相关配套文件相继出台。1932年国民政府出台了《国民体育实施方案》，1936年颁布了《暂行大学体育课程纲要》(1936)等，这些文件的颁布逐步为体育的教育教学制定了统一的标准。诸如《暂行大学体育课程纲要》对

---

① 林美莉编辑校订:《王世杰日记(上册)》,台湾"中研院"近代史研究所,2012年,第10页。

② 需要说明的是,尽管国民政府强调以军事训练为代表的学生训育,但其成效有限,未能达到理想要求。1932年《整顿教育令》中陈述的教育纪律问题概能说明战前国民政府实施训育的成效:"十余年来,教育纪律愈见凌替,学校风潮日有所闻。学生对于校长,则自由选举,如会议之推举主席。对于教授则任意黜,如宿舍之雇用庖丁。甚至散传单以谩骂、聚群众以殴辱。每有要求,动辄罢课以相挟持,及至年终,且常罢课以作结束。"详见《整顿教育令》,教育部编:《教育法令汇编(第一辑)》,商务印书馆,1936,第30页。

③ 张均兵:《国民政府大学训育(1927—1949)》,光明日报出版社,2011,第91页。

④ 《三民主义教育实施原则》,教育部编:《教育法令汇编(第一辑)》,商务印书馆,1936,第24页。

⑤ 吴家莹:《中华民国教育政策发展史(国民政府时期,1925—1940)》,五南图书出版公司,1990,第51—52页。

于大学体育课的课程时间有统一明确的规定：（1）正课每星期两小时。
（2）课外运动：每周至少2次，每次50分钟；运动之种类，得按当地
气候，分季规定；每种运动，应于更换他种运动前举行校内比赛一
次；每晨举行全体早操15分钟。[1]为确保体育的有效开展，教育部还
对专科以上学校的体育状况进行视察，并提示改进之处。[2]

《暂行大学体育课程纲要》仅是众多大学课程纲要中的一种，国
民政府通过各类纲要的颁发，并辅以考核、视察等，促使各类教学
计划趋于标准化、统一化。

二、国家力量的渗透：控制与扶植

随着国民政府逐步强化教育治理，国家力量通过各种方式渗透
至私立大学领域之中，深刻影响了私立高校的生存与发展。

与北京政府较为宽松的发展环境相比，国民政府则加强了私立
大学的整顿和规范。1927年12月20日，国民政府大学院颁布《私立
大学及专门学校立案条例》，要求所有私立大学及专门学校须经大学
院立案。私立高校立案时须由校董事会呈请大学院。同时规定，必
须试办三年以上，并且在经费来源、组织编制及课程、教职员要求
等方面符合规定，方准立案。条例还特别强调："已立案之私立大学
或专门学校，如措施失当，或成绩不良时，大学院得撤销其立案。"

---

[1]《暂行大学体育课程纲要》，王学珍、张万仓编：《北京高等教育文献资料选编
(1861—1948)》，首都师范大学出版社，2004，第722—723页。
[2] 参见《教部令专科以上学校改进体育》，《大公报(天津版)》，1934年8月21日，第
4版；《教部令专科以上学校改进体育(续二十一日)》，《大公报(天津版)》，1934年8
月23日，第4版。

"凡未立案之私立大学或专门学校，其肄业生及毕业生不得与已立案
之私立大学及专门学校学生受同等待遇。"①1928年2月6日，大学院
公布了《私立学校条例》，明确指出私立学校须接受教育行政机关的
监督及指导，私立学校之设立、变更及停办，须得到主管教育行政
机关的许可。此外，私立学校的组织、课程及其他一切事项，必须
遵守现行教育法令办理。②应该说，该条例更加明确了政府对于私立
学校（包括私立大学）的管理权限。

为完善私立大学治理结构，大学院颁布了《私立学校校董会条
例》，进一步明确董事会的职责，包括：经费之筹划、预算决算之审
核、财产之保管、财务之监察，以及其他财务事项。条例还规定，
董事会不得直接参与学校行政，学校行政由董事会选任校长完全负
责。根据条例，教育行政机关有权力审核董事会的财务及事务状况，
董事会的解散与否须征得主管机关的同意。③除此，随着《大学组织
法》《大学规程》等法律法规相继出台，国民政府对私立大学的立案
审批、办学目标的设定、学校内部治理结构以及学科、课程等诸多
方面作了严格的规定。私立南开大学遵照教育部颁布的相关规定，
呈请立案，并于1929年6月准予立案。④

国民政府还通过颁布法律法规，鼓励和奖助私人办学，或取缔
办学质量欠佳、有违政府意愿的私立高校。1929年国民政府颁布
《捐资兴学褒奖条例》，对"以私有财产处置创立或捐助学校、图书

---

① 《私立大学及专门学校立案条例》，《大学院公报》，1928年第1期，第26—29页。
② 《私立学校条例》，《大学院公报》，1928年第3期，第8—9页。
③ 《私立学校校董会条例》，《大学院公报》，1928年第3期，第9—12页。
④ 《教部准南开大学立案》，《大公报(天津版)》，1929年6月6日，第5版。

馆、博物馆、美术馆及其他教育机关者",给予褒奖。[①]1930年8月
23日,教育部订定私立大学、专科学校奖励与取缔办法,对办有成
绩的私立大学、学院及专科学校,政府予以适当补助。而对于办理
不善或内容不合规定的私立高校,则予以勒令停办,或限期结束,
或予以封闭。[②]国民政府先后颁布了《私立专科以上学校补助费分配

① 奖励细则如下:(1)捐资在500元以上者,授予五等奖状;(2)捐资在1 000元以上
者,授予四等奖状;(3)捐资在3 000元以上者,授予三等奖状;(4)捐资在5 000元以
上者,授予二等奖状;(5)捐资在1万元以上者,授予一等奖状。细则对请奖程序作
了说明:应授予四等以下奖状者,由大学区或省教育厅或特别市教育局开列事实表
册,呈请省政府或特别市政府核明授予,仍于年终汇报教育部备案;应授予三等以
上奖状者,由大学区大学或省教育厅或特别市教育局开列事实表册,呈请教育部核
明授予;捐资至3万元以上者,除给予一等奖状外,并于年终由教育部汇案呈报,请
国民政府明令嘉奖;捐资至10万以上者,除授予一等奖状外,由教育部专案呈请国
民政府明令嘉奖。1929年11月南开大学校董会呈报教育部,并呈请国民政府明令
嘉奖卢木斋在南开大学建设发展中慷捐巨款。详见《国民政府公布〈捐资兴学褒奖
条例〉》,中国第二历史档案馆编:《中华民国史档案资料汇编·第五辑第一编·教育
(一)》,江苏古籍出版社,1994,第98—99页;《教育部关于明令嘉奖卢木斋捐资兴建
南开大学图书馆的文件(共两份)》,中国第二历史档案馆编:《中华民国史档案资料
汇编·第五辑第一编·教育(一)》,江苏古籍出版社,1994,第99—100页。
② 奖励和取缔办法各有三条。奖励办法:(1)凡已经立案之私立大学、学院及专科
学校成绩优考(良)者,得由中央或省市政府酌量拨款补助,或由教育部转商各庚款
教育基金委员会拨款补助。(2)某学院或某科系在教育学术上有特殊贡献者,得由
教育部或省市教育行政机关褒奖或给补助费。(3)有实验性质而实验成绩优良者,
得由教育部褒奖或给补助费。取缔办法:(1)凡未立案之私立大学、学院及专科学
校,应分别限期遵令呈请立案,不遵令如期呈请立案,勒令停办;遵令呈请立案者,
经视察后分别准予立案或准予试办,或勒令停办或限期结束,或予以封闭。(2)已立
案之私立大学、学院及专科学校,应由教育部随时派员视察;如内容不合规定标准
或亏空过巨时,教育部应酌量情形限期改善或筹备,违者予以警告或封停;凡经教
育部指导后不加改善者予以警告,情形重大或受警告后经过若干时期仍未改善者,
封闭。(3)新创办之私立大学、学院或专科学校,应依照大学及专科学校法规办理,
并按照私立学校规程,先行呈请设立之,违者立于封闭。参见《教育部订定私立大
学、专科学校奖励与取缔办法》,中国第二历史档案馆编:《中华民国史档案资料汇
编·第五辑第一编·教育(一)》,江苏古籍出版社,1994,第180页。

办法大纲》《私立专科以上学校补助费支给办法》《私立专科以上学校补助费支给细则》等文件，明确了政府补助私立大学的种种规定，凸显了"教部对于各学校之支配力量"。①

从客观上来说，相比北京政府而言，国民政府对于私立大学的管理或控制更为严格，其奖励补助方式更为多样。国民政府通过整顿和规范私立大学办学，确实淘汰了一些办学质量差、不符合教育部立案规定的私立学校。②而对于遵从政府规定，且办学质量较高的私立大学，政府也予以了不同程度、不同方式的奖助。这一方面体现了政府对于私立大学的高度重视，另一方面也彰显了国家力量在私立大学办学中的高度存在。

国民政府之所以扶植私立大学发展，主要基于以下考虑：

一是私立大学发展已经有了一定基础，扶植私学可以彰显国民政府对于教育的重视。北京政府时期，政府通过颁布一系列的法律法规鼓励私人大学，促进了私立大学的发展，甚至一度出现兴办私立大学的热潮。以1926年为例，已立案认可的私立专门以上学校为

---

① 林美莉编辑校订:《王世杰日记(上册)》，台湾"中研院"近代史研究所，2012年，第4页。

② 以1930年为例。该年度，经教育部勒令停办的私立学校有9所，分别为:(1)大学:上海东亚大学、华国大学、光明大学、新民大学、艺术大学、建设大学、群治大学;(2)学院:上海文法学院、南京待旦学院;(3)专门学校:湖南建国法政专门学校。参见《教育部报告民国十九年度高等教育概况(1931年1月26日)》，中国第二历史档案馆编:《中华民国史档案资料汇编·第五辑·第一编·教育(一)》，江苏古籍出版社，1994，第272—273页。再以1933年王世杰任教育部长时期为例。据王世杰日记记载，该年度经教育部饬令停止招生或立即结束的不良学校达十余所，其中"以上海之江南学院、法学院、法政学院，北平之北平大学、华北学院、民国学院、郁文学院，南京之文化学院为最"。参见林美莉编辑校订:《王世杰日记(上册)》，台湾"中研院"近代史研究所，2012年，第3页。

22所，占专门以上学校总数的23.91%。[1]未立案认可的私立专门以上学校数量则更多。由于北京政府陷入军阀割据、军阀混战的局面，教育财政支绌，政府对于私立大学的控制力式微，客观上给私立大学创造了宽松的发展环境。由此也出现了一批办学严肃，办学质量不错的私立大学。作为本研究案例的私立南开大学即在此阶段得以创办。教育与国家政治、经济、社会文化发展有密切关系，已为教育、政治、经济与社会学家所共同体认的事实。[2]因此，在面对如此数量的私立大学时，国民政府若要凝聚力量，建设国家，则必然采取措施，积极扶植其生存与发展。

二是国民政府虽然增加经费预算，但与实际支出仍有差距。国民政府时期，教育部所管教育经费预算平稳上升。1931年为1900万元，1932年1900万元，1933年1900万元，1934年3600万元，1935年4000万元，1936年4600万元，1937年3800万。而实际支出分别为1931年600万元，1932年1300万元，1933年1300万元，1934年3200万元，1935年3600万元，1936年4600万元，1937年3

---

① 1926年教育部公布的中国人自办立案认可的私立专门以上学校共有22所，分别为：北京华北大学、北京朝阳大学、北京中国大学、北京民国大学、北京平民大学、南开大学、大同大学、心远大学、武昌中华大学、明德大学、复旦大学、中国公学大学部、中法大学、南通医学专门学校、南通纺织专门学校、江西预章法政专门学校、湖南群治法政专门学校、湖南达材法政专门学校、江西法政专门学校、福建法政专门学校、湖北法政专门学校、四川志成法政专门学校。名单来源：《教育部公布全国公立私立专门以上学校一览表》，中国第二历史档案馆编：《中华民国史档案资料汇编·第三辑·教育》，凤凰出版社，2010，第199—203页。
② 苏云峰：《中国新教育的萌芽与成长（1860—1928）》，北京大学出版社，2007，第37页。

600万元。①虽然国民政府教育经费的预算逐年增加，但实际能够支出的经费与预算仍有一定差距。

具体至高等教育领域，教育经费的欠缺依然是个不争的事实。虽然总体教育经费有所增加，但增加的经费"多用于义务教育"，为此在编制教育预算时，"各高等教育要求增加预算至烈"。②此外，各高校间经费分配不均常有发生。从1929年北京几所大学的请愿诉求中，可以看出各高校之间经费分配的差异："广东的中山大学和南京的中央大学每个学校只有1 000至2 000人，月拨款为15万至16万元；而北京大学共有七所学院，注册学生为3 500人，可是月拨款仅约为9万元……"③有学者在分析其原因时指出："国民政府对教育地位与作用的认识言行不一，卑污龌龊政治军事影响，以及教育事业规模盲目扩大，超过了财力所提供的可能"④。在政府教育财政难以为继的前提下，扶植私立大学发展，鼓励私人办学既是可行，也是不得不采取的举措。

国民政府的教育政策对于私立大学办学产生了不利的影响，主要体现在两个方面：一是与国立大学的办学竞争，二是社会办学资源的获取。

不利影响之一：私立大学与国立大学竞争的比较优势不复存在。

---

① 商丽浩：《政府与社会：近代公共教育经费配置研究》，河北教育出版社，2002，第116—117页。
② 林美莉编辑校订：《王世杰日记(上册)》，台湾"中研院"近代史研究所，2012，第15页。
③ 费正清、费维恺编：《剑桥中华民国史(1912—1949·下卷)》，刘敬坤等译，中国社会科学出版社，2007，第388—389页。
④ 熊贤君：《论民国时期教育经费的困扰与对策》，《湖北大学学报》(哲学社会科学版)，1996年第5期，第95—96页。

如前文所述，北京政府时期，国立大学办学经费多被军阀挪用，以致爆发以教育经费独立为主要诉求的教育独立运动。私立大学因此获得了与国立大学竞争的比较优势。但随着国民政府定都南京，国内形势有所好转，政府教育经费的投入逐年增加，私立大学与国立大学竞争的比较优势渐以消失。在此阶段，虽然政府开始补助私立大学发展，但其数额较少，所发挥的作用有限。私立大学在"为国育才"中起到的重要作用与政府资助的力度形成了强烈的反差。

1930年经教育部立案认可的私立大学共有14所（含5所教会大学），分别为：厦门大学、金陵大学、大同大学、复旦大学、沪江大学、光华大学、大夏大学、燕京大学、南开大学、东吴大学、武昌中华大学、中国公学、协和医学院、上海法学院。[1]而根据国联教育考察团之考察，"1930—1931年，立案之私立大学取得政府公款补助者计有三校，惟此类大学收入半数以上，系出自学生之学费，四分之一左右系出自捐款"。[2]私立大学获取政府补助方面的处境可见一斑。然而，私立大学却在"为国育才"中起着重要的作用。截至1931年9月，大学总数为59所，学生总人数为33 847人，其中国立、省立大学为32所，学生人数为17 482人；立案私立大学为27所，学生人数为16 365人。[3]私立大学数量占大学总数的45.76%，学生人数占总人数的48.35%。1935年《人言周刊》的一篇文章，述及了私立大学与国立大学办学处境之比较、重要之地位以及政府的不公对待。

---

① 《公布核准立案私立大学》，《江苏省政府公报》，1930年第472期，第16页。
② 国际联盟教育考察团：《中国教育之改进》，国立编译馆，1932，第151页。
③ 国际联盟教育考察团：《中国教育之改进》，国立编译馆，1932，第151页。

年来政府……惟对于大学则尚不能尽力培护，同为一大学，同为国家造人才，然无形之中，显有轩轾。幸而为国立大学，则遇事优待，经费既充，百事易举，时且以经费无虑，用人行政遂不计较，任意浪费，最近教部且通令中央力去此弊，以堂堂首屈一指之中央大学，尚且如此，他毋论矣。至于私立大学，相形未免可怜，收入既无固定之来源，设备又不容简陋，学费本为进项之大宗，然因受年来不景气之影响，欠缴学费者，颇不乏其人，学校收入因之递减，而支出非惟不能减除，因生活高涨之故，预算反而增加，财力虽竭，仍须维持，苦则苦矣。

当然，若干私立大学，因受经济之束缚，课程设备未免简陋，然实事求是，成绩优越，足与国立大学并驾齐驱者，亦不在少数。乃当局不加细察，竟同样看待，当局之于整顿教育，仅知训令改进，或禁止招生，甚至命令停办，自外表观之，处理似乎认真，究之此种消极取缔办法，未免近乎摧残。

私立大学在国内的地位，是不可轻视的，成绩亦有可观。年来专门人才，多有借重于私立大学者。据查北京之朝阳大学，为全国法科成绩之最优的。至于商业专才，首推上海之复旦大学。私立大学对于社会既有贡献，则当局理宜加以鉴别，予以协助……①

为此，学界呼吁政府应在规范私立大学办学的同时，加大对于私立大学的补助。②在学界的倡议、呼吁之下，《私立专科以上学校

---

① 《私立大学待遇之商榷》，《人言周刊》，1935年第12期，第221页。
② 青士：《政府应补助立案之私立大学》，《教育与职业》，1933年第143期，第168页。

补助费分配办法大纲》《私立专科以上学校补助费支给办法》《私立专科以上学校补助费支给细则》等文件正式出台，特设专门经费补助办学优良又确有经费困难的私立大学。具体补助原则如下：

> 二、补助费之给予，应以立案私立专科以上学校之办理成绩优良而经费困难未得公私机关之充分补助者为限。同时注重理农工医之发展（每年至少应占全部补助费百分之七十），并酌量顾及地域之分配。
>
> 三、补助费总额定为全年七十二万元，约以百分之七十补助扩充设备，以百分之三十补助添设特种科目之教席。
>
> 四、补助费之给予，每次以一年为期；但中途经考核认为有违给予时规定之条件时，得停止发给。①

在此原则指导下，教育部于1934年开始，核准私立大学补助款项，并按其用途进行"指定性"拨款。除却"指定性"拨款之外，政府资助往往带有奖励性质，处于初创阶段的私立大学难以获得足够的资助。总体来说，在此阶段，私立大学未能获得政府足够的经费补助，在与国立大学的竞争中处于劣势。

不利影响之二：国民政府的管控增加了私立大学资源获取的难度。除却政府补助之外，私立大学所需办学资源大部分要从社会各界募捐而来。为此，私立大学采取多种措施，创新发展，以谋求社会办学资源。但国民政府的教育政策，却在一定程度上抹杀了私立

---

① 《私立专科以上学校补助费分配办法大纲》，《教育部公报》，1934年第21—22期，第43页。

大学的创造性。如前所述，为加强私立大学的管理和控制，国民政
府相继颁发了《私立大学及专门学校立案条例》《私立学校条例》等
规范文件。虽然这些规定利于规范办学，但也在一定程度上限制了
私立大学的办学自主权，也不利于私立大学获取办学资源。以私立
大学的院系、学科设置为例。1929年复旦大学欲成立"社会科学
院"，被教育部否决。[1]1930年1月，复旦大学向教育部申请成立理
工学院和法律系，亦未获同意。[2]1931年3月，复旦大学呈请教育部
将理学院改称理工学院，仍未获通过。[3]1934年1月，教育部限令复
旦大学取消法学院，将所属政治系并入文学院，经济系并入商学院，
取消法律系、市政系。[4]同年4月12日，复旦大学校务会议就教育部
令裁去商学院工商管理系、国际贸易系一事决议，向教育部申述理
由，维持商学院原有系科。[5]南开大学也遭遇了同样的"待遇"。
1934年教育部亦曾叫停南开大学经济学院的设置，饬令改为经济研
究所。[6]对此，张伯苓不得不遵照执行。但对于教育部提出的其他
"改进"之处，张伯苓明确表示："本校仍照既定计划推进，除经济

---

① 《复旦大学百年纪事》编纂委员会编：《复旦大学百年纪事(1905—2005)》，复旦
大学出版社，2005，第62页。
② 《复旦大学百年纪事》编纂委员会编：《复旦大学百年纪事(1905—2005)》，复旦
大学出版社，2005，第64页。
③ 《复旦大学百年纪事》编纂委员会编：《复旦大学百年纪事(1905—2005)》，复旦
大学出版社，2005，第69—70页。
④ 《复旦大学百年纪事》编纂委员会编：《复旦大学百年纪事(1905—2005)》，复旦
大学出版社，2005，第82页。
⑤ 《复旦大学百年纪事》编纂委员会编：《复旦大学百年纪事(1905—2005)》，复旦
大学出版社，2005，第82页。
⑥ 《天津私立南开大学》，《中央周报》，1934年第321期，第21页。

学院已改为研究所外，余均照旧。"①1935年教育部再次饬令南开大学遵照"提示要点"进行改进。②对于教育部的种种规定和要求，私立大学未必全部认同。于私立大学而言，其需要一定的办学自主权，审时度势，创新发展，设置有利于自身生存与发展的院系或科目，以应对办学资源获取的困境。

除院系、学科设置之外，国民政府为发展实科，而限制招生类别及人数，也不利于私立大学获取办学资源。为响应政府政策要求，张伯苓曾对教育部视察人员"表态"道："南开在十年之内，大学生决不扩大至500名以上。"③张伯苓的这一表态是把"双刃剑"。一方面如此"表态"，赢得了政府的好感，为其获得政府补助奠定了良好的基础。对于颇有"化缘"经验的张伯苓来说，"只要他们（按："教育当局"）说好，要钱就不愁没词儿了"④；另一方面如此"表态"，限制了学校招生人数，进而限制办学经费来源。对于私立大学来说，学生缴费是其最为可靠的经费来源，也是绝大多数私立高校常年经费收入的重要保障。以1931年度为例，南开大学学生"每年缴纳的费用主要有：学费，每人每年（两学期）60元；住宿费，每人每年30元；体育费，每人每年3元；注册费，每学期1元；理科学生试验费每学期约6元"。"以上收入，每年约有29 000余元"。除此，

①《张伯苓月底赴青参加研讨会》，《大公报（天津版）》，1935年7月22日，第8版。
②《教部令平津私立六大学裁减科系、充实内容》，《大公报（天津版）》，1935年8月11日，第10版。
③《教育部视察员对本校之评语》，《南开大学周刊》，1930年第87期，第30页。
④ 原文来源于张伯苓与全体同学的谈话：据谓此次南下，结果甚佳。京沪一般对本校印象甚好，教育当局亦认本校为私立学校之中"成绩卓著"者。"只要他们说好，要钱就不愁没词儿了。"参见张伯苓：《本校前途极堪乐观——校长谈话》，《南开大学周刊》，1930第80期，第41页。

"学生还要交洗澡费，补考的学生要交补考费，损坏学校公物的要交赔偿费，看病要交药费，打网球要购网球券，这些杂项加起来，每年学校收入1 000元"。[①]所有收入加在一起，每年学生缴费为30 000余元。这是一笔较为可观且稳定的收入。因此，对于私立大学来说，增加招生人数，扩大班级容量，即意味着增加稳定的经费来源。国民政府对于招生人数的控制有着规范和提升私立大学办学质量之意，但在一定程度上也限制了私立学校获取办学资源。

邱椿对于国民政府治下私立大学的资源获取境遇有所观察，大体能反映该时期私立大学生存与发展的历史背景。

> 我国私立大学在过去即须艰苦撑持，现在几乎越撑越苦，将来究竟能撑到什么时候，谁也不敢预言了。原来它们的经费来源不外三种：学生的学费、私人的捐款、政府的资助。自限制招生令颁布以后，学费一项收入已锐减，要想靠它来维持学校，那是不可能的。……向私人募捐，不论在国内外，近几年来都是极困难的……所以近几年来在欧美募捐的成绩并不甚佳，在国内募捐尤其困难。我国农村破产，城市凋敝，新兴工业不仅不能继续进展，而且有渐趋奔溃之势。资本家根本就极少，而热心文化事业的资本家更是凤毛麟角……政府虽然自二十三年起对于私立专科以上学校会酌予补助，但一因款项有限，僧多粥少，杯水车薪，无济于事；二因关于受补助资格虽有标准

[①] 南开大学校史编写组：《南开大学校史(1919—1949)》，南开大学出版社，1989，第110页。另据第一次中国教育年鉴统计，1931年学生缴费为41 380元。其余各项收入为国省库款190 000元，租息59 351元，捐助款62 384元，杂项收入2 251元。参见教育部编：《第一次中国教育年鉴(丙编·教育概况)》，开明书店，1934，第103页。

而等于具文，受补助与否仍不免取决于其背后所隐藏之政治势力之大小；三因政府给予协款时常指定用途，不幸其所指定者又未必切合关系大学之需要，所以真正优良大学得政府资助之实惠者极少……①

邱椿的观察除了印证"限招令"对于私立大学办学经费的影响之外，还从侧面说明来自富商阶层的私人捐款受制于社会环境的影响。稳定、繁荣的社会环境有助于私立大学办学资源的获取，而一旦社会环境遭受破坏，私立大学往往难以为继或难逃被"国立化"的命运。朱有瓛在分析20世纪30年代的私立大学"前途"时亦显悲观，其认为私立大学在经济上难以为继，"而在行政、思想上还得受政府的统制，于是私立大学的前途便成了严重的问题"，而解决问题的办法则在于政府的大量补助，以至最终变为国立。②

第二节 资源获取的困境：
"除名"、教授离职与萌生"国立"想法

经费筹措是私立大学"永恒的主题"。南开大学资源获取的困境主要体现在办学经费的短缺与筹措。私立南开的创办，旨在"为社

---

① 邱椿：《我国私立大学之前途》，《中华教育界》，1936年第6期，第103—104页。
② 朱有瓛：《中国私立大学的前途》，《政问周刊》，1937年第61期，第12页。

会谋进步，为公共谋幸福"①，这为办学经费的筹措提供了"合法性"的解释，即学校虽属"私立"，但具"公共性"。据此，张伯苓才有充足的"理由"向社会各界"化缘"。从创办之初至1928年，南开大学办学经费主要依靠个人、非政府组织等的捐赠。得益于"各界均有意帮忙"②，私立南开在此阶段发展迅速。但在1928年之后，南开大学资源获取的困境渐以显现。本节以张伯苓被"除名"中基会董事、1929年的教授离职风波以及1935年被迫萌生"国立"的想法为例，具体呈现南开大学在此阶段面临的资源获取的困境。

一、"除名"中基会董事

私立南开之所以能在中基会成立早期获得较多的办学资源，除了办学实力之外，更有赖于张伯苓及其校董成员在董事会中的"影响力"。1928年以后，随着国家政权的更迭，在蔡元培的力主和权力运作之下，中基会被迫改组，张伯苓随即被蔡元培"除名"董事会名录。张伯苓被"除名"，严重影响了南开大学获取中基会的资助。

张伯苓被"除名"中基会董事，与国民政府定都南京，开始着手改组中基会密切相关。为应对国民政府有意重组中基会的意图，1927年6月，孟禄抵达上海，除参加中基会第三次年会之外，也计划与国民政府教育行政委员会商议改组中基会事宜。国民政府教育行政委员会的意见明确，具体来说，即在认同中基会组织法的前提下，一方面提议董事人选名单，另一方面明确反对顾维钧、黄炎培、

---

① 梁吉生撰著：《张伯苓年谱长编(上卷)》，人民教育出版社，2009，第234页。
② 梁吉生撰著：《张伯苓年谱长编(上卷)》，人民教育出版社，2009，第234页。

丁文江、郭秉文四人继续担任董事。①

国民政府要改组中基会，这在当时已不是秘密。中基会第三次年会期间，干事长范源濂就曾提出，"南京国民政府对美国退还的庚款办理教育，已在筹划支配办法；若势力到达北京，则该会所办事业，必将根本推翻。提议适应潮流，早作打算"②。鉴于范源濂的提议，孟禄主张不得罪国民政府。随后，因黄炎培、丁文江"辞职"，年会特别选举了蔡元培、胡适为董事，但国民政府所反对的董事人选顾维钧、郭秉文依然在列。一方面中基会向国民政府采取了妥协和让步；另一方面中基会也有所坚持，当然这背后与美方的立场有关。

国民党元老蔡元培的加入，为其力主改组中基会打下了坚实的基础。国民政府虽有改组中基会之心，但鉴于各方利益的权衡博弈，进展缓慢，以致出现中美双方僵持不下的"拉锯"现象。然而在大学院成立之后，中基会改组的进程加快。蔡元培在这一改组进程中起到了重要的推动作用。在李石曾、吴稚晖、张静江等国民党元老的支持下，国民政府取消了原中央教育行政委员会，并于1927年10月1日正式设立大学院，任命蔡元培为大学院院长。就功能来说，大学院相当于教育部，不过是蔡元培为破除北京政府时期教育部与其他腐败部门之间的联系，遂"以舍教育部之名而以大学院名管理学术及教育之机关也"③；就其地位而言，大学院要比其他部门略高。这体现在大学院与其他各部门组织法的表述上，即大学院是"承国

---

① 高平叔撰著：《蔡元培年谱长编(第三卷)》，人民教育出版社，1999，第274页。

② 周洪宇、陈竞蓉：《孟禄在华活动年表(续)》，《华东师范大学学报》(教育科学版)，2003年第4期，第43页。

③ 蔡元培：《发刊词》，《大学院公报》，1928年第1期，第11页。

民政府之命",而非如其他部门"直隶于国民政府"。

大学院的特殊地位给蔡元培力推改组中基会创造了条件。1928年6月29日,中基会第四次年会在天津利顺德饭店召开。由于范源濂离世及韦罗贝辞职等原因,会议增选了翁文灏、司徒雷登为董事,其余美方董事为顾临、贝克、贝诺德、孟禄;中方董事有胡适、周贻春、施肇基、蔡元培、郭秉文、张伯苓、蒋梦麟、颜惠庆、顾维钧。张伯苓在此次年会上当选为董事长(蔡元培、孟禄为副董事长)。但是张伯苓辞而不就,遂于隔日致函中基会解释缘由:"日昨之会,谬承诸公错爱,以董事长见推。当时所以未敢承认者,并非故示谦让,委因私自考虑,实有种种未可担任斯席之原因在。务请诸公格外见谅,另举贤能承之。"[1] 7月27日,大学院院长蔡元培向国民政府第八十三次会议,正式提议改组中基会,并审核通过了新的《中华教育文化基金董事会章程》,对中方董事成员进行了大幅度调整。之所以改组中基会,蔡元培给出的理由如下:

> 中华教育文化基金董事会,于民国十三年九月十七日由贿选总统曹锟以大总统命令,派委董事十五人,组织成立。现在国民政府统一全国,此种贿选乱命,自当根本取消。且所任命之董事中,有为国民政府所通缉者,有为拥护贿选之官僚与学阀者,皆不当任其主持国民革命之教育文化事业。拟请国民政府明令取消贿选时代成立之中华教育文化基金董事会,另颁董

---

① 张伯苓:《致中华教育文化基金董事会诸先生通函(1928年6月30日)》,梁吉生,张兰普编:《张伯苓私档全宗(上卷)》,中国档案出版社,2009,第322页。

事会章程，重新任命董事，主持会务。①

尽管政权更迭给蔡元培提供了改组中基会的"合法性"解释，但从另一方面来看，蔡元培也在利用此次改组加强大学院对于中基会的领导和控制。主要体现在两个方面：

一是从中基会章程的修订来看，蔡元培进一步收缩管理权，以达到大学院完全控制中基会的目的。如原章程规定："其后（董事名单首次由政府任命）每遇缺出由本会选举补充选出"②，而修订后的章程则为："期满（董事任期）由大学院根据全国学术界公意，提出人选，呈请国民政府另行任命"③；再如原章程规定"外交总长、教育总长、美国驻华公使有权派遣代表出席董事会旁听议事之权"④，而新章程则取消了外交总长、美国驻华公使的权力，改为："大学院院长为大会当然会员。"⑤从列举的两处修订来看，蔡元培的意图明显，即试图将中基会收归大学院管理，进而达到摒除政府其他部门干扰的目的。尽管大学院为掌管全国教育机构，但终究还是政府部门，依然处于政府的控制之下。如此，中基会原本所设立的原则（尽量脱离政府干扰）即被打破。

对于中基会章程的修订，孟禄表达了强烈不满："除非董事会赞同，章程是不能违反的，就跟美国所有的基金会和学会一样。力劝

---

① 高平叔撰著：《蔡元培年谱长编(第三卷)》，人民教育出版社，1999，第255—256页。
② 《中华教育文化基金董事会章程》，《外交公报》，1926年第63期，第35页。
③ 《中华教育文化基金董事会章程》，《大学院公报》，1928年第9期，第10页。
④ 《中华教育文化基金董事会章程》，《外交公报》，1926年第63期，第36页。
⑤ 《中华教育文化基金董事会章程》，《大学院公报》，1928年第9期，第11页。

推迟行动。"①

　　在大学院成立之前，教育行政委员会曾与孟禄商讨中基会改组事项，并初步达成意向。然而大学院成立之后，蔡元培并没有完全按照国民政府之前与美方商讨的意向对中基会进行改组，也因此遭到了孟禄的强烈反对。当然，孟禄如此反对，甚至认为此举威胁到中基会的存亡与否，是蔡元培始料未及的。因为在蔡元培看来，只要"美方董事保持不变。坚信此举不会影响中美友谊"②。然而事实非如蔡元培所愿，由于国民政府未按原有中基会章程改组人选并修订章程，因而得不到美方政府的认可，也因此"美国财政部（将）不能继续付退还之庚款"③。为妥善解决此问题，教育部部长蒋梦麟不得不呈请国民政府批准召集原中基会董事开会，"以妥善办理改组事宜，使该基金董事会所经办之教育文化事业不致中途停办"④。1929年1月3日，周贻春将部分董事的辞职书与改选名单交给孟禄。4日，中基会第三次常会召开，会议议决了章程的修订、接受了原有部分董事的辞职并改选了董事。蔡元培继任董事长，孟禄为副董事长。

　　综观蔡元培改选中基会的过程，虽然孟禄作为美方代表提出异议，但最后结果基本达到了蔡元培的预期，也最终使其强化了对于中基会的领导权。

---

① 高平叔撰著:《蔡元培年谱长编(第三卷)》,人民教育出版社,1999,第283页。
② 高平叔撰著:《蔡元培年谱长编(第三卷)》,人民教育出版社,1999,第278页。
③ 周洪宇、陈竞蓉:《孟禄在华活动年表(续)》,《华东师范大学学报》(教育科学版),2003年第4期,第43页。
④ 周洪宇、陈竞蓉:《孟禄在华活动年表(续)》,《华东师范大学学报》(教育科学版),2003年第4期,第44页。

二是从董事会人选任命来看，有排除北京政府任命的异己董事之嫌。显然，蔡元培想借助"政治立场"排除异己，罢免原有与北京政府"走得近"的董事，以达到改组并实际控制中基会之目的。被蔡元培拟定除名的原有董事包括郭秉文、颜惠庆、顾维钧等。蔡元培拟定的新任中方董事包括蔡元培、胡适、周贻春、翁文灏、李煜瀛、汪兆铭、张伯苓、蒋梦麟、伍朝枢、孙科。[1]从名单的确定亦可知蔡元培之用意。

尽管此时张伯苓尚在董事名单之列，但是蔡元培特意标注道，"此君亦可易，则可以陈立夫列入"[2]。蔡元培为什么要除名张伯苓？蔡元培在回复胡适的信函中言辞"含糊"，"周（按：周贻春）、张（按：张伯苓）诸君不能仍旧，别有原因"[3]。蔡元培没有过多阐明"除名"张伯苓的具体原因。但是从胡适的说项以及蔡元培与张伯苓的"交往"中似可知"办学理念"的殊异，应是蔡元培"除名"张伯苓的重要原因之一。

首先，从政治派别的立场来说，南京国民政府并不反对张伯苓继续留任董事会。从胡适致函蔡元培的信件可知，国民政府仅仅反对顾维钧、黄炎培、丁文江、郭秉文四人继续留任，而没有反对张伯苓。[4]事实上，此时张伯苓为获取办学资源，正"主动寻求国民政

---

① 拟定名单与最终公布的董事会名单有所出入，其中周贻春、张伯苓被除名，增补了施肇基、赵元任。正式公布的董事会成员名单如下：贝克、贝诺德、孟禄、司徒雷登、顾临、胡适、赵元任、施肇基、翁文灏、蔡元培、王兆铭（汪精卫）、伍朝枢、孙科、蒋梦麟、李煜瀛。详见《中华教育文化基金董事会董事名录》，《大学院公报》，1928年第9期，第150—152页。

② 高平叔撰著：《蔡元培年谱长编（第三卷）》，人民教育出版社，1999，第258页。

③ 高平叔撰著：《蔡元培年谱长编（第三卷）》，人民教育出版社，1999，第276页。

④ 高平叔撰著：《蔡元培年谱长编（第三卷）》，人民教育出版社，1999，第274页。

府的同情和理解"①，积极向国民政府靠拢。因此，蔡元培所谓的
"别有原因"很难解释为出于政治立场的考虑。此外，就张伯苓在中
基会中所起的作用而言，也不宜除名。如胡适所言，"张伯苓管会中
会计多年……是中、美董事都信服的人，似应留他在董事会"，为
此，胡适宁愿"自己辞职，遗缺推荐张伯苓先生"，胡适之所以力
劝，用他自己的话来说，"一半为爱护基金董事会，一半为欲妄想挽
回国际信用于万一"②。尽管胡适以"让贤"力争，但蔡元培的回复
颇为"不客气"，"请先生不必因此而让贤；因让出以后，亦未必即
以周、张诸君补入也"③。虽然胡适与张伯苓私交甚笃④，但胡适力
劝蔡元培的理由应是公允和符合实际情况的。因为尽管美方董事未
被更换，但孟禄得知改组消息之后，连发两封电报至外交部部长王
正廷、大学院院长蔡元培，表达对于改组的不满："中华教育文化基
金董事会中方董事可以逐渐改变，但使之自身永存下去的任命办法
应得到美国政府的部分同意。"⑤

　　其次，从蔡元培与张伯苓的互动来看，二者存在理念派别之争。

---

① 金国、胡金平：《权力让渡与资源获取：私立南开大学国立化进程中的"府学关
系"》，《高等教育研究》，2015年第12期，第89页。
② 高平叔撰著：《蔡元培年谱长编(第三卷)》，人民教育出版社，1999，第275页。
③ 高平叔撰著：《蔡元培年谱长编(第三卷)》，人民教育出版社，1999，第276页。
④ 胡适与张伯苓之间颇有渊源，多有互动。一是胡适与张伯苓均就读于哥伦比亚
大学。当然，张伯苓是游学，而胡适是攻读学位。二是胡适与南开学校多有互动。
曾多次到南开学校讲学。另外，胡适的子弟也在南开上学。其实不仅是胡适的子
弟在南开上学，各界名流的子女当时多送到南开，诸如袁世凯、黎元洪、陶行知、周
学熙、张学良、商震、翁文灏等子弟或亲属多曾在南开读书。见梁吉生编著：《张伯
苓与南开大学》，山西教育出版社，1995，第31页。胡适等社会名流送子弟或亲属到
南开上学，说明南开学校办理得不错，也是对于张伯苓的办学表示肯定。对此，胡
适还为张伯苓或者南开学校多次撰文，后来更是担任南开大学校董。
⑤ 高平叔撰著：《蔡元培年谱长编(第三卷)》，人民教育出版社，1999，第282—283页。

大体来说，在张伯苓创办南开大学之前，蔡元培、张伯苓之间常有互动。诸如二人曾于1909年9月参与创建中国地学会，并成为首批中国地学会成员。[①]但在张伯苓创建南开大学之后，二人之间关系变得"微妙"。一个颇有意味的观察是张伯苓年谱中常有蔡元培的记录，但是蔡元培日记中则很少提及张伯苓或者南开大学。之所以如此，一个很重要的原因在于蔡元培与张伯苓的办学理念存在着较大的分歧。据黄钰生回忆，张伯苓"以实用为科学的重点，把科学从崇高的地位拖到尘埃"[②]招致了同行的讥笑、讽刺，甚至驳斥。这背后隐含着两种办学理念之争。张伯苓因注重实用人才培养，而被同行认为只配当一个职业中学的校长，不配当大学校长。蔡元培在提到张伯苓时，曾意味深长地说道："此君中学办的还可以，办大学嘛……"，以致张伯苓作为大学校长"从未得到北大领导人的重视"[③]。

其实，理念之争的背后实际上是大学作为探究知识、学问的场所还是作为传授实用技能之地之间的争论。在蔡元培所推崇的德国教育体系中，工程技术和行政管理等与社会实践有关的专业研究，主要是在技术学院进行的，都被认为是低大学一等。[④]而私立南开大学的创办脱胎于哥伦比亚大学，张伯苓在实际办学中坚持应用型人才的培养，注重实用技能的传授。其实，蔡元培并不反对实用主义教育，不过在蔡元培看来，张伯苓所办之学校可以称之为"学院"

① 梁吉生撰著：《张伯苓年谱长编(上卷)》，人民教育出版社，2009，第80页。
② 梁吉生编著：《张伯苓与南开大学》，山西教育出版社，1995，第24页。
③ 梁吉生：《张伯苓教育思想研究》，辽宁教育出版社，1994，第213页。
④ 许美德：《中国大学1895—1995：一个文化冲突的世纪》，许洁英译，教育科学出版社，2000，第22页。

或其他，但不能称之为"大学"。

张伯苓被"除名"中基会董事，对于私立南开获取中基会的经费资助产生了非常不利的影响。首先，中基会与南开大学之间的互动频次大幅减少。自1929年1月4日，也即中基会第三次董事常会召开之后，张伯苓或者私立南开与中基会之间的互动交流"戛然而止"。查阅张伯苓年谱、校园刊物（《南开大学周刊》《南开双周》）等，在1929—1931年间，未发现有与中基会相关的互动记载。另外，从现有整理出版的来往函件来看，张伯苓在信件中仅有一处提及与中基会相关的事项。1930年6月29日，也即在中基会第六次年会（1930年7月2日）召开前夕，张伯苓致函时任教育部长，同时也担任中基会副董事长的蒋梦麟："南开中学请基金会补助科学仪器事，应主持为幸。"[1]然而，与之形成鲜明对比的是，在此期间，张伯苓则于中英庚款董事会成立之际，加强了与中英庚款董事会之间的互动，并希望借此获得更多的办学资源。1931年4月至5月间，张伯苓曾致函时任中英庚款董事会首任董事长朱家骅，表明南开学校亦会有呈请，希望得到款项。此外，张伯苓还"建议"朱家骅，在款项分配时"最好请由董事会先行详查，择比较有成绩者资其发展，庶不致款落虚縻"[2]。除此，张伯苓还多次致函英庚款董事会，希望诸位董事会成员"于议配英款时准予按月为敝校拨助二万元，以为维

---

[1] 张伯苓：《致蒋梦麟电（1930年6月29日）》，梁吉生、张兰普编：《张伯苓私档全宗（上卷）》，中国档案出版社，2009，第433页。

[2] 张伯苓：《致朱家骅函（1931年4月17日）》，梁吉生、张兰普编：《张伯苓私档全宗（中卷）》，中国档案出版社，2009，第519页。

持，并资以徐图发展"①。

从张伯苓与中基会以及中英庚款董事会之间的互动疏密差别可以看出，张伯苓被"除名"中基会董事，对于削弱其与中基会之间的互动联系影响是巨大的。就张伯苓的筹款"嗅觉"来说，若有机会获取办学资源，张伯苓应不会错过加强互动交流的机会。

其次，张伯苓或者南开大学与中基会之间互动"断崖式"的减少，其"后果"也直接体现在中基会对于南开大学的资助额度上。因改组，1929年中基会各项事业补助费有了较大幅度的增长，数额从原来的737 708元，增至1 931 948元。②然而，在资助经费如此激增的背景之下，1929年中基会对南开大学没有进行任何形式的资助："张伯苓先生在会的时候是补助的，张先生被挤出了会便不补助了。"③1930年中基会仅资助南开大学2 000元，用于理科的建设与发展。④1931年则获得2万元资助，用于清偿定购仪器书籍价款余额。⑤相比张伯苓被"除名"之前，1929—1931年间中基会资助南开大学的额度大幅度降低。1929年前后，正是南开大学发展较为困难的阶段，中基会资助额度的减少无异于"雪上加霜"。

---

① 张伯苓:《致英庚款董事会各董事函(1931年5月2日)》,梁吉生、张兰普编:《张伯苓私档全宗(中卷)》,中国档案出版社,2009,第529页。

② 杨翠华:《中基会对科学的赞助》,台湾"中研院"近代史研究所,1991,第52页。

③ 向均:《因北大合款引起的基金会职权问题》,《大公报(天津)》,1931年7月28日,第11版。

④ 《南开大学历年捐款收入表(1919—1935)》,王文俊、梁吉生等编:《南开大学校史资料选(1919—1949)》,南开大学出版社,1989,第43页。

⑤ 《中华教育文化基金董事会第七次年会记录(1931年6月26日)》,馆藏中国第二历史档案馆,全宗号五(2),案卷号1379,第206页。

二、1929年的教授离职风波

　　1929年对于南开大学来说是"多事"之年，也注定是不平凡的一年。年初，中华教育文化基金董事会召开会议，并进行改组。蔡元培将张伯苓以及原对南开大学发展给予极大支持的董事会成员顾维钧、颜惠庆、郭秉文等排除在外。3月份，南开创办人严修逝世。作为南开大学的创始人之一，严修利用自身的声誉和影响力为南开大学办学资源的获取尽心竭力。一定程度来说，没有严修，就没有南开大学。诚如悼词所言："则夫南开学校之所以由极简略而克臻完备者，非先生热心教育乐此不疲之力所致，伊谁之力哉。"[1]也如张伯苓所言"我们学校真幸会由严先生发起"[2]。

图3-1　严修病逝

资料来源：《严修病逝》，《大公报（天津）》，1929年3月15日，第3版。

　　本年度还有一事对于南开大学来说，亦是沉重打击，即教授离职风波。对于此次教授离职情况，吴大猷记述到：

---

[1] 梁吉生撰著：《张伯苓年谱长编（中卷）》，人民教育出版社，2009，第48页。
[2] 齐植璐：《天津近代著名教育家严修》，中国人民政治协商会议天津市委员会文史资料委员会编：《天津文史资料选辑第25辑》，天津人民出版社，1983，第30页。

一九二九年，南开大学十周年，正值盛年。时清华大学成立了四年，正其积极发展中，由南开聘去蒋廷黻、萧蘧、李继侗三人。同年饶毓泰师得中基金研究奖助金赴德；陈礼师就工业工程师职；萧公权、汤用彤亦就它校聘。初，在北洋政府时期，内战外辱频繁，北平学生运动风气甚盛，北京大学且有欠薪若干个月或只发薪数成之事。南开从不欠薪，又偏处天津郊外，受政治、战争的影响较轻，故能在动荡环境中维持其学术安定成长。及国民政府成立，社会大定，国立的大学如北京大学、清华大学、中央大学等皆有改进发展，在学校规模、经费上皆强于南开。又一九二八年冬，张校长赴美，翌年秋始返校，微闻一九二九年春他离校期间，校方在调整薪资上略有不周，引致不愉快的事，为少数教授离去原因之一云云。此可以道听途说视之，但南开大学则确有如遭大劫之感。①

吴大猷所言并非"道听途说"，引文提及的萧公权对于萧蘧、蒋廷黻的离职亦有记述：

> 叔玉（按：萧蘧）脱离南开，可以说是不欢而散。学校当局对他的态度，不能令人满意。这增加我脱离南开的决心。……除叔玉外，所有我们相熟的人都加薪十元廿元不等。叔玉对我说："我在这里五年了。这回仍没加薪。我想这是他们对我

---

① 吴大猷：《南开大学和张伯苓——大学和大学校长的特色》，王云五、罗家伦等：《民国三大校长》，岳麓书社，2015年，第222页。

示意。我不能赖在这里了。" 廷黻接到清华大学历史系的邀请，来商谈去就问题，听见叔玉被学校冷落，大为不平。他对叔玉说："我们同去清华好了。"不久之后，清华大学经济系来信敦请叔玉。……张校长认为我们几个人他去是因为南开的薪给太低。待遇不奉，诚然是事实。五口之家的同人，有时会入不敷出。然而我们谅解学校经费不宽的苦衷，平日并无怨言。我不能接受张校长的解释。①

时任大学部主任，兼"当事人"黄钰生在《怀念喻传鉴先生》一文中概要述及教授离职一事。

　　南开学校各部主任，按一般学校的组织来说，既管教务，又管行政，我承担了大学部主任职务不久，张伯苓校长出国，我在无所秉承又不熟悉章程的情形之下，轻听了一二有偏见者的怂恿，不经评议会的审议，擅自处理了一位成绩斐然的教授的调薪问题，因而引起了公愤，五位教授拂袖而去，致使大学部蒙受了很大的损失。②

黄钰生的回忆确认了教授离职风波的事实，但未对具体细节进行说明。黄钰生的另一篇文章《读〈南开大学校史（稿）随笔〉》，更为详细述及了离职风波和其他教授离职的相关细节。

---

① 萧公权:《问学谏往录:萧公权治学漫忆》,学林出版社,1997,第102—103页。
② 黄钰生:《怀念喻传鉴先生》,喻传鉴先生纪念文集编辑组编:《喻公今犹在——南开中学柱石、爱国教育家喻传鉴纪念文集》,天津教育出版社,1989,第127页。

　　另一件事，有关人事权。1929年张校长到美国去募捐，校内财务安排好了。人事上，在送别宴会上张校长口头托付在座的几位教授，我和何廉在内。到了下学年发聘书的时候，教授中成绩很好的萧蘧理应增薪二十元。伉乃如不同意，实际上伉、萧"交恶"（用个《左传》的词吧）已久。我对伉说："提交评议委员会吧。"伉说："不必啦，咱们决定就行了。"我没有坚持，因为校长发聘书的图章，在伉手里。消息传出，萧蘧愤然辞聘，李继侗、蒋廷黻同情萧蘧也拂袖而去。我和华午晴当着几位评议委员作检讨，也无济于事了。饶毓泰也援教授任教五年，休假一年的规定，要求出国，学校也只得照支三千元了。事情的经过如此，校史上只能说南开大学几位名教授被其他大学以较高的薪金延聘而去。至此伉乃如之专擅；黄钰生之软弱，显然易见。这种事，只有在黄钰生的忏悔录里说，校史中不要提。[1]

　　吴大猷、黄钰生的回忆，部分说明了教授，尤其是蒋廷黻、萧蘧、李继侗同时出走南开，被清华大学所聘的原因所在。

　　其一，从校际师资流动的小范围来说，薪资调整以及吴大猷、萧公权、黄钰生等回忆中未曾涉及的办学理念的认知差异是促使部分教授离校的原因之一。因薪资调整而离开南开大学的，典型如萧蘧。1929年萧蘧等教授聘任到期，正准备续聘之际，在所有教授均加薪的情况之下，未给萧蘧加薪，从而导致其认为这是学校不愿意

─────────

[1] 黄钰生：《读〈南开大学校史(稿)随笔〉》，申泮文编：《黄钰生同志纪念集》，南开大学出版社,1991,第153—154页。

续聘的示意，因而愤然离职。蒋廷黻、李继侗因同情和不满萧蘧遭
受的"不合理"待遇，加之此时清华有意聘请，并一同拂袖而去。
三位著名教授被清华大学同时聘去，这对于南开大学的影响是巨大
的。诚如何廉在其回忆录中所言，这对南开大学的"教学工作和学
校名声都造成了不可挽回的损失"①。

天津《益世报》对于教授离职风波亦有报道，述及对学校影响
以及学生应对：

> 一周以来，忽传某某教授等，以某种原因，已向学校辞职，
> 将另谋他就。该校同学闻讯，多现惊慌之像。盖此数教授多为
> 该校之台柱，一旦离校，大学将不成其为大学矣。全体同学为
> 此，将于昨晚举行全体大会于大礼堂，讨论应对办法。结果全
> 体通过誓以十二分至诚，一致挽留，不达目的不止。若教授有
> 不便进行，或以为障碍者，全体同学誓一致努力打破之，以维
> 持南大过去及未来的光荣云。②

为避免此类事件再次发生，张伯苓在致函蒋梦麟的信件中表达
了对于教师薪资续聘之事的格外谨慎："去岁苓在美未归时，有几位
教员因薪水关系离校……苓对于教授去留与增薪等问题须与各位先
生单独谈话，小心从事决定。"③

当然，蒋廷黻的离开，也并非仅仅是因为清华有意聘请以及同

① 何廉：《何廉回忆录》，朱佑慈、杨大宁等译，中国文史出版社，1988，第45页。
② 《南开大学》，《益世报(天津版)》，1929年6月2日，版次信息缺损。
③ 张伯苓：《致蒋梦麟函(1930年4月15日)》，梁吉生、张兰普编：《张伯苓私档全宗
(上卷)》，中国档案出版社，2009，第393页。

情萧蓬而作此决定，可能还与南开大学的办学理念有关。

私立南开大学在筹备伊始即注重学生实用能力的培养，在科目、经费"简单而微小"①的情况下，设置了以实用技能培养为主的文理科与职业科。这样的学科设置基本奠定了南开大学今后的发展方向，即在课程设置上多以传授应用知识为主。以1923年商科为例。本年度商科共开设了19门科，其中基础学科有经济学原理、商法、商业历史、投资学等，其他均为实践性、操作性很强的科目，如广告学原则、商业英文、银行运用、商业组织及管理等。除此，还设有银行实习部、统计实习部、会计实习部等专供学生实习具体操作而用。除却商科，文科的课程设置更能直观说明南开的教学内容和目的。1927年时任文科主任黄钰生在《采集中精力政策以振兴文科计划书》中表明了文科应培养"应用上、学理上之中坚人才"，然而"无论其为应用，为学理……其研究对象，当然以中国的政治、经济为主体，为实用计"。②

强调实用性知识传授的办学理念与教授们研究旨趣存在差异，也构成了部分教授离职的原因。蒋廷黻在回忆录中记述的李济与张伯苓之间的"小故事"，反映了教授们的学术旨趣与南开大学办学导向之间的冲突。

> 有一天，张氏问另一位学者李济（济之）博士，李在美国是个杰出的人类学研究生，他一直想对全国人做头部测量。张问他："告诉我，人类学的好处是什么？"李感到不快，断然回

---

① 华午晴、优乃如述，乐永庆、梅宝昌记：《十六年来之南开大学》，《南大半月刊》，1934年第15期，第1页。

② 黄钰生：《采集中精力政策以振文科计划书》，《南开大学周刊》，1927年第40期，第32—35页。

答说:"人类学什么好处都没有。"次年,李氏离开南开。[1]

李济的不满并非"个案",蒋廷黻也曾"自白"道:"每一想到哥大教授教给我的伟大理论和当时的情形我就不耐,有好几次要发火。我认为张本人和南开太土、太保守。"[2]南开大学虽"在可能之范围内,已竭力提倡研究。教授有减少授课钟点,以便研究者,学生有以研究代听课者"[3],但事实上,"她只是一个老老实实的教学机关(a teaching institution)"[4]。对于就职清华大学,蒋廷黻"申辩"道:"来清华不是因为待遇优厚,而是为了做学问。"[5]对于刚回国的年轻博士们来说,学术理想与现实之间的落差造成了日后离开南开的潜在因素。一旦其他大学,尤其是能提供较好学术条件的大学伸出橄榄枝,南开大学即处于非常被动的处境。基于此,张伯苓不断强调教职工要具有"和衷共济之精神"[6]。

其二,从公立大学(包括国立、省立大学)与私立大学教育投入来说,教授离职更具时代背景。对于多数教授的离职而言,更宏大的、更具决定性的背景其实在于随着社会日趋稳定,高等教育的投入正常化,公立大学的办学优势凸显,更具竞争力和吸引力。以

---

① 蒋廷黻:《蒋廷黻回忆录》,东方出版社,2011,第95页。
② 蒋廷黻:《蒋廷黻回忆录》,东方出版社,2011,第95页。
③ 募款委员会:《南开大学之方针与发展计划(南开大学发展方案)》,《南开大学周刊》,1928年第60期,第11页。
④ 黄钰生:《大学教育与南大的意义》,申泮文编:《黄钰生同志纪念集》,南开大学出版社,1991,第54页。
⑤ 蒋廷黻:《蒋廷黻回忆录》,东方出版社,2011,第133页。
⑥《张伯苓谈招生及教师聘任问题》,王文俊、梁吉生等编:《南开大学校史资料选(1919—1949)》,南开大学出版社,1989,第179页。

国立大学为例，稍加阐述。自1928年国民政府北伐成功以后，在国民党政府的治理下，社会较为安定，国立大学开始接受正常的国库拨款，办学实力随之大增，成为吸引优秀师资的重要因素之一。据统计，1928年教育部核定的大学经费为10 248 985元，1929年经费为15 912 305元，1930年经费为16 404 281元，1931年经费为18 127 647元，[1]连续几年获得不同程度的增长，四年之内，教育经费增加了700多万元。尽管高等教育领域办学经费欠缺是不争的事实，但至抗战爆发，国立大学还是获得了较为稳定的财政经费拨款。另外，从国立大学与私立大学的生均政府拨款来看，国立大学的办学经费优势更加凸显。1929—1930年度，国立大学生均政府拨款797.37元，而私立大学生均政府拨款25.35元。[2]再以1934年度"几个著名公私立大学"的生均常年经费为例。该年度国立大学的生均常年经费分别为：中央大学1 000元、北平大学740元、中山大学1 100元、武汉大学2 400元、清华大学1 880元、师范大学1 100元、浙江大学1 600元、北京大学800元、暨南大学1 000元、同济大学2 000元、交通大学700元。而私立大学的生均常年经费分别为：南开大学700元、光华大学430元、苏州国民大学530元、厦门大学500元、复旦大学160元、大夏大学150元、大同大学680元。[3]从数据来看，国立大学生均常年经费的最低值，恰为私立大学生均常年经费的最高值。私立大学与国立大学办学经费的差距可见一斑。

---

① 教育部：《第一次中国教育年鉴(丙编·教育概况)》，开明书店，1934，第23页。
② 国际联盟教育考察团：《中国教育之改进》，国立编译馆，1932，第52页。
③ 《如何改进高等教育——私立大夏大学副校长欧元怀之谈片》，《大公报(天津版)》，1934年11月12日，第10版。

　　从教师薪资上来说，私立大学与国立、省立大学也存在着一定
的差距。据教育部1929年的统计，全国私立大学教员月薪为160元，
省立大学为160—170元，国立大学为190—200元。[①]1931年国立大
学教师的月薪平均165.5元，省立大学217.5元，而私立大学仅有
124.3元。[②]在此前提之下，私立大学难以在财力上、师资待遇上与
国立或省立大学展开竞争。

　　再以南开大学三位教授流入的清华大学为例。清华大学与一般国
立大学不同。得益于庚子赔款这一得天独厚的经费支持优势，使得清
华大学在办学经费上相当之宽裕。[③]在曹云祥做清华校长期间，其提
出要把重点放在教学部分，多聘请优秀教员，增加教学设备。[④]清华
大学在此阶段，不断扩大办学规模和提升办学层次。罗家伦执掌清华
大学时，也进行了一系列的规划和改革，延揽人才是其重要工作。[⑤]
清华大学延揽师资的"待遇"（不限于经济待遇）对于学者来说很有

---

① 《公私立专科以上学校教职员每人平均月薪元数》，教育部编：《全国高等教育统
计》，1931，页码不详。

② 南开大学校史编写组：《南开大学校史（1919—1949）》，南开大学出版社，1989，
第121页。

③ 关于清华大学的经费来源，苏云峰有专门论述。详见苏云峰：《从清华学堂到清
华大学·1928—1937：近代中国高等教育研究》，生活·读书·新知三联书店，2001，第
77—88页。

④ 苏云峰：《从清华学堂到清华大学（1911—1929）》，生活·读书·新知三联书店，
2001，第96页。

⑤ 1928年罗家伦在就职演说中提出清华大学今后改革的四大方针：(1)建设廉洁
化，财政公开；(2)学术化，罗致国内有名学者任教授，外国学者亦酌量聘用；(3)平
民化，以前贵族式之习气，力加矫正；(4)纪律化。见《罗家伦就职 宣言四化》，《大公
报（天津）》，1928年9月19日，第2版。罗家伦在正式就职后，力行改革，延揽教授是
其主要改革内容。见苏云峰：《从清华学堂到清华大学·1928—1937：近代中国高等
教育研究》，生活·读书·新知三联书店，2001，第16—17页。

"诱惑力"。"当事人"蒋廷黻的回忆录中有较为详细的描述：

> 清华是一所国立大学，教职员待遇与其他同级大学是一样的，因此，它无法聘到杰出的学者任教。为此，评议会想出一个办法。就待遇标准来说，清华是按照教育部规定的，但清华另外规定有休假，并可供给休假旅游费；上课钟点少，较其他大学进修的时间多；图书馆、化验室的经费也比其他学校充足。如果一个人为了拿薪水，就不必到清华。但是如果为了研究、写作、进修，他就会到清华来。此外根据清华评议会所拟的规定，清华可以资助学者进修深造。以上规定，使清华建立一种看不见，但却极有效力的延揽人才的制度。[1]

蒋廷黻所言不虚。萧公权后从燕京大学转赴清华大学的原因中，除"清华是母校"之外，"图书设备远胜燕京，学生水准也较燕京为高"也是非常重要的因素。此外，清华课时较少，"每星期授课六小时，有充分的时间从事研究"。[2]萧公权初任清华大学，只讲授中国政治思想史和当代西洋政治思想两门课程，相比南开大学的政治学概论、比较政府、法理学、中国政治思想、西洋政治思想以及社会演化论六门课程要轻松很多。[3]在萧公权看来，就清华大学的"治学的便利和环境的安适说，几乎接近理想"。[4]

鉴于这一优渥的延揽人才制度，清华从其他学校聘请了多位

---

① 蒋廷黻：《蒋廷黻回忆录》，东方出版社，2011，第133页。
② 萧公权：《问学谏往录：萧公权治学漫忆》，学林出版社，1997，第110—112页。
③ 萧公权：《问学谏往录：萧公权治学漫忆》，学林出版社，1997，第99—112页。
④ 萧公权：《问学谏往录：萧公权治学漫忆》，学林出版社，1997，第117—118页。

有分量的学者。1929年5月，罗家伦即与蒋廷黻联系，打算聘请蒋廷黻为历史系主任。1929年9月，蒋廷黻连同萧蘧、李继侗奔赴清华大学。对于清华大学利用财力"恶意"延揽师资之举，张伯苓"大伤脑筋"[①]。因为南开大学的财力，无力负担如此优渥的待遇。单就薪资而言，两校之间存在较大差距。抗战之前，清华大学的教师月薪，一般在350元以上，而南开教授的月薪多在180—300元之间。[②]

　　"经济是影响大学教师流动的主要原因之一"[③]，南开大学之前之所以能够网罗一批优秀的教师，很大程度上也是因为"经济"的原因。[④]诚如上文吴大猷的回忆，即在国立高校发不出薪水的情况之下，

———————

① 何廉：《何廉回忆录》，朱佑慈、杨大宁等译，中国文史出版社，1988，第45页。

② 南开大学校史编写组：《南开大学校史(1919—1949)》，南开大学出版社，1989，第121页。

③ 吴民祥：《流动与求索：中国近代大学教师流动研究(1898—1949)》，浙江教育出版社，2006，第203页。

④ 南开大学在早期网罗一批优秀的教师，1922—1927年间，先后在南开大学任教的老师有：司徒月兰、应尚德、徐谟、陈定谟、孙昌克、蒋廷黻、董守义、张彭春、李济、杨石先、董任坚、范文澜、陈礼、黄钰生、萧蘧、竺可桢、李继侗、何廉、周贤颂、李崇武、许日升、萧公权、汤用彤、唐文凯等，可谓一时之选，也是南开校友会回忆校史时为之骄傲的事情。南开大学之所以能够吸引师资，有学者认为主要有以下四方面原因：一是北京、天津一带为当时学术中心。二是南开大学学风朴实、勤奋。三是南开居天津，躲开北京的纷乱政治环境，虽然薪俸低，但能按时发薪。四是张伯苓不自私、不虚伪、以诚恳待人等，为教师创造适宜的学术环境和恰适的生活环境等。详见南开大学校史编写组：《南开大学校史(1919—1949)》，南开大学出版社，1989，第120—121页。当然，尽管原因是多方面的，但不可否认的是经济原因始终是非常重要的因素。作为补充的是，黄钰生对《南开大学校史(1919—1949)》初稿中的表述"南大虽居华学术中心，却未处北京政治重地"一语，曾有不同意见。其认为该句似应改为"南大虽非华北的学术中心，但是它躲开了北京的纷扰的政治环境"。详见黄钰生：《读〈南开大学校史(稿)随笔〉》，申泮文编：《黄钰生同志纪念集》，南开大学出版社，1991，第154页。在黄钰生看来，南开是一个教学机构，而非学术中心。

南开大学不欠教师薪水。这一点对于私立大学来说，难能可贵，也是吸引师资非常重要的因素。随着政府对于高等教育的持续投入，南开大学的"薪资"优势得以消解。也因此，南开大学不得不在办学策略上做出适当调整，避开与国立清华、北大等高校之间的竞争，在学科设置上更加聚焦天津独特的办学环境。该内容在后面章节有较为详细的论述。

三、被迫萌生"国立"之想法

其实早在1928年1月，张伯苓在南开大学始业式演说中详细交代了南开学校的"家底"。虽然所述包括中学部，但对于充分了解南开学校整体办学状况以及张伯苓的办学处境有所帮助。

> 南开固有之财产，为公债票一百卅余万，经历次与政府交涉，息金由盐余项下拨付，月可得六千五百元，此为大学根本经常费用所由出。然自前年始，此款即已取消，以后即纯恃所余四十余万现款基金为度日之资。矿科亏八万余，中学部亏九万余，合此净余不过二十余万，若不另想方法，南开之现状至多只可维持三年，为南开永久计，此不能不令人日夜难安也。就各部之设备而言，男中之科学馆为不可少之建设，现已请文化基金委员会津贴一万八千，其余之数相差尚巨，此不能不筹划者一。女中人数加多，宿舍已不敷用，非另想办法不成，此不能不筹措者二也。大学部图书馆，今年可以落成，则普通之设备已够，然实质之补充，与常年经费仍不足维持，此不能不筹措者三也。①

————————

① 《开学式》，《南开大学周刊(生活问题专号)》，1928年第51期，第82页。

　　1928 年之后，虽偶有捐赠，但南开大学筹款困境渐已显现。前
文所述，1928 年张学良曾答应捐赠南开大学 20 万元，分 10 年付清。
但到 1930 年 4 月止，除了 1928 年捐助 2 万元，1929 年捐助 4 000 元以
外，再无续拨。为此，张伯苓致函张学良，特别提及"前蒙慨允惠
捐念万元，分十年拨给，敝校业已按年列入预算"，同时期待"未竟
之数甚盼续拨，以资接济"。①然后，在"多日尚无复音，殊深焦灼"
之余，张伯苓不得不请求学生（按：王锡钧）家长王维宙代为说项，
希望张学良"源源接济，以苏涸辄"②。查看张伯苓年谱以及信函，
可以直观地感受到，1930 年以后，南开大学办学经费日趋支绌。张
伯苓频向教育部、河北省政府、行政院等相关政府部门，以及与其
关系密切的各位政要致函寻求帮助，曾先后向蒋梦麟、李石曾、阎
锡山、张学良、王树常、孔祥熙、朱家骅等多次致函，请求支援。③

---

① 张伯苓：《致张学良函(1930 年 3 月 13 日)》，梁吉生、张兰普编：《张伯苓私档全宗
(上卷)》，中国档案出版社，2009，第 375 页。

② 张伯苓：《致王维宙函(1930 年 4 月 4 日)》，梁吉生、张兰普编：《张伯苓私档全宗
(上卷)》，中国档案出版社，2009，第 388—389 页。

③ 以 1930 年为例，按时间顺序概要列举如下：张伯苓于 1930 年 3 月 1 日分别致函
蒋梦麟、李石曾，希望二人在校款维持上大力帮忙。1930 年 3 月 3 日，张伯苓借收到
全国教育会议委员聘书之际，就校款问题再次致函蒋梦麟。1930 年 3 月 24 日，复函
蒋梦麟，恳请逾格予以惠助。1930 年 4 月 15 日，致函蒋梦麟，再次恳请月拨助费 2 万
元。1930 年 4 月 21 日，再次致函李石曾，恳请在俄款拨付方面予以特别关照，并请
"速赐拨付，以济眉急"。1930 年 5 月 2 日、9 日分别致函阎锡山，就盐税问题恳乞特
别关照。1930 年 9 月 25 日，就俄款补助问题，再次致函李石曾。1930 年 12 月初，致
函张学良，代为向河北省政府主席王树常说项，月拨万元补助支持南开大学发展。
同月，致函河北省政府王树常主席，在述及南开大学亏款甚巨之外，恳请将天津警
备区小站营田局所辖营田九百余顷划拨南开学校作为学田。也即在同月，再次致
函王树常，敬请月拨万元，以维持办学，等等。详见梁吉生、张兰普编：《张伯苓私档
全宗(上卷)》，中国档案出版社，2009，第 12—136 页。

甚至，张伯苓直接致函蒋介石，恳请中央特别援手。①尽管如此，却难摆脱经费支绌之境。

　　1928年之前，虽然南开大学年有亏款，但数额不大。1919年决算净亏洋2 930.918元。②1920年11月17日，董事会报告"大学部七、八、九月经费较预算有余四千元"。③1921年决算结存17 818元。④1922年决算亏洋1 219.79元。⑤1923年亏洋42 001.68元。⑥1924年共亏27 966元。⑦1925年共亏40 096元。⑧1926年亏款51 417元。⑨面对接连亏损，南开大学不得不考虑通过增加学费（每人增加10元学费），以缓解办学经费支绌的缺口。⑩总之，在1928年之前，南开大学虽然时常入不敷出，但相比而言，亏款数额不大。用张伯

---

① 张伯苓：《致蒋介石(1931年2月3日)》，梁吉生、张兰普编：《张伯苓私档全宗(中卷)》，中国档案出版社，2009，第482页。

② 南开学校董事会记录(1921年10月30日)，编号：1-DZ-01-850，馆藏南开大学档案馆。

③ 南开学校董事会记录(1920年11月7日)，编号：1-DZ-01-850，馆藏南开大学档案馆。

④ 南开学校董事会记录(1922年9月10日)，编号：1-DZ-01-850，馆藏南开大学档案馆。

⑤ 南开学校董事会记录(1923年9月23日)，编号：1-DZ-01-850，馆藏南开大学档案馆。

⑥ 南开学校董事会记录(1924年9月14日)，编号：1-DZ-01-850，馆藏南开大学档案馆。

⑦ 南开学校董事会记录(1925年9月13日)，编号：1-DZ-01-852，馆藏南开大学档案馆。

⑧ 南开学校董事会记录(1926年12月19日)，编号：1-DZ-01-852，馆藏南开大学档案馆。

⑨ 南开学校董事会记录(1927年3月13日)，编号：1-DZ-01-852，馆藏南开大学档案馆。

⑩ 南开学校董事会记录(1926年6月13日)，编号：1-DZ-01-852，馆藏南开大学档案馆。

苓自己的话来说，"三四年来之南开，无日不在风雨飘摇中"，"虽中间亦不免稍有波折，然大体则无妨碍"。①

但1928年之后，随着南开大学办学规模的扩大，及社会环境的变化，办学经费支绌日益严重，以致最终不堪重负。1928年3月，南开学校召开校董会，通过了南开大学1928年7月至1929年6月的预算案：大学部入款为108 500元，出款为188 404元，净亏款79 904元，加之去年亏款96 000元，共亏款175 904元。②教育部批准南开大学"立案原令"中的相关描述，大体可以呈现1929年前后私立南开整体办学状况：

> 核与私立大学及专门学校立案条例第三、第四两条，尚无不合，应即准予立案。惟该校图书仪器，尚须补充；文科科目，亦尚欠完备；又理科教师，不足十人，以之担任四学系六个年级之课程，精力恐难顾及，殊有添增教授之必要。应饬于最短期内，切实整顿，以图渐臻完善。③

若仅就办学经费来说，1929年至1930年间，两年来南开大学共积欠216 600余元。④据1932年10月30日的校董会汇报，1931年度

① 张伯苓:《旅英讲话(1929年6月8—21日)》,龚克主编:《张伯苓全集——第二卷著述 言论(二)》,南开大学出版社,2015,第10页。
② 《董事会开会情形》,《南开大学周刊》,1928年第57期,第31页。
③ 《教部准南开大学立案原令》,《大公报(天津版)》,1929年6月14日,第5版。
④ 张伯苓:《致张学良函(1930年12月初)》,梁吉生、张兰普编:《张伯苓私档全宗(上卷)》,中国档案出版社,2009,第459页。

决算亏款99 395.08元。[①]1933年共亏款91 859元。[②]1934年5月6日,南开大学通过年度预算,其中入款380 880元,出款443 422元,加之上半年预算亏款97 700元,本年度共亏款160 242元。[③]张伯苓多次在不同场合的谈话中述及办学经费支绌的窘境。1930年4月18日,其在与南开大学学生谈话中提及:"曾向教部请由俄国庚子赔款项下年拨二十四万元,补助本校经费之不足。近得复讯,以分配困难,只拨十二万元,月付万元。我校大学部每年亏数约十万元,今得此款,虽折扣稍大,究不无小补,今后当再谋发展矣。"[④]1934年4月4日,张伯苓与《申报》记者谈及南开学校的办学经费问题:

> (南开学校)学生人数,大学部四百余人,男中千三百五十人,女中三百人,女附小二百余人。经费年需六十多万元,大学占四十万元。其来源,一本校基金,二社会捐助,三政府补助。往年既不敷用,将来亦必难免拮据。学校愈发达,需费愈浩大。主因在于一本教育要旨,顾虑学生程度,不能多收投考生,妄冀学费收入之增加。个中情形,殆无异新闻界。为欲尽社会教育职责,即不能不有所牺牲。[⑤]

---

① 南开学校董事会记录(1932年10月30日),编号:1-DZ-01-859,馆藏南开大学档案馆。

② 南开学校董事会记录(1933年12月24日),编号:1-DZ-01-859,馆藏南开大学档案馆。

③ 南开学校董事会记录(1934年5月6日),编号:1-DZ-01-859,馆藏南开大学档案馆。

④《校长在礼堂对全体同学谈话》,《南开大学周刊》,1930年第83期,第32页。

⑤ 赓雅:《新疆视察记》,《申报》,1934年4月4日,第8版。

除在不同场合言说办学困境之外,尚有一事似能提供佐证,侧面反映南开大学经费支绌的窘境。1932年张伯苓致函司徒月兰,函请其回校就职。因未提供入职旅费,南开没有收到确切回复。为此,张伯苓致函司徒如坤,告知未付旅费的缘由:"我校自去岁经过变乱后,经济益感困难,为维持现状计,校中事事只得力求缩减,真令人难为情。令妹月兰先生处前曾致函请其回校教授。当接电覆,嘱将旅费汇往。但我校正苦经济不足,无法筹措,不得已电复难遵办。"同时,张伯苓恳请司徒如坤转告其胞妹,无论来否,请"赐一回函,以慰悬企"。①司徒月兰出生于广东,成长、学习于美国。1922年经张彭春介绍入职南开大学,是英文系的骨干教师。②在南开工作数年后,于1929年"得 Rarber 之助学金","至密西根大学,专攻英文文学"。③按常理,若不是办学经费支绌,应不至于不为其提供旅费。此事虽小,但似可侧面印证南开大学在此阶段的办学境况。

在办学经费的获取上,虽然南开大学被学者誉为近代中国融资最为成功的一所私立大学,然而在实际的办学过程中,张伯苓也曾因为经费无着而试图将私立南开转为国立。1935年1月19日,张伯苓曾对颜惠庆说道,"南开大学终将成为国立大学"。④1935年2月8日,南开学校召开例行董事会,专门讨论了欲将大学部送归政府,使之国立化的问题,讨论的议题如下:

---

① 张伯苓:《复如坤函(1932年5月19日)》,梁吉生、张兰普编:《张伯苓私档全宗(中卷)》,中国档案出版社,2009,第689—690页。
② 龙飞、孔延庚:《张伯苓与张彭春》,百花文艺出版社,1997,第94—95页。
③ 《南大三教授将赴美》,《大公报(天津版)》,1929年3月27日,第5版。
④ 颜惠庆:《颜惠庆日记(第2卷)》,上海市档案馆译,中国档案出版社,1996,第865页。

（1）大学用款过巨，维持尚难，发展更属不易。

（2）政府补助为数已不少，再求增加恐甚难。

（3）政府补助费过多，何名为私立。

（4）据中国现状而言，向私人方面捐募巨款恐不可能。

根据以上情形，并拟求大学部前途之发展，惟有请政府将大学收归国办。前谓汪院长（按：汪精卫）、王部长（按：王世杰）曾言及此事，王部长表示此事须缓缓办理，如校董会可先由教育部、教育厅各加入代表一人，以便部、厅方面明了校中情形，然后再缓缓向此方面进行。①

董事会讨论的核心问题即围绕办学经费展开。南开大学自1928年以后，接受政府补助的数额越来越多，所占办学经费的比例也越来越高。1934—1935年前后，南开大学接受的政府补助主要有：国库每年补助24万元；1934年依照《补助费分配办法大纲》，获政府补助40 000元，经费数额位列第三；②1935年再次获

---

① 南开学校董事会记录(1935年2月8日)，编号：1—DZ—01—859，馆藏南开大学档案馆。

② 其他私立高校(含教会大学)经费补助数额为：金陵大学30 000元，金陵女子文理学院12 000元，东吴大学10 000元，南通学院35 000，大同大学35 000元，复旦大学15 000元，光华大学15 000元，大夏大学15 000元，沪江大学20 000元，中法大学药学专修科10 000元，东亚体育专科学校5 000元，苏州美术专科学院6 000元，之江文理学院8 000元，厦门大学90 000元，华南女子文理学院8 000元，福建协和学院12 000元，岭南大学35 000元，广州大学6 000元，广东国民大学14 000元，广东光华医学院8 000元，文学院4 000元，华西协和大学20 000元，湘雅医学院30 000元，理学院2 000元，武昌华中大学15 000元，武昌中华大学8 000元，武昌文化图书馆学专科学校2 000元，焦作工学院5 000元，山西川至医学专科学校15 000元，燕京大学60 000元，辅仁大学10 000元，朝阳学院8 000元，齐鲁大学30 000元，临时紧急救济费50 000元。总共720 000元。参见《私立专科以上学校本年度补助费(1934)》，《大公报(天津版)》，1934年8月10日，第4版。

得政府补助 35 254 元，补助额度位居第四。[①] 从补助原则以及补助
数额来看，南开大学获得了政府"逾格"待遇。根据《补助经费分
配办法大纲》，南开大学"已受国库每年补助二十四万元"，本"不
在应予补助之列"，"但因该校成绩素优，并从事应用科学及实际问
题之研究"，所以给予了特别补助。[②]1919—1927 年间，政府经费来
源仅占所捐办学经费的 1.32%，而 1928—1935 年间，政府补助经费
比例上升至 31.45%，办学经费的政府依赖程度越来越大。[③]此外，学
者统计了 1930—1934 年间南开大学历年收入来源，亦可辅证私立南
开办学经费的政府依赖程度。

[①] 其余私立大学的补助数额如下：金陵大学 26 737 元，东吴大学 11 407 元，大同大
学 30 402 元，复旦大学 13 369 元，光华大学 10 814 元，大夏大学 13 369 元，沪江大学
18 220 元，中法大学 8 517 元，燕京大学 53 475 元，辅仁大学 9 110 元，齐鲁大学 23
665 元，中华大学 6 662 元，华中大学 13 962 元，华西协和大学 18 220 元，厦门大学
81 398 元，岭南大学 27 230 元，国民大学 12 517 元，广州大学 5 110 元，金陵女子文理
学院 10 814 元，南通学院 35 847 元，之江文理学院 6 814 元，朝阳学院 6 814 元，焦作
工学院 29 809 元，湘雅医学院 30 996 元，福建协和医学院 9 292 元，华南女子文理学
院 6 814 元，光华医学院 6 814 元，苏州美术专科学校 9 473 元，东亚体育专科学校 4
258 元，川省医学专科学校 13 962 元，文华图书馆学专门学校 5 822 元，武昌艺术专
科学校 2 000 元。加之南开大学，总共补助经费总额为 599 067 元。参见《二十四年
度私立大学补助费》，《中央日报》，1937 年 1 月 31 日，第 4 版。
[②]《教育部令南开大学(1934 年 10 月 8 日)》，龚克主编《张伯苓全集——第六卷 公
文 函电(三)》，南开大学出版社，2015，第 359 页。
[③] 金国、胡金平：《权力让渡与资源获取：私立南开大学国立化进程中的"府学关
系"》，《高等教育研究》，2015 年第 12 期，第 88 页。

表3-3 1930—1934年间南开大学的经费来源（单位：元）

年度	岁入总额	国省库款	学杂费	租息	捐款数	杂项
1931	355 366	190 000	41 380	59 351	62 384	2 251
1932	382 489	80 000	39 289	115 217	11 4559	33 424
1933	479 256	253 125	36 983	40 242	11 0030	38 906
1934	526 232	240 000	38 675	8 0608	15 2031	5 543

参见陈能治：《战前十年中国的大学教育》，台湾商务印书馆，1990，第235页。原表中1931年国省库款误写为1 900 000元。

从上表中可以计算出，1931—1934年间，政府经费占比总收入分别为：53.47%、20.92%、52.81%、45.61%。应该来说，除却1932年，政府经费所占比例居高不下，政府经费的依赖程度较高。

张伯苓及其校董会认为，在当时背景下向社会进行大额募捐存在较大难度。此外，由于政府补助过多也造成了私立南开大学"名实不符"的现象，也即"政府补助过多，何名为私立"的尴尬局面。所谓"名不正，则言不顺"，私立大学之所以能从社会获取办学资源，其根本在于"私立非私有"的公共属性。而政府补助过多，势必丧失私立大学的部分公共性，乃至办学的自主性、灵活性。

南开大学虽有意"国立化"，但因国民政府正试图削减高等教育经费在中央财政经费中的比例①，教育部部长王世杰不得不暂缓私立南开大学国立化的进程，仍将其维持私立。1935年6月23日，张伯苓向南开学校董事会通报了"请政府将本校改归国办之经过"：

---

① 商丽浩：《政府与社会：近代公共教育经费配置研究》，河北教育出版社，2001，第141页。

前拟请政府将本校改归国办之事，苓去年到京数次面谒王部长，均请教育部接收本校，以维根本。王部长表示，本校完全改为国立，似可不必，但教育部对于本校可妥谋巩固基础办法。本年五月十六日奉到教育部第六一一二号训令，略开："该校在国人自办之私立大学中，成绩较著。近年以来，该校经费受国库之补助亦特巨。复查该校财政状况，今后仍须继续补助，兹为巩固该校基础起见，特规定办法三项如下：（一）嗣后政府对于该校仍按年予以补助；（二）嗣后该校每届举行校董会议，由本部派代表一人，会同所在省教育厅厅长参加会议，惟不参加表决；（三）该校每年度收支详况及预算应报部备核，其每年度岁出详况应于该年度终了后三个月内造送；每年度预算应于该年度开始前两个月造送。"上述三项办法，为教育部巩固本校基础三项办法。①

如引文所言，国民政府也采取了一定的措施，诸如继续给予一定程度的资助，并同时指示教育部、教育厅各派代表一名，参加校董会。因限于"现任主管教育行政机关及其直接上级教育行政机关人员，不得兼任校董"②的规定，教育部、河北省教育厅选派之代表，只能出席每届校董会议，但不能参加表决。

关于张伯苓拟将私立南开大学送归政府，《大公报》发表评论认为，"这是教育界破天荒的事"。评论还认为，"以中国的社会经济组织来讲，私立大学终久（按：究）不能如美国私立大学之有广大前

① 南开学校董事会记录(1935年6月23日)，编号：1—DZ—01—859，馆藏南开大学档案馆。
② 于述胜：《中国教育制度通史（第七卷·民国时期）》，山东教育出版社，2004，第254页。

途"。①教育经费是掣肘私立南开大学发展的决定性因素，其关乎师资引进、教学设施的完善，以及办学理念的贯彻、办学机制运行等诸多方面。而教育经费的获取，又与办学环境密切相关。美国私立大学之所以能有"广大前途"，得益于其特有的"社会经济组织"。反观国内，私立大学的发展举步维艰。于张伯苓而言，办理"真正民立的大学"是其夙愿，被迫萌生"国立"的想法，是私立南开大学遭遇经费危机后的无奈之举。

第三节 办学自主权的部分让渡：
学府与官府的互动

张伯苓是位讲求实用，行事务实之人。面对资源获取的困境，为使南开大学得以存继，张伯苓采取了相对灵活的策略选择，与国民政府之间展开了持续的互动。这类互动，集中地体现在张伯苓与国民政府、蒋介石之间的关系处理上，以及私立南开大学的办学理念上。具体来说，在此发展阶段，张伯苓在政治上参与而不介入，与政治保持一定的距离；在办学理念上与政府教育政策高度契合。

一、参与而不介入：与政治保持"距离"

由于众所周知的原因，张伯苓、私立南开与国民政府及蒋介石

①《南大送交政府》，《大公报（天津版）》，1935年6月24日，第4版。

之间的互动，在很长一段时间内被南开大学校史极力回避。张伯苓
参与政治被认为是其人生中的一大"污点"。张伯苓之所以参与政治
有着时代背景的考量，与蒋介石的个人声望以及刻意拉拢有关，更
与私立南开大学摆脱资源获取的困境有关。大体来说，在此发展阶
段，张伯苓与蒋介石及国民政府保持着既有往来，又避免过度参与
的互动关系。

　　从过往私立南开大学与北京政府的"交流互动史"来看，张伯
苓深知与政府保持密切关系对于办学经费筹集的重要性。1928年之
后，随着严修逝世、政权更迭，办学经费的获取愈加困难。为此，
张伯苓"化缘"的范围和目标被迫从"北"转"南"，主动寻求国民
政府的同情和援助。主要有两种途径：

　　其一，通过熟人关系寻求政府补助。私立南开大学主要通过孔
祥熙、张学良、蒋梦麟等熟人关系寻求政府各相关部门在办学经费
上的援助。诸如1928年9月25日，张伯苓致函故交——时任国民政
府工商部部长的孔祥熙（按：与张伯苓同为成志会①的会员），并奉

---

① 成志会成立于1920年8月28日，是由两个联谊会合并而成。两个联谊会分别
为：(1)大卫与乔纳森，其命名根据《圣经》故事而来，该会由王正廷与郭秉文连同9
位有个性的成员于1907年成立；(2)十字与刺刀，该会由7位信仰基督教且极具个
性的中国学生于1917年成立。其意在联合一切具有共同志向、有领导能力、有智
慧、有勇气、有才干的个人，以兄弟会的方式服务国家，并竭尽所能为之工作。成志
会在中国上海、南京、北京和广州设有分会(方显廷：《方显廷回忆录》，方露茜译，商
务印书馆，2006，第42—43页)。据何廉回忆，它是最大、最认真、最活跃的中国人联
谊会之一(何廉：《何廉回忆录》，朱佑慈、杨大宁等译，中国文史出版社，1988，第34
页)。该社团成员包括孔祥熙、方显廷、晏阳初、王宠惠、张伯苓、郭秉文、何廉、蒋廷
黻、萧蘧等，多成为日后中国各界精英人物。关于成志会与张伯苓的关系网络研
究，参见刘晓琴：《民国留美社团与留美生的社会网络：以成志会与张伯苓的分析为
中心》，《华侨华人历史研究》，2019年第4期，第88—95页。

上《南开学校状况》一册，告知"十月下旬再躬行赴京请求政府诸公与以经济之援助"，并期望孔祥熙"届时仍恳大力从中多予维持"；①基于良好关系，经由张伯苓，私立南开于1928年12月18日获得了张学良20万元（分10年支付）的捐款（按：如上所述，未全额支付）；②通过时任教育部部长蒋梦麟的帮助继续维持政府补助的校款，③或恳请其"逾格予以惠助"。④等等。通过熟人关系不仅为私立南开筹集了办学经费，还由于熟人关系的引荐、游说拉近了张伯苓与蒋介石之间的距离，为日后二者频繁交往作了铺垫，也为今后张伯苓参政议政埋下伏笔。

其二，直接向蒋介石争取经费援助。在张、蒋直接互动之前，二人有两次"间接互动"。一是南开学校积极组织三民主义研究会。1928年8月，南开学校"为使其职员了解三民主义，俾开学后实施三民主义的教育起见"，特组织"大学、男中、女中、小学四部职员十余人"，成立"三民主义研究会"，并于该月12—15日集中在大学部木斋图书馆"每日开会研究"。⑤1928年9月9日，张伯苓在南开教职员开会时更是表态，今后"更拟扩大范围，由全校师生组织大规模三民主义研究会，多购书籍，庶可手人一编，

---

① 张伯苓：《致孔祥熙(1928年9月25日)》，梁吉生、张兰普编：《张伯苓私档全宗(上卷)》，中国档案出版社，2009，第349页。
② 《张汉卿先生允捐本校》，《南开大学周刊》，1929第69期，第39页。
③ 张伯苓：《致蒋梦麟电(1930年3月1日早)》，梁吉生、张兰普编：《张伯苓私档全宗(上卷)》，中国档案出版社，2009，第367页。
④ 张伯苓：《致蒋梦麟电(1930年3月24日)》，梁吉生、张兰普编：《张伯苓私档全宗(上卷)》，中国档案出版社，2009，第379页。
⑤ 《南开学校职员研究三民主义》，《大公报(天津)》，1928年8月12日，第7版。

作详细的探讨"。①南开学校的这一举措，经由天津《大公报》《益
世报》广而告之。二是蒋介石曾派遣钱昌照考察南开大学。钱昌
照回忆录记载道："在我任国民政府秘书时，蒋介石曾派我去北平
视察一下高等教育……在天津，我看了南开大学，和张伯苓详谈。
他对蒋称颂备至，说中国富强要靠蒋。南开大学办的比较好，秩
序井然。我回到南京后，写了一个比较详尽的报告。我还对蒋说，
南开大学办得不差，但经济比较困难，蒋立即打电报给张学良，
叫张学良每月补助南开大学几万元。张学良照办了，张伯苓颇为
感激。"②应该说，两次"间接互动"增添了蒋介石对于私立南开
以及张伯苓的好感，为日后蒋介石在南开经费上的关照以及与张
伯苓的互动奠定了良好的基础。随即，1930年12月24日，张伯苓
携优乃如赴南京，拜见蒋介石。蒋介石对南开校风以及张伯苓的
办学精神尤为钦佩，更为同情南开的经济状况，并且允诺将设法
补助南开。③至此，在得到蒋介石对其办学成绩以及办学境况的肯
定和同情之后，二者之间的互动逐渐密切。在南开大学遭遇困境
之时，张伯苓多次"求救"于蒋介石。如1931年2月3日，张伯
苓致函蒋介石，呈报南开筹款之艰难，恳请其关照主持，希望中
央特别援手资助。④同年3月，张伯苓就办学经费问题，再次前往
南京，与教育当局及蒋介石接洽，商讨蒋介石曾允诺的"设法补

---

① 《南开学校教育方针》，《益世报(天津版)》，1928年9月10日，第16版。
② 钱昌照：《钱昌照回忆录》，中国文史出版社，2014，第37页。
③ 梁吉生撰著：《张伯苓年谱长编(中卷)》，人民教育出版社，2009，第128页。
④ 张伯苓：《致蒋介石函(1931年2月3日)》，梁吉生、张兰普编：《张伯苓私档全宗
(中卷)》，中国档案出版社，2009，第482页。

助南开"的具体办法。[1]4月27日，张伯苓函请蒋介石"准饬英款董事会，按月指配两万元，以之补助"[2]。除此，张伯苓还多次致函蒋介石，恳请支持重庆南开中学的建设与发展。[3]张伯苓与蒋介石的交往对于南开学校获取办学经费的帮助是巨大的，有学者对此作了详细的分析，[4]故不赘述。

国民政府及蒋介石的帮助，虽然为办学经费的获取带来了便利，但并未彻底解决南开大学的经费问题。就国内形势而言，虽然国民政府形式上统一了中国，但随之而来的国民党内权力的争夺、军阀之间的混战导致国家财力大量消耗在军事开支上，影响正常教育经费的开支。基于此，虽然国民政府各相关部门以及蒋介石在南开大学经费上作出允诺，但事实上难以按期足额拨付。在与国民政府各部门及其相关政要的往来信函中，张伯苓多次催请办学经费补助能

① 参见《张伯苓在京畅谈体育道德技术》，《大公报(天津版)》，1931年3月7日，第8版；《张伯苓昨晨由京返津》，《大公报(天津版)》，1931年3月16日，第7版。

② 张伯苓：《致蒋介石函(1931年4月27日)》，梁吉生、张兰普编：《张伯苓私档全宗(中卷)》，中国档案出版社，2009，第523—524页。

③ 诸如1936年1月14日，张伯苓致函蒋介石，恳请其补助购地建屋及其他设备等费、常年经费；1936年10月25日，张伯苓再次致函蒋介石，呈报经费使用及需求状况，并特别强调"以后对于教、训两方面，自当力求功课认真，管理严格……庶得上副委座浆液之至意"。参见张伯苓：《呈行政院长蒋介石、教育部部长王世杰(1936年1月14日)》，龚克主编：《张伯苓全集——第七卷 公文 函电(四)》，南开大学出版社，2015，第1—2页；张伯苓：《致蒋介石》，龚克主编：《张伯苓全集——第七卷 公文 函电(四)》，南开大学出版社，2015，第37页。

④ 详见江沛：《蒋介石与张伯苓及南开大学》，《民国档案》，2011年第1期，第69—79页。

够按期、足额发放。①与此同时，鉴于国内外的政治、经济形势，境外筹款的处境也日益艰难。1929年张伯苓赴美募捐，"原定计划以四百万元为标准"，然而"所得成绩仅十分之二三"。②1929年11月2日，署名Slades的美国夫妇给张伯苓电报云，"鉴于这里财政混乱（按：指1929年美国爆发的经济大萧条）及中国不稳定局势，现在募捐几无可能"③。这也加剧了私立南开资源获取的困境。另外，就张伯苓个人而言，随着政府更迭，面临着原有人际关系的重新调整。在调整中，张伯苓由此得益，也由此受到负面影响。由此得益的是，诸如一些"熟人"被安排至政府的相关部门，为办学经费获取提供了一定程度的便利。由此受到负面影响的是，诸如原来与南开关系密切的军政、官商等各界人士，因为政权更替受到"牵连"，导致未能继续襄助南开大学的发展。甚至南开大学的一些董事因"私人

---

① 诸如1930年3月13日，张伯苓催请张学良拨付"慨允惠捐"的"未竟之数"；1930年9月25日，张伯苓致函李石曾催拨"前蒙准拨之俄款数目"；1933年11月13日，张伯苓分别致函教育部长王世杰，及其教育部，恳请催发"前国府主席兼教育部长"蒋介石允诺的按月拨发的2万元补助；1933年11月15日，张伯苓再次致函王世杰催发款项；1935年张伯苓呈教育部催发所余之款，等等。见张伯苓：《致张学良函(1930年3月13日)》，梁吉生、张兰普编：《张伯苓私档全宗(上卷)》，中国档案出版社，2009，第375页；张伯苓：《致李石曾(1930年9月25日)》，梁吉生、张兰普编：《张伯苓私档全宗(上卷)》，中国档案出版社，2009，第438页；张伯苓：《致王世杰(1933年11月13日)》，龚克主编：《张伯苓全集——第六卷 公文 函电(三)》，南开大学出版社，2015，第308—309页；张伯苓：《呈教育部(1933年11月13日)》，龚克主编：《张伯苓全集——第六卷 公文 函电(三)》，南开大学出版社，2015，第309页；张伯苓：《致王世杰(1933年11月15日)》，龚克主编：《张伯苓全集——第六卷 公文 函电(三)》，南开大学出版社，2015，第312页；张伯苓：《呈教育部(1935年7月25日)》，龚克主编：《张伯苓全集——第六卷 公文 函电(三)》，南开大学出版社，2015，第393页。
② 校役：《张伯苓丧气》，《礼拜三》，1929年8月21日，第2版。
③ SLADES：《SLADE夫妇从纽约复电(1929年10月31日)》，梁吉生、张兰普编：《张伯苓私档全宗(上卷)》，中国档案出版社，2009，第361—362页。

政治关系"，而"引起社会及国民党政府对于南大的攻击和猜疑"，以致妨碍学校"各方面的活动了"。①基于此，如前所述，张伯苓遭遇办学危机，并试图将私立南开大学送归国有。

面对经费获取的困境，为"回报"办学经费的资助，张伯苓渐以"顺应"国民政府及蒋介石的"拉拢"，逐渐参加一些官方色彩较弱的非常设性机构，进行参政议政。诸如1932年2月，张伯苓受聘北平国难会议会员，赴北平参加战区救济委员会会议。②7月12日，被教育部聘为全国体育会议筹备委员会委员。③7月29日，参加北平政务委员会会议。④鉴于张伯苓的"顺应"，1932年夏，翁文灏利用庐山牯岭讲学之际，进一步向蒋介石举荐张伯苓。⑤1933年张伯苓参加行政院驻平政务整理委员会。⑥同年6月，张伯苓更是获得蒋介石"颁给电本"，以"征求裨益时局之见闻"。⑦1933年7月3日，张伯苓就"日前青岛海军事变，沈司令（按：沈鸿烈）辞职"一事致函蒋介石，陈述"沈君办理青岛市政"的成效，及其"对中央竭诚拥

---

① 清：《南大目前应注意的一个大问题》，《南开大学周刊》，1928年第62期，第17页。
② 梁吉生撰著：《张伯苓年谱长编(中卷)》，人民教育出版社，2009，第215—216页。
③ 梁吉生撰著：《张伯苓年谱长编(中卷)》，人民教育出版社，2009，第233页。
④ 梁吉生撰著：《张伯苓年谱长编(中卷)》，人民教育出版社，2009，第235页。
⑤ 1936年夏，翁文灏受邀赴庐山牯岭讲学之际，曾建议蒋介石在延揽人才时，应以保国兴国之目标，振奋其志气，不宜过以党政之界限，限制其范围。随即举荐了胡适、张伯苓、丁文江、顾振、徐新六、吴鼎昌、张嘉璈、蒋廷黻、周炳琳、蒋梦麟、周鲠生、卢作孚、范旭东等人。蒋介石表示均愿随时延见，以谋借重。详见李学通：《翁文灏年谱》，山东教育出版社，2005，第79—80页。
⑥ 郭廷以：《中华民国史事日志(第三册)》，台湾"中研院"近代史研究所，1984，第276页。
⑦ 张伯苓：《致蒋介石函(1933年6月13日)》，梁吉生、张兰普编：《张伯苓私档全宗(中卷)》，中国档案出版社，2009，第777页。

戴"。①蒋介石自然清楚张伯苓在平津教育界以及社会上的影响力,遂主动邀请张伯苓参与政府一系列的"委员会"。1936年2月,受蒋介石邀请并参加军事委员会所属的禁烟委员会总会。②同年6月,受聘国民经济建设运动委员会委员。③除此,张伯苓还积极参与政府突发性事件的处理。西安事变爆发之际,南开大学发表通电,"拥护安危所系之中央政府"。④1936年12月16日,张伯苓受孔祥熙电请,准备赴南京或西安参与西安事变的斡旋。⑤与此同时,南开大学发表时

① 张伯苓:《致蒋介石函(1933年7月3日)》,梁吉生、张兰普编:《张伯苓私档全宗(中卷)》,中国档案出版社,2009,第789页。需要说明的是,张伯苓与沈鸿烈"不甚相熟",但在致函进言蒋介石之前,张伯苓曾就南开学生暑期军事训练事宜函请沈鸿烈提供帮助。沈表示了欢迎,并为参加军事训练的南开学生提供了食宿等便利。张伯苓自述与沈鸿烈的关系,详见张伯苓:《复杨光藻函(1933年6月15日)》,梁吉生、张兰普编:《张伯苓私档全宗(中卷)》,中国档案出版社,2009,第779页。张伯苓与沈鸿烈就军事训练的往来互动,参见沈鸿烈:《沈鸿烈致张伯苓电(1933年6月11日)》,梁吉生、张兰普编:《张伯苓私档全宗(中卷)》,中国档案出版社,2009,第778页;张伯苓:《致电沈鸿烈(1933年6月14日)》,梁吉生、张兰普编:《张伯苓私档全宗(中卷)》,中国档案出版社,2009,第778页;张伯苓:《复沈鸿烈函(1933年6月15日)》,梁吉生、张兰普编:《张伯苓私档全宗(中卷)》,中国档案出版社,2009,第780页;沈鸿烈:《沈鸿烈致张伯苓电(1933年6月19日)》,梁吉生、张兰普编:《张伯苓私档全宗(中卷)》,中国档案出版社,2009,第778页。
② 《禁烟委员会首次全体大会》,大公报(天津版),1936年2月1日,第3版。
③ 梁吉生撰著:《张伯苓年谱长篇(中卷)》,人民教育出版社,2009,第424页。
④ 梁吉生撰著:《张伯苓年谱长篇(中卷)》,人民教育出版社,2009,第438—439页。
⑤ 电云:"西安事变,举世震骇,国家命脉所系至巨。吾兄与汉卿相知甚久,此时一言九鼎,当有旋转之效。可否即请尊驾径飞西安,力为劝导;抑先飞京,面商进行之处,敬乞迅赐电复,无任祷荷!"(详见孔祥熙:《孔祥熙致张伯苓电(1936年12月16日)》,梁吉生、张兰普编:《张伯苓私档全宗(中卷)》,中国档案出版社,2009,第987页)。需要说明的是,孔祥熙之所以电请张伯苓参与斡旋,除了张伯苓与张学良"相知甚久"之外,张伯苓与周恩来之间的师生关系似也是非常重要的考虑因素。西安事变发生之时,周恩来亦在西安。西安事变之前,陈立夫奉命与周恩来及第三国际代表商谈共同抗日问题。随后,周恩来在回延安途中,获准在张冲陪同之下途径西安并会见张学良,以告知"谈判经过大要"。参见陈立夫:《成败之鉴:陈立夫回忆录》,正中书局,1994,第202—203页。

局宣言，"拥护中央，永矢不二"，"深望立即恢复蒋委员长之自由"。①12月26日，张伯苓致电蒋介石："我公平安抵京，举国欢腾，同伸庆祷，特此慰问。"②12月29日，蒋介石谈及张伯苓。③同日，蒋介石电函张伯苓："陕变发生后，贵校师生备极关念，甚为感慰。"④

当然，张伯苓积极顺应国民政府以及蒋介石的"拉拢"，也与蒋介石渐以坐实政权有关。如唐德刚所述"蒋公和国民党的声望，全民仰止，真如日中天"⑤；亦如胡适所观察"民十五六年之间，全国多数人心的倾向中国国民党，真是六七十年来所没有的新气象"⑥。作为与政府始终保持密切互动关系的张伯苓来说，不可避免地对新政权及蒋介石产生好感和信任。⑦张伯苓考虑将私立南开送归政府，也即"愿把毕生心血结晶的最高教育事业奉之政府，化私为公"⑧，

---

① 《南开大学学生 昨发时局宣言》，大公报(天津版)，1936年12月20日，第3版。

② 张伯苓：《致蒋介石电(1936年12月26日)》，梁吉生、张兰普编：《张伯苓私档全宗(中卷)》，中国档案出版社，2009，第988页。

③ 李学通：《翁文灏年谱》，山东教育出版社，2005，第126页。

④ 蒋介石：《蒋介石复张伯苓电(1936年12月29日)》，梁吉生、张兰普编：《张伯苓私档全宗(中卷)》，中国档案出版社，2009，第988页。

⑤ 张学良口述，唐德刚撰写：《张学良口述历史》，山西人民出版社，2013，第227页。

⑥ 胡适：《惨痛的回忆与反省》，《独立评论》，1932年第18期，第11页。

⑦ 1935年11月26日，张伯苓在杭州中央航空学校的演讲述及对蒋介石的好感与信任："我遇到一位日本人……他问我说：'你们中国人现在最崇拜谁？'我说：'是蒋中正先生'。……这次五全大会的结果，精诚团结的精神的确比以前大有进步，而全国非党员的国民爱戴蒋先生的热忱，也是我平生所未见的。……我不是党员，我也不希望做官，我对蒋先生的观念，是从事实里证明得来的，蒋先生那种公忠体国的精神，我是受他感动最深的一人，现在我希望大家要睁眼看看国家的处境，大家再不好有不团结意气之事发生。现在我们国家正需要有一个领袖，而事实上我们也有一个领袖天天在那里埋头苦干，我们该当如何的拥护他才好。"详见张伯苓：《要革除自私和自满的旧观念(1935年11月26日)》，龚克主编：《张伯苓全集——第二卷 著述 言论(二)》，南开大学出版社，2015，第266页。

⑧ 梁吉生撰著：《张伯苓年谱长编(中卷)》，人民教育出版社，2009，第375页。

即怀有对政府信任的考量。

然而不可否认的是,张伯苓对于南开教育事业的无比热忱,确如1946年在接受哥伦比亚大学荣誉博士时,被赞誉的那样:"(张伯苓)以无比的信心及毅力献身于教育。"①为此,张伯苓婉拒张学良邀其就任天津市市长一职;电告蒋介石述其心志,"愿终身于南开学校而不稍易其志向"②;拒绝时任教育部部长王世杰拟任其为四川大学校长一职,③等等。

---

① 孙彦民编著:《张伯苓先生传》,中华书局出版社,1971,第18页。

② 张伯苓:《致蒋介石函(1931年2月3日)》,梁吉生、张兰普编:《张伯苓私档全宗(中卷)》,中国档案出版社,2009,第482页。

③ 关于此事,《王世杰日记》中,1937年3月18日与1937年5月22日均有所记载。1937年3月18日的记载较为简略:"四川大学校长任叔永(按:任鸿隽)坚辞校长(因家庭关系),今日与蒋院长(按:蒋介石)商定将以张伯苓继;张亦同意。"1937年5月22日的记载较为详细:"任叔永因其夫人为川人所辱,坚辞国立四川大学校长职。今日予晤南开大学校长张伯苓,请其出任川大校长。彼允就,但坚不肯解脱南开校长名义,即请假亦不愿。依法国立大学校长不得兼职。此事遂予部方以甚大困难。近来教部对于大学校长人选问题,措置极感艰窘:一方面人与校须相宜;他一方面,人校相宜之人选却未必能得政府信任通过。"就此事,张伯苓后来在与《大公报》记者的谈话中也有所述及:"关于此事,教部确曾有此议论,惟本人因与已故严范孙先生有约,将终身致力于南开学校,业邀教部谅解。"事实上,张伯苓不仅要获得教育部的谅解,更重要的是要得到蒋介石的谅解。1937年6月12日,张伯苓致函王世杰,特别告知"川大之事蒙介公(按:蒋介石)谅解,得作罢论,甚为释然。"综观《王世杰日记》、"大公报记者的谈话"以及张伯苓致函王世杰,或可知王世杰日记中所记的"允就,但坚不肯解脱南开校长名义",某种意义上,似可理解成这是张伯苓的托词。作为校长,张伯苓理应知晓"国立大学校长不得兼职"的规定,在面对来自蒋介石、王世杰的"邀请"时,张伯苓怕也只能如此答复。张伯苓对于南开教育事业的坚持可见一斑。另外,《王世杰日记》所述,也透露了另一重要信息,也即张伯苓是国民政府"信得过"的人。据此,亦可从反面印证张伯苓对于国民政府或蒋介石的信任。因为,惟有张伯苓的"信任",才能"赢得"国民政府或蒋介石的"信任"。参见林美莉编辑校订:《王世杰日记(上册)》,台湾"中研院"近代史研究所,2012年,第12、18页;《张伯苓谈话 不就川大校长》,《大公报(天津)》,1937年6月14日,第4版;张伯苓:《致王世杰(1937年6月12日)》,龚克主编:《张伯苓全集——第七卷 公文 函电(四)》,南开大学出版社,2015,第124页。

综上所述，在1928—1937年间，张伯苓与国民政府、与蒋介石保持着密切的互动，尽管"很赞成国民党"①，但未实质性、全身心地参与政治，更愿意以"教育家"的身份参政议政，与政治保持了一定的距离。

蒋介石之所以要"拉拢"张伯苓概有如下三个方面的原因：

其一，利用张伯苓的声望，尤其在北方教育界的影响力，加强青年教育与意识形态的控制。对于政府来说，加强青年教育与意识形态的控制必须要借助学校的支持，尤其是高等学府的支持。从蒋介石日记来看，在此阶段蒋介石对教育愈加关注和重视。1929年2月14日，蒋在日记中特别强调"以后功夫注重"之一在于"教育之改良"。②1932年3月20日，其在日记述及"此后对于外交、教育与财政人才，应十分收揽"。③1932年4月5日，蒋在日记中"自省"道："对上海教育界应注重联络"。④4月20日，在与朱家骅、罗家伦"谈话约二小时"后，蒋介石"甚以北教育界与环境为忧也"。⑤虽不知所"忧"者何事，但有一点是清楚的，即蒋介石对于教育多有不满，"教育之败坏""教育放任不良""教育之罪恶""教育放荡"等词语在其日记中经常出现。⑥为此，在收揽人才时，蒋

---

① 张伯苓：《我对时局的感想(1931年11月9日)》，龚克主编：《张伯苓全集——第二卷 著述 言论(二)》，南开大学出版社，2015，第109页。
② 《蒋介石日记》(手抄稿)，1932年4月5日。需要说明的是，本书使用的1917—1936年间的《蒋介石日记》为日本庆应大学段瑞聪教授从美国斯坦福大学胡佛研究所档案馆手抄整理，特此鸣谢！
③ 《蒋介石日记》(手抄稿)，1932年3月20日。
④ 《蒋介石日记》(手抄稿)，1932年4月5日。
⑤ 《蒋介石日记》(手抄稿)，1932年4月20日。
⑥ 《蒋介石日记》(手抄稿)，1933年6月22日、6月27日、6月28日。

介石特别注重"德体教育之人才"。①张伯苓是其"延揽"人才的
"理想人选"。张伯苓凭借办学声望，以及参与基督教青年会、弘扬
体育，在国际、国内享有较高的知名度和社会影响力。张伯苓曾就
学于哥伦比亚大学，师从克伯屈、杜威、孟禄等，其在美国教育界
"颇知名"②，被誉为"有国家影响力和国际知名教育机构的创立者
和人才培养者"。③在国内，张伯苓除了担任过南开大学校长之外，
还担任过清华教务长以及数个学校（如金陵大学、协和医学院等）、
组织机构（诸如中华教育改进社、中华教育文化基金董事会等）的
董事等，具有一定的社会影响力④。除此，张伯苓还与政界、商界、
文化界保持着密切的关系。基于此，构成了蒋介石拉拢张伯苓的前
提条件之一。

---

① 《蒋介石日记》（手抄稿），1931年11月5日。
② 颜惠庆：《颜惠庆自传》，姚崧龄译，传记文学出版社，1973，第159页。
③ 《附件十三：颂词》，梁吉生、张兰普编：《张伯苓私档全宗（下卷）》，中国档案出版社，2009，第1129页。
④ 1923年1月6日，上海《密勒氏评论报》公布"中国当今十二位大人物"问卷调查结果。该调查共有1900人参与问卷调查，前12名里孙中山得1315票，胡适613票名列十二位。12名以后，颜惠庆513票、聂云台252票、黄炎培178票、汪精卫151票、陈独秀148票、张伯苓136票、张作霖131票、穆藕初123票、陈嘉庚67票、曹锟55票、徐世昌25票……蒋介石4票等。其中穆藕初123票名列第29位，张伯苓136票，位次应比穆藕初高。可见张伯苓具有较高的社会知名度和影响力。详见穆家修、柳和城、穆伟杰编著：《穆藕初先生年谱（1876—1943）》，上海古籍出版社，2006，第292—293页。

張伯苓 一八七五—文

名は壽春、字を以て逎用す、河北天津の人。前清北洋水師學堂卒業後棵習艦除に勤務、幾何もなく海軍を辭して天津に於て歐修及富藟王桂昌の家庭に入つて一族子弟の教育に當つた。其後數年にして教育制度觀察の爲歐修に從つて渡日、歸國の後駿、王腔氏及衰世凱の後援のもとに前記二家庭の私塾を合併して直隸高等學堂（後に南開高等學堂と改稱）を開設して自ら學堂長となつた。光緒三十四年に教育制度觀察の爲歐米に遊歷して翌年に歸風、民國六年に再び米國に赴きコロンビヤ大學師範科に入つて教育學を專攻して七年に歸國、前開南學堂を大學に昇格せしめて自ら校長となつた。八年に上海聖約翰大學より淋優博士を贈らる。其後北京清華學校學監、天津基督教青年會長、中華教育文化基金委員會副童事長を兼ね十八年に京都に於ける第三囘太平洋問題調查會に支那代表として參加、二十一年に東北政務委員會委員を兼任、現に崑明に在る。

图3-2 张伯苓的日文介绍

资料来源：桥川时雄编：《中华文化界人物总鉴》（日文），中华法令编印馆，1940，第401页。

其二，易于"控制"。私立南开不同于陈平原所说的"北大、清华的'得天独厚'"，以及"燕大、辅仁的'养尊处优'"，[1]办学经费的获取是其维持办学的首要前提。因此，张伯苓要处理好各方面的关系，尤其是与政府的关系。比如在控制"学潮"方面，张伯苓

---

[1] 陈平原：《大学有精神》，北京大学出版社，2009，第67页。

显得相对"积极"。①国民政府对于"校风之整饬"非常重视，亦曾表态："如学校当局认为无从改进时，则不惜将学校停办"②。青岛大学即"以学潮故而被行政院解散"③。再如蒋介石曾邀请胡适就任考试院院长一职，但胡适坚辞不就，仍去北大做校长，蒋介石只好作罢。而张伯苓却做不到如胡适这般"决绝"，硬着头皮做了三个月

① 1934年署名为"球球"的作者在《南开印象记》中写道："南开素以家庭学校自豪，证之以不闹风潮一事，也实在值得自豪。"详见球球：《南开印象记》，《新社会》，1934年第8期，第234页。"不闹风潮"言过其实，但也可见南开学潮相对较少。1937年之前，南开学校概发生4次学潮或风潮。其一为1924年南开大学商科学生宁恩承发表《轮回教育》而引发的风潮。其二为1927年南开学生因校方限制旷课、制定旷课扣分新章程而引发学生聚众请愿。其三是1931年南开学生组织"不法"学生会引发校方与学生的对峙。其四为1932年南开学生出版"有色彩"的刊物而被教育部密令警告，进而勒令停刊引发学生抗议。兹以1931年学潮为例，简要说明张伯苓在处理学潮方面的态度和决心。1931年南开学校因学生组织"不合法之学生会"而引发学潮，沟通无果之下张伯苓遂登报宣布辞职，以示取缔之决心与对待学潮之态度。辞职布告内容如下："查学生自治会之组织程序，中央党部业有明令颁布，故对于合法组成之学生自治会，本校长将扶植诱掖之不遑，绝无限制压抑之存心。本校所组织之学生自治会（未得本校允许），不特未遵照中央党部所公布之条例，且在与学校表示不合作情况下所组成，本校长职司领导，应诸生以正当途径，故关于诸生已组织不合法之学生会，本校长誓具纠正决心。奈经多方劝导，诸生仍一意孤行，竟以谆谆之言，而藐藐听之，本校长惟有辞去校长一职，即日不到校视事。此后虽缔造经营三十年之南开，即从此解散，本校长亦爱莫能助。"详见张伯苓：《辞职布告（1931年12月16日）》，龚克主编：《张伯苓全集——第二卷 著述 言论（二）》，南开大学出版社，2015，第111页。南开为私立学校，办学经费多依赖校长张伯苓的募捐。所以，每当风潮或学潮发生且双方僵持不下，只要张伯苓宣布"辞职"，效果"立竿见影"。
②《整饬校风改进教育》，《大公报（天津版）》，1936年1月4日，第3版。
③ 白本：《青岛大学之前途》，《大公报（天津版）》，1932年7月17日，第8版。

的考试院院长，"一脚踏进臭水沟"①。由于资源获取的牵制，相比胡适等，张伯苓或其执掌的南开学校更易于"控制"。

其三，树立典型，彰显政府对于私学的重视。拉拢张伯苓在一定程度上也彰显国民政府鼓励兴学的形象。南开大学因是私立大学，且具有良好的社会声誉，拉拢或扶持其发展，在一定程度上能够彰显国民政府积极兴学的决心和形象，"倘南开以私立之故，竟因经费无着而停顿，实非政府维护教育之至意"②。20世纪初的中国正面临着社会转型，无论国家建设，还是社会发展都需要各行各业的大量人才。然而政府限于财力难以大规模兴办高等学校培养诸类人才，因此鼓励私人办学成了政府发展教育事业的重要任务之一。

二、"不谋而合"：办学理念的高度契合

1937年之前，张伯苓倡导实学教育，在办学理念上与国民政府政策导向存在"不谋而合"、高度契合的一面。试举两例，加以说明。

---

① 杜建时：《蒋介石拉拢张伯苓的经过》，中国人民政治协商会议天津市委员会文史资料委员会编：《天津文史资料选辑第8辑》，天津人民出版社，1980，第162页。高志军、夏泉考察了1948年考试院长人选出台前后各方力量之间的竞争，认为蒋介石邀请张伯苓出任考试院长是其为平息纷争的不得已之举。蒋介石在未征求本人意见的情况下，提任张伯苓为考试院院长。在翁文灏、陈布雷、胡适等人反复敦劝之下，张伯苓勉强就任之职。文章指出，蒋力邀张伯苓出山，除了私交之外，亦有利用张以杜绝青年党之意。详见高志军、夏泉：《内外交困：1948年考试院长人选出台前后的政争》，《民国档案》，2020年第4期，第129—139页。
②《文官处呈蒋主席签呈(1945年8月)》，梁吉生、张兰普编《张伯苓私档全宗(下卷)》，中国档案出版社，2009，第1099页。

（一）就办学方针而言，私立南开大学强调实科教育，注
重应用知识的传授和实用技能的掌握

1928年张伯苓在南开学校始业式演说中，除了提及今后要"研
究中山主义，人人须要彻底明了，并且要考试"之外，还强调"严
格的训练建设人才，以应国家之需要"。①值得一提的是，南开大学
在后来的发展中也提倡学术研究。但南开大学的学术研究是紧密联
系现实问题而展开的，具有务实的一面。张伯苓亦强调"南开今后
之方针，当趋重实际问题之研究"。②为避免空泛而不切实际的研究，
南开大学特设研究范围和研究标准。研究范围包括社会科学与自然科
学，研究标准有三个方面：（1）各种研究，必以一具体的问题为主；
（2）此问题必须为现实社会所急待解决者；（3）此问题必须适宜于南
开之地位。③在此研究范围和标准要求之下，私立南开大学相继成立
社会经济委员会（经济研究所的前身）、东北研究会、应用化学研究
所、边疆人文研究室、经济研究所等科研机构，取得了卓有成效的成
绩。以经济学院为例。1932年有学者撰文批判国内学术研究不注重本
国实际情况的弊端，并高度赞扬了南开大学经济学院在学术研究上以
本国的现实问题为中心，兼任研究与教学所取得的成绩。文章认为私
立南开经济研究所"第一贡献，就是转移研究目标。一般人太爱空谈

---

① 张伯苓：《南开学校第四十九学期始业式演说》,梁吉生、张兰普编：《张伯苓教育
佚文全编》,2019,人民教育出版社,第130页。
② 张伯苓：《在伦敦南开校友宴席间演说》,梁吉生、张兰普编：《张伯苓教育佚文全
编》,人民教育出版社,2019,第148页。
③ 募款委员会：《南开大学之方针与发展计划（南开大学发展方案）》,《南开大学周
刊》,1928年第60期,第11页。

理论，太爱研究外国题目，对于中国问题，过于忽视"。①

　　再以1932年成立的南开大学应用化学研究所为例。该研究所成立目的之一，即在于将"实地经验与学理相联合"，"取实业界实际问题，以供训练学生之教材"，以期学生毕业之后能够"担负责任，独当一面"。②应用化学研究所开办一年以来，"接洽之问题，共有一百七十四件"，其中处理完成者148件，工作内容包括：改良货物之品质或改良工厂之设备、仿造物品、检定货物之优劣、分析工作。③委托单位包括：天津德利元号、天津范永和号、天津大公报社、天津通成公司、天津津浦路局机厂、天津利中酸厂、天津沙利洋行、天津中孚银行、天津大北公司、天津新永公司、北平大华皮革厂等。④通过与委托单位的密切合作，提升了学生研究和解决实际问题的能力。

　　（二）就校务管理而言，私立南开注重体育以及学生纪律性的养成

　　如前文所述，军人出身的张伯苓对于体育相当重视，在办学过程中重视并积极推动校园体育。南开大学成立之初，体育事务是与中学部混合在一起。1923年，南开大学迁至八里台之后，体育事务

①　王元照：《介绍南开大学经济学院之研究事业》，《南开大学周刊》，1932年第134期，第8页。

②　《缘起》，《南开大学应用化学研究所报告书（第一卷）》，出版社不详，1933，第2页。需要补充说明的是，南开大学设立应用化学研究所，也有通过收取服务费用（如化验费），补助研究所经费的目的。参见《南开大学添设应用化学研究所》，《河南教育日报》，1932年3月4日，第2版。

③　《工作》，《南开大学应用化学研究所报告书（第一卷）》，出版社不详，1933，第1—2页。

④　《一年来本所接受外界委托工作一览表》，《南开大学应用化学研究所报告书（第一卷）》，出版社不详，1933，第1—2页。

才独立办理,由体育课主任章辑五负责。①南开大学重视体育,主要
采取如下措施:(1)将体育纳入学生必修课。私立南开大学早在
1924年即规定"须习满三年规定正科体育课"②方能毕业。(2)完善
体育设施,聘请优质师资。1925年教育部官员视察南开大学,在考
察后提及:"南开体育场面积宽广,篮球、网球及各项体育器具均系
新式。"③除设施均系新式之外,师资同样堪称优质。学校所聘任的
体育老师均是从国内各体育学校聘请的优秀毕业生,如文进之、侯
洛荀、齐守愚、陶少甫等。除此,还约请了诸多体育专家来校指导,
如1925年聘请董守义为体育指导;1926年3月,特邀请世界径赛专
家E.H.Liddel来校指导赛跑姿势;1931年5月,南开请来东北大学体
育总教练Baucher指导田径练习,等等。④ (3)积极创造体育运动的
氛围,鼓励学生参与其中。私立南开鼓励学生成立各类运动组织,
主要有年级运动会、全校运动会、足球会、篮球会、棍球会、网球
会等,负责学校各类体育赛事的组织工作。为营造氛围和鼓励学生
参与体育活动,南开定期开展各类赛事,几乎每个月都有比赛。为
动员学生参加体育运动,还采取了一定的"强迫"措施,诸如规定
每星期必须参加三次"课外运动",一般安排在"每天下午四点十分
至五点半"⑤进行。1932年南开大学"施行体育新计划",内容包括
"取消选手制力求运动之普遍"以及避免"职业化"与"商业化"。

<hr>

① 信:《南开大学体育概况》,《黑白体育周刊》,1932(创刊号),第14页。
② 梁吉生:《张伯苓年谱长篇(上卷)》,人民教育出版社,2009,第358页。
③《教育部视察员来校》,王文俊、梁吉生等编:《南开大学校史资料选(1919—1949)》,
南开大学出版社,1989,第36页。
④ 梁吉生:《允公允能 日新月异:南开大学校长张伯苓》,山东教育出版社,2003,第
204页。
⑤ 傪漉:《天津南开大学学生生活》,《青年月刊》,1937第4期,第55页。

"体育新计划"的目的在于"籍体育之活动，作道德修养之机会，锻炼团体生活的美德，养成遵守纪律的习惯及服从领袖的精神"。[1]南开大学注重体育也得到了教育部的嘉奖："该校提倡体育，向极重视。复得体育负责人员悉心规划，经十年来之研究改进，已有显著之成绩。"[2]

在学生管理方面，南开学校注重纪律性。这与蔡元培、胡适代表的以培养学生个性的自由主义教育有所不同。对比《张伯苓教育言论选集》与《蔡孑民先生言行录》可以窥见一斑。《张伯苓教育言论选集》中所论、所述之事多与学生日常管理或"训育"工作紧密相关，相关主题涉及"谈戒赌""怎样改正错误""做事应以'诚'字为标准""虚心和理解""关于青春期卫生教育问题"等。所谈、所论之事，与张伯苓倡导的实科教育，以及坚持苦干、肯干、实干的务实作风相一致。而反观《蔡孑民先生言行录》，则截然相反，所论之事较宏观、形而上，涉及诸如"世界观人生观""哲学与科学""义务与权利""劳工神圣""以美育代宗教""欧战后之教育问题"等相关内容，这与蔡元培倡导的思想自由、兼容并包的办学旨趣相统一。蔡、张二人的差异也必然体现在学生管理当中。也即比较而言，私立南开在学生管理当中更为注重组织性、纪律性，以致1925年《京报副刊》撰文批评南开的学生管理，认为"南开学生向来只能讲服从的"[3]。以学生自治为例。私立南开大学如国内大多数的高

---

[1] 《天津南开大学严格施行体育新计划》,《新闻报》,1932年9月3日,第16版。
[2] 《教部令专科以上学校改进体育(续二十一日)》,《大公报(天津版)》,1934年8月23日,第4版。
[3] 祝冷然:《南开教育的破产》,《京报副刊》,1925年第32期,第53页。

校一样，亦倡导学生自治。然而与他校不一样的是，南开大学除了鼓励学生自治之外，还特设指导老师，一方面指导学生如何开展学生自治，另一方面也便于对学生自治予以规束，使之能够在学校的发展过程中起到积极的作用，而不与学校"唱反调"。

除却学生自治会，南开学校亦积极响应政府号召，注重军事训练。1928年10月2日，《南开大学周刊》刊发《南大学生应不应该受军事训练？》一文，详述政府推行军事训练的重要意义，并指出南开要在"最近期内"开展军事训练，努力成为"教育界之先锋"。[1]1928年12月13日，南开大学邀请警备司令傅作义讲演"军事训练之重要"，并讨论实施军事教育的办法。[2]1929年初，南开大学"添设军事训练班，开始训练"，并聘请警备司令傅作义、公安局局长曾延毅、师长李生达、旅长陈介山等为军事训练顾问。[3]1929年3月23日，傅作义检阅南开大学军事训练团，傅作义对训练成果"多有奖誉之词"。[4]1929年4月，南开大学军事训练团利用春假举行野营，练习打靶进行实弹训练，同时演射机关枪等各种战术。此次训练"得到精神锻炼不少"，同时也"增进军事学识"。[5]南开大学还邀请前师长孟拱成讲演，"以增加军事常识"。[6]南开大学除在天津本埠开展军事训练之外，还积极创造条件，赴外地开展训练。1933年6月，张伯苓致函青岛市市长沈鸿烈，商讨"敝校学生四十人订七月一日赴青（按：青岛海军兵营）

---

① 李涛：《南大学生应不应该受军事训练？》，《南开大学周刊》，1928年第62期，第24—31页。

② 《副司令讲军事训练之重要》，《南开大学周刊》，1928年第68期，第28页。

③ 《傅作义检阅南大军事训练团》，《大公报（天津版）》，1929年3月23日，第5版。

④ 《傅作义等检阅南大军事训练团》，《大公报（天津版）》，1929年3月24日，第5版。

⑤ 《南大军事训练团春假野营》，《大公报（天津）》，1929年4月4日，第5版。

⑥ 《南开军事训练 分请名人讲演》，《大公报（天津版）》，1931年11月3日，第8版。

接受军事训练"一事。①本次军训由南开学校军事教官周季奎先行商洽，体育主任章辑五具体负责。关于训练期间的食宿事项，张伯苓特别强调"请勿另待，与士兵一律最好"。②

综上所述，在1937年抗战全面爆发之前，私立南开的办学实践存在着与政府政策导向不谋而合的一面。就办学成本来说，办理实科所费甚巨；从学生管理成效来说，强调纪律性，尤其"积极"处理学生风潮，未必"讨好"。之所以如此办学，一方面来说，这与张伯苓创办时的办学理念有关；另一方面，不可否认的是，在实际的办学当中，张伯苓以及南开大学在不断地"修正"自己的办学策略，来最大限度地满足政府的"期待"，也因此受到了政府的肯定和嘉奖③，为从政府部门获取办学经费提供"便利"。

第四节 困境化解的尝试：差异化办学

在1929年南开大学遭受教授离职风波之后，张伯苓随即着手思

---

① 张伯苓：《致电沈鸿烈(1933年6月14日)》，龚克主编：《张伯苓全集——第六卷 公文 函电(三)》，南开大学出版社，2015，第219页。

② 张伯苓：《致电沈鸿烈(1933年6月15日)》，龚克主编：《张伯苓全集——第六卷 公文 函电(三)》，南开大学出版社，2015，第222页。

③ 1929年5月，教育部指派高等教育司第一科科长谢树英视察南开大学，谢氏对视察结果"颇表满意"(《谢树英昨视察南大科学馆》，《大公报(天津版)》，1929年5月3日，第5版)。1934年7月，教育部在训令中称赞南开大学办学有"相当成绩"，"殊堪嘉慰"。见《教育部训令 第八八○六号(二十三年七月二十日)》，教育部编：《教育部改进专科以上学校训令汇编 第一辑》，1935，第70—71页。

考如何化解困境。办学经费的获取是南开大学重点考虑的方面。除
却办学经费之外,南开大学试图从学科设置上进行突破,也即进行
"差异化"办学,以此来达到两个目的。目的之一,在人才培养方
面,能够满足就业,形成特色,为吸引生源、获得社会认可提供重
要保障。目的之二,通过设置更具"竞争力"的或者特有的专业,
在某种程度上降低其他高校"恶意"聘请师资的可能性,减少师资
流出现象的发生。在与何廉的商讨之下,张伯苓决定放弃与清华、
北大在人才培养同质化方面的竞争,利用地缘优势,发展北大、清
华暂未涉及的学科:工科和商科①。关于天津的工商业环境,颜惠庆
在其自传中曾有述及:"天津为华北进出口贸易商埠,乃一繁荣兴旺
的工商业中心,布满各种大小型的工厂。具有历史的开滦矿务总局、
启新洋灰公司、久大精盐公司等,均在天津设置管理处。此外,尚
有不少地毯织造厂。其中仁立公司最为驰名。驻在天津的金融机关,
亦复不少。如大陆银行,其股东多系居住天津人士,总行即设于天
津,当地工商各业,即属该行服务对象。凡此不过举其大概,非谓

①蔡元培执掌北京大学后,对北大学科设置进行了改革,裁并商科和工科,强化
文、理二科,致力于学理研究。确如1929年北大卅一周年时陈大齐所言,"本校各学
系的学科大抵是理论科学,不是应用科学"。1932年北京大学按照国民政府大学组
织法的规定,成立文、理、法三学院。详见梁柱:《蔡元培与北京大学》,宁夏人民出
版社,1983,第44页;陈大齐:《我们今后的责任》:国立北京大学卅一周年纪念会宣
传股编印:《北京大学卅一周年纪念刊》,1929,第1—2页。在南开大学开设电机工
程系以及成立经济学院之前,国立清华大学在学科设置上也以文、理、法三科为主。
1929年6月,教育部呈准行政院颁布《国立清华大学规程》,明定设有文、理、法三学
院,共14个学系。1932年清华大学呈准教育部添设机械工程学系、电机工程学系
等,成立工学院。详见陈明章:《学府纪闻——国立清华大学》,南京出版有限公司,
1981,第72—76页。

天津之重要企业，已盖于此。"①基于如此工商业环境，南开大学因地制宜，积极创办电机工程系与经济学院。1930年5月，张伯苓对全体学生发表谈话，尤其提及即将成立的电机工程系，并将之视为"今后发展之第一声"。"此本系数年前之计划，以经费关系，迟至今年始克实现。"而对于商科的发展，张伯苓亦有新的打算和设想，即今后"亦当不惜巨款，力求质之精"。②本章节即以电机工程系与经济学院的成立为例，来说明南开大学如何立足当地条件，走差异化发展之路，化解办学困境。

一、工科：增设电机工程系

1930年3月26日，南开大学召开评议会，商讨成立电机工程系事宜，并决定自下学期始进行试办。③同年5月13日，《时报》发表"南开大学近讯"，宣布理学院即将添设电机工程系，并拟于7月17—19日，在"天津、上海、北平三处同时举行入学考试"，考试科目除"英汉文及党义外"，还包括"物理、化学、算学等门"。④

作为南开大学谋求进一步发展的"先声"，张伯苓对此十分重视，并多次与在校师生言说，阐明电机工程系对于学生乃至学校发展的重要意义。1930年4月，《南开大学周刊》较为详细地介绍了电机工程系的筹备情况：

---

① 颜惠庆：《颜惠庆自传》，姚崧龄译，传记文学出版社，1973，第158页。
② 《张校长对全体同学谈话》，王文俊、梁吉生等编：《南开大学校史资料选(1919—1949)》，南开大学出版社，1989，第47页。
③ 《理学院之新发展》，《南开大学周刊》，1930年第81期，第36页。
④ 《南开大学近讯》，《时报》，1930年5月13日，第3版。

缘我国各大学已创办电机工程系者,除上海交通大学外,
尚未多见。我校开办斯系,实为华北各大学空前之举,对吾国
电机工程学界尤增益不少。按电工学系之不易办,多因试验仪
器上之困难。此次本校办理该系,对此种筹备颇有把握。且闻
本市唯一电气工程之电灯电车公司因本校校长为该公司董事,
已允将其工厂借作该系之实验室,殊属难得之机会。并闻该公
司之比国工程师亦定常来校讲演各种问题。至于课程上,除工
程专业课程外,语言决定第一学年即学法文,预备二年后便可
直接听讲,且毕业后,留学法、比,亦大方便,较之中学毕业
即行赴法、比强多多矣。该系之教授等业已聘定多人矣。①

1930年秋季,南开大学增设了电机工程系。其实早在1930年之
前,南开大学即做好了成立电机工程系的准备,成立该系的基础已大
体具备,"物理学、数学、化学,在理学院中已有相当之设施。经济、
商法、工业管理等科目,在商学院中亦均完备"。②之前因财力有限,
未能实现。在1929年教授离职风波的刺激下,张伯苓加快了工科教
育的"步伐",开北方电机工程学科风气之先。③电机工程系开办后

---

① 《电气工程学系详情再志》,《南开大学周刊》,1930年第83期,第32—33页。
② 《理学院现状及将来》,王文俊、梁吉生等编:《南开大学校史资料选(1919—
1949)》,南开大学出版社,1989,第237页。
③ 同属天津的北洋大学1933年才添设电机工程学系,清华大学稍早一些,1932年
创建电机工程系,但自1934年始有较大发展。因此,确实可以说,南开大学开北方
电机工程学科风气之先。参见李义丹主编:《天津大学(北洋大学)校史简编》,天津
大学出版社,2002,第32页;清华大学校史编写组编著:《清华大学校史稿》,中华书
局,1981,第245页。

聘请卢祖诒为主任。卢祖诒为美国麻省理工学院电机科硕士，因此课程设置基本以麻省理工学院电机工程系为摹本，课程设置如下：

　　第一年：普通物理学、普通化学、微积分、图形几何、机械画图、国文、英文、法文；第二年：微分方程式，电机工程学—电机工程原理直流电机，应用力学—静力学、材料力学，机械原理，法文，电力量法，机器工厂实习，翻砂实习，金工实习；第三年：电机工程学—交流电路、交流电机，热力工程，应用力学—动力学，水力学，经济学，电机工程试验—直流电机、交流电机，测量，机械工程实习；第四年：电机工程学—交流电机、电力输送，无线电原理，近代物理学，工业管理，商法，电机工程实习—交流电机、无线电。选修科目：蓄电池、有机电原理、高等电路、发电厂工程学、电机铁道、汽油机。[①]

　　为比较私立南开大学的电机工程系课程设置的特点，特将国立武汉大学1936年电机工程系课程设置目录摘录如下：

　　第一年：基本英文、微积分、普通物理学、物理实验、普通化学、化学实验、机械画、画法几何、机械学、工厂实习；第二年：直流电机学、交流电机学、微分方程、应用力学、材料力学、热力发动机学、热力实验、水力学、水力实验、机械工程画、测量学、冶金学；第三年：交流电机、交流电机习题、

---

① 《理学院现状及将来》，王文俊、梁吉生等编：《南开大学校史资料选(1919—1949)》，南开大学出版社，1989，第237—239页。

电报及电话、直流电机设计、动力工程、直流电机实验、电仪
校准、电报电话实验、电磁学、结构设计、材料实验、应用物
理；第四年：电力传布、无线电、无线电实习、交流电机设计、
验光学、电力工程、电力机关、经济学、会计学、电车。[1]

就课程设置而言，南开大学大体能够达到国立武汉大学的课程
设置"标准"。当然，两校之间还是存在一些差别的，而这些差别正
显示了南开大学因时因地，立足天津实际情况开展办学的宗旨。诸
如南开大学注重语言的学习，除了两校共同开设的英文课程之外，
南开还注重学习国文、法文。法文为比利时的官方语言之一，而天
津电车电灯公司正是"比国"（按：比利时）所开办。

为办好电机工程系，南开大学积极借鉴兄弟高校的办学经验，
并请求给予"支援"。1930年4月20日，南开大学致函上海交通大
学，请求将"所有关于电机工程教授各事……各为检寄一份，俾资
参考"。[2]

除了向兄弟高校学习之外，南开大学还特别与天津电车电灯公
司加强联系与合作。1930年11月4日，张伯苓特宴请该公司工程师，
并介绍电机工程系，阐明人才培养之理念，认为电机工程系应"尚
实习而不重理论"，并且希望"今后与本市各电气机关切实联络"[3]。
与此同时，张伯苓还利用其担任该公司董事之便，"利用其机器厂作

---

① 国立武汉大学编印：《国立武汉大学一览》，1936，第179—182页。
② 南大：《致上海交通大学函(1930年4月20日)》，梁吉生、张兰普编：《张伯苓私档
全宗(上卷)》，中国档案出版社，2009，第396页。
③ 《与电界联欢》，《南开大学周刊》，1930年第95期，第39页。

为实验，并请其工程师随时到校讲授"①。为谋求"知识与经验之适合"，电机工程系组织学生参观相关企业，诸如比商电气公司、法国电灯房与津浦铁路局车厂等。②为给学生提供更多的训练和实践机会，南开大学还派遣大四学生前往南京大都会电厂（Metropolitan Electrical Works）进行为期5个月的实习。③为使学生"卒业后实地服务时，不致发生捍格之苦"，南开大学还与天津电车电灯公司合作设立电机工读门，并于1935年秋实行。学程安排如下：

> 第一、二学年与电机工程系完全相同外，在第二学年暑假中，须有工厂实习七个星期；第三学年课程上与普通电工系稍有增减，待暑假放假，即分至各合作工厂实习，自该年七月起始，至翌年正月止，为时凡七个月。在各厂实习时期，每周上课六小时，至二月初第二学期始时回校，接读第四年未竟学程。卒业时除得理学士学位外，并由所在实习工厂出具证书，证明在厂工作成绩。④

为更好地实施教学，提高办学质量，私立南开大学加大对实验室、实验设备的投入。1931年春，建成直流电机及金工实验室；1932年5月，建成电工系交流电及机械实验室。南开电力工程系，

---

① 张伯苓：《致蒋梦麟函（1930年4月15日）》，梁吉生、张兰普编：《张伯苓私档全宗（上卷）》，中国档案出版社，2009，第393页。
② 《电工系二次参观记事》，《南开大学周刊》，1931年第108期，第35—36页；《参观津浦铁路局车厂》，《南大周刊》，1931年第116期，第48页。
③ *Students Will Get Practical Plant Training: Nankai University To Send Undergraduates Nanking Power Works*.The China Press,1934—10—18(12).
④ 陈荫谷：《电机工程系概况》，《南大半月刊》，1934年第15期，第2页。

"偏电力方面"。兹以1935年度为例，电力相关的实验设备包括：14台直流电机、4台交流发电机、2台交流同步发电机、4台感应电动机、1台同步电动机、6台变压器、1台回转变流机、8个汇电环、三相交流开动变压器、1台交流整流机、60余个各种电表、40余个电压计、12个电力计、2个电频计等。[①]未来计划将"拟成立发电厂，厂内设锅炉2座、七十二马力蒸汽机2座、六十千伏安交流发电机2座"。[②]

电机工程系的创办，受到了学生的欢迎。据1931年的统计，电机工程系学生人数为76人，占理学院学生总人数（132人）半数以上。[③]1934年学生约80人，已毕业的两届学生"分赴国内各电业界服务，均获好评"。[④]1935年理学院共有学生90余人，电工系人数依然较多。[⑤]

如上述引文所说，"电工学系之不易办，多因试验仪器上之困难"。上海交通大学之所以能够创办该系，主要得益于铁路局、电报局的长期稳定资助。现将该校电气专业实验室设备摘录如下，以此说明试验仪器之不易。以1926年交通大学电机实验室为例，其设施设备项目摘录如下：

> 电机实验室分直流电、交流电实验室。直流电室置备发电机两座，分别与五十马力及二十马力感应发动机相接，其他大

---

① 《南开大学理学院》，《大公报（天津版）》，1935年6月17日，第6版。

② 《南开大学理学院（二）》，《大公报（天津版）》，1935年6月18日，第6版

③ 教育部编：《第一次中国教育年鉴（丙编·教育概况）》，开明书店，1934，第104页。

④ 陈荫谷：《电机工程系概况》，《南大半月刊》，1934年第15期，第1页。

⑤ 《南开大学理学院》，《大公报（天津版）》，1935年6月17日，第6版。

小发动机十五座，专供实验之用。交流电室备有大号交流发电机两座（一与煤气机相接），感应调整机，感应发电机，转换电流机，三万弗脱标准实验变压机，水银更正电流器，以及其他感应式、拒力式发动机等；电气仪器室并备电流表，安培表，电力表，电流调节器，交流电变向表，感应电圈蓄电器，以及防电等器，足供实验之用……并可实验单行或多行之电圈，及用电圈所制之发电机，发动机等，俾学生得充分之经验；又标准量法及测光实验室两间。标准量法实验室，现备标准拒力电位表，标准效率测验器，流电表及抗力测量等器；测光试验室，置备尺光表，光度测验表，标准灯及光镜、光度标准等。[①]

从上海交通大学电机工程系实验设备的项目来看，系科开设的难点的确在于"试验仪器上之困难"。1935年度南开大学电力实验设备仍比1926年度上海交通大学电力设备相差较远。私立南开大学在办学经费筹措困境之下，致力于转型发展，实属不易。

南开大学电机工程系的创办避开了与清华、北大等北方国立高校的同质化竞争，为电机工程界培养了诸多人才。据统计，至抗战之前，电机工程系共培养学生近百人，服务电业，颇有声誉。[②]除了电机工程系，南开大学还在其他院系学科设置上有所探索。诸如在筹备电机工程系的同时，积极筹备医预系；[③]隔年，也即1931年秋，

① 《南洋大学概况》，《交通大学校史》撰写组编：《上海交通大学校史资料选编（1896—1927）（第一卷）》，西安交通大学出版社，1986，第401—402页。
② 《国立南开大学各院概况》，王文俊、梁吉生等编：《南开大学校史资料选（1919—1949）》，南开大学出版社，1989，第279页。
③ 《理学院之新发展》，《南开大学周刊》，1930第81期，第36页。

理学院打算增设化学工程系。①但是因"创设之际，规模尚小，拟不
另设系，仅就原有之化学系中，另置一门，名'工业化学门'"。②
尽管如此，私立南开大学通过频频"动作"，试图为今后"工学院"
的创建奠定基础，也试图为学校的进一步发展找寻新的"增长点"。

二、商科：成立经济学院

1929年11月，南开大学按照国民政府《大学组织法》《大学规
程》的相关规定，将文、理、商三科，分别改为文学院、理学院、
商学院。为进一步整合资源，强化办学特色，张伯苓接受了何廉关
于加强商科建设的建议：

> （一）把商学院和文学院的经济系和大学的社会经济研究委
> 员会合并，采用南开经济学院这个新的名称，承担起教学与研
> 究双重任务；（二）根据每门课程教学的需要，按照精减课程，
> 突出重点的要求重写改编大学的经济学与商学方面的教材；
> （三）为经济学院组织一个独立的董事会负责政治指导与寻求新
> 的支持赞助。③

在接受何廉的建议之后，1931年4月25日，南开大学向教育部

---

① 《理学院之新政—添设化学工程》，《南开大学周刊》，1931年第106期，第27—28页。
② 《工业化学课程公布》，《南开大学周刊》，1931年第108期，第36页。
③ 何廉：《何廉回忆录》，朱佑慈、杨大宁等译，中国文史出版社，1988，第46页。

呈报增设经济学院事项，详告缘起及学程。①4月27日，南开大学经济学院董事会成立大会召开。到会的董事会成员包括丁文江、任鸿隽、周诒春、吴鼎昌、胡适、范旭东、张伯苓、颜惠庆、穆藕初、周作民等。②票选颜惠庆为会长，吴鼎昌为副会长，范旭东为名誉秘书兼会计。以上三人为当然常务委员，又增加周诒春、张伯苓，组成常务委员会。董事会成员涵括了政界、工商界、文教界，皆一时之选。其中诸如颜惠庆为天津大陆银行董事长③；周作民为北平金城银行总经理，历任财政部库藏司司长、参议院议员④；吴鼎昌为上海四行准备库总理，历任中国银行正监督、天津造币厂监督、国务院参议、造币总厂监督、财政次长、盐业银行总经理⑤；穆藕初为上海华商纱布交易所理事长，历任上海德大纱厂及厚生纱厂经理、上海总商会执行委员、国民政府工商部常任次长；⑥等等。会议议决何廉为经济学院院长，并审议通过董事会章程及1931年度预算。根据董事会章程规定，董事会职责包括：(1)计划本学院之发展。(2)筹募经费保管基金，审定预算，并稽核账目及决算。(3)审定本学院院长之人选。(4)讨论及决定其他事项。1931年经济学院的预算入款为40 000元，主要由本校拨款20 000元、太平洋国际学会津贴20 000

① 《呈教育部函(1931年4月25日)》，梁吉生、张兰普编：《张伯苓私档全宗(中卷)》，中国档案出版社，2009，第521—522页。
② 根据董事章程，董事名额定为15人，完整名单(1932)如下：丁文江、王景春、任鸿隽、周诒春、周作民、吴鼎昌、金叔初、胡适、范旭东、陶孟和、张伯苓、张公权、穆藕初、刘鸿生、颜惠庆。详见王元照：《介绍南开大学经济学院之研究事业》，《南开大学周刊》，1932年第134期，第4页。
③ 颜惠庆：《颜惠庆自传》，姚崧龄译，传记文学出版社，1973，第158页。
④ 樊荫南：《当代中国名人录》，上海良友图书印刷公司，1931，第130页。
⑤ 樊荫南：《当代中国名人录》，上海良友图书印刷公司，1931，第82页。
⑥ 樊荫南：《当代中国名人录》，上海良友图书印刷公司，1931，第418页。

元组成。出款40 000元，包括："（一）薪金25 820元，其分配为
（甲）教授四人，14 000元。（乙）教员及研究助理四人，800元。
（丙）调查员六人，4 260元。（丁）计算员、书记五人，2 760元。
（二）移民调查特费4 800元。（三）图书5000元。（四）印刷3 000
元。（五）日、俄文翻译费500元。（六）邮费（邮寄交换出版物）
400元。（七）杂费480元。"[①]董事会最为重要的职责实为办学经费
的募集，这也是何廉向张伯苓请设独立董事会的原因所在。事实上，
董事会成员也多有资助学院发展。

　　1931年秋，南开经济学院正式开始运作，承担起教学与科研的
双重任务，"此一组织而兼任研究及教学两种任务并谋二者间之充分
互助者，在国内尚为首创"[②]。为准确理解南开经济学院之宗旨以及
工作范围，兹将该院相关介绍节录如下：

　　　　本院施教与治学之旨，可分为二：（一）因各国之经济背景
　　不同，故本院教授经济学以使之本国化为目的。（二）因社会科
　　学之性质变而不已，故本院注重研究，俾教者得获教学相长之
　　益。第一点，本院拟用本国教材，不专采用西籍；就第二点，
　　本院拟减少教课钟点，使教授得在其教课之范围内，作个别有
　　系统之研究。要之中心目标即在完成一本国化之经济学，而其
　　所以亟亟于是者，则欲有以适应今日各方面之需要耳。所谓各
　　方面之需要者，约可分为三点：（一）教材方面：吾国大学中之

----

① 《经济学院董事会成立会开会记》，《南开大学周刊》，1931年第108期，第33—34页。
② 王元照：《介绍南开大学经济学院之研究事业》，《南开大学周刊》，1932年第134
期，第2页。

经济课本，多为欧美学者所编著之原本，亦间有专用译料者，殊可多议。盖经济研究，系以社会为对象，社会情形不同，故经济学亦往往具有国别。西人之著作，其取材立论，自以其国情为依据，吾国学生读之，则常有与实际不符之感。而教之者，明知其所教与本国实况不合，然因缺乏机会研究致不能为之改正。结果教读两方，均感缺憾。欲救此弊，惟予教授以研究之机会，使之可自抒所得，成为专书。(二)学术方面：教学之道，苟不健全，则积而久之，不健全之治学习惯，因而养成。就吾国现状而论，各大学训练学生时，能使之对其本人所认为真实及感觉兴趣之具体经济问题，加以探讨者，为数绝少。故承学之士，次者无论，即上焉者，能得西籍之概要，亦以昧于国情之故，思想常流于抽象独断，好为空论，而于实际有补之事，反视为琐屑不足为，华而不实，遂因之蔚为风尚。补救之法，宜使学生对于本国之经济历史及现况，粗能了解，庶积而久之，习尚可为之一转。(三)国家方面：吾国目前，方事建设，急需有训练之人才，以任行政，而今日经济建设人才之缺乏，尤为显著，训练以应需要，不可斯须稍缓。且此后数十年间，吾国将经一绝大之改变，其影响所及，恐非以前任何时期所能比拟。此项改变之来，其性质之属于经济者，有为世界潮流之波荡所致，其发动由于外力，有为改革家深细构思之结果，其动力可由人驭。至改变之善否，则视成之者之如何以为断。使其为蠢动，成见或感情用事之结果，则非社会之福。使为有科学知识以社会福利为目的者所造成，则固社会之利。然此需赖有洞悉国情富有训练之经济人才，以为之主持，故就国家方面言，此种工作，亦为今日之急务也。①

从公布的施教与治学的宗旨来看（如本院拟减少教课钟点，使教授得在其教课之范围内，作个别有系统之研究），除了有强化学术研究之外，似也有缓解"钱少，工作重"②的工作状态，以应对其他高校"恶意"拉拢师资之意。就工资待遇而言，稍有提升教授薪资（教授4人，年共14 000元），但与国立清华大学相比仍有差距。"清华在改大后至全面抗战爆发前，教授薪俸基本是以300元为起薪，一般最高为400元。"③就工作内容而言，更加注重学术研究。毕竟薪资以及学术研究氛围是师资延聘的重要考虑因素。当然，南开经济学院的成立，有着更高远的追求，其核心使命在于使得经济学的教学、研究"中国化"④，以中国的实际情况为研究对象，切实解决中国的实际问题。诚如校董周作民所言，"此项研究诚属切要"。⑤

从历史沿革来说，南开经济学院的成立，具有很好的基础条件。其前身即为何廉于1927年主持成立的社会经济研究委员会。该机构主要任务"在为我国社会经济问题作实际解决之准备，兼谋我国社

① 王元照：《介绍南开大学经济学院之研究事业》，《南开大学周刊》，1932年第134期，第3页。
② 张伯苓：《南开的目的与南开的精神（1934年9月17日）》，龚克主编：《张伯苓全集——第二卷 著述 言论（二）》，南开大学出版社，2015，第201页。
③ 梁晨：《民国大学教职员工生活水平与社会结构研究：以清华为中心》，科学出版社，2020，第91页。
④ 关于何廉所领导的南开经济学研究的中国化问题，易仲芳的专著有详尽的论述，在此不再赘述。详见易仲芳：《南开经济研究所"经济学中国化"研究（1927—1949年）》，华中师范大学出版社，2015。
⑤ 周作民：《周作民致张伯苓函（1931年4月23日）》，梁吉生、张兰普编：《张伯苓私档全宗（中卷）》，中国档案出版社，2009，第521页。

会科学之发展"①。在何廉的带领之下，社会经济研究委员会开展了卓有成效的工作。诸如研究我国工业化之程度及其影响，经济统计资料的编制及分析，等等。鉴于取得的成绩和贡献，1929年经济研究委员会获得了太平洋国际学会为期3年，每年12 500美元的经费资助。②经济学院成立之后，"工作进展甚速，而经费来源日渐增加"③。1931年再次获得太平洋国际学会为期2年，每年7 500美元的资助。④1934年国防设计委员会确定每年补助经费4 000元，等等。⑤

南开经济学院合并成立之后，开设了农业经济系、工业管理系、运输学系、经济史学系、统计学系5个系科。其中学生必修课程有，第一学年：国文（6学分）、英文（6学分）、经济学（6学分）、历史（6学分）、普通算学（6学分）；第二学年：经济地理（3学分）、经济历史（3学分）、统计学（6学分）、会计学（6学分）、货币银行学（6学分）；第三、四学年：经济思想史（6学分）、经济研究方法及资料（3学分）。按照学院章程规定，学生4年之内须修满132个学分方能毕业，其中第四学年须做一专题论文。如果论文通过院务会议认定，学院将代为刊印，以示奖励。⑥从课程设置及修业要求来看，南开经济学院试图在学生培养方面做到教学与研究相结合。学院的成立扩大了学生培养规模。1931—1932学年注册新生69人，⑦1933年

① 《南开大学经济研究所一览》，出版社不详，1941，第1页。
② 何廉：《何廉回忆录》，朱佑慈、杨大宁等译，中国文史出版社，1988年，第45页。
③ 《经济学院的"经济"消息》，《南大副刊》，1934年第41期，第22页。
④ 《多助之经济学院》，《南开大学周刊》，1931年第120期，第54页。
⑤ 《经济学院的"经济"消息》，《南大副刊》，1934年第41期，第22页。
⑥ 《本院学则》，《天津南开大学经济学院一览》，出版社不详，1933，第11—13页。
⑦ 何廉：《何廉回忆录》，朱佑慈、杨大宁等译，中国文史出版社，1988，第47页。

77人，①1934年73人。②

除日常教学之外，经济学院的主要任务在于开展研究工作。1934年7月，何廉在接受记者采访时详细列举了经济学院近期开展的具体研究工作：

> （甲）教科书编辑。现已脱稿者，有财政学、商事法及经济学等书。年内即可由国立编译馆出版。（乙）实地调查。调查范围包括：（一）乡村工业。如高阳及宝城之织布工业、束鹿之皮毛业等。（二）农村经济。如西河之棉花运销、静海之乡村金融。（三）地方行政。如静海及定县之行政组织，其结果均在一年内先后发表。（丙）经济统计之编制。如华北批发物价指数、天津工人生活费指数、津沪外汇指数及中国进出口物量及物价指数等，均按期在国内外重要刊物发表。③

在进行研究工作的同时，南开经济学院还定期出版刊物和研究著作，在学术界产生广泛的影响，其"价值久已为国内学术界所公认"。以1932年的统计为例。已定期出版的刊物包括：《南开统计周报》《经济统计季刊》，此外"该院于民国十九年春季至二十年春季间，曾出经济研究周刊五十二期，于每星期日在大公报发表"。研究著作包括三类，一是移民调查：《东三省内地之移民研究》（英文）；二是经济统计：《三十年来平津金融市场统计之分析》（中文）、《华

---

① 《报道学生》，《南大副刊》，1933年第33期，第18页。

② 《本学期各学院人数表》，《南大副刊》，1934年第41期，第21页。

③ 《南大经济学院遵教育部令改为经济研究所》，《大公报(天津版)》，1934年7月29日，第4版。

北每周批发物价指数编制之说明》（中文）、《中国六十年进出口物量指数、物价指数及物物交易指数（1867—1928）》（中英文）、《中国物价及物价指数》（英文）、《南开每周华北批发物价指数》（英文）、《天津外汇指数（1898—1926）》；三是中国工业化及特殊工业之研究：《中国工业化之程度及其影响》（中英文）、《中国之工业化（统计的概述）》（英文）、《天津地毯工业》（中英文）、《天津针织工业》（中英文）、《天津织布工业》（中英文）、《中国之棉业及棉货贸易》（英文）。①

鉴于在中国经济问题上开展的开创性研究所带来的良好声誉，南开经济学院不仅获得了罗氏基金会的长期持续资助（这也是罗氏基金会第一次对中国私立社会科学研究院给予年金补助②），而且学院教师人数也得到了充实。1933年学院教职员约50余人，其中教授10人、讲师2人、教员5人，研究员7人。③先后任职的教师有宗植心、连鼎祥、毕国箴、吴大业、任宗济、李锐、吴知、袁贤能、傅勤先、项谔、廖云皋，等等。④

① 王元照：《介绍南开大学经济学院之研究事业》，《南开大学周刊》，1932年第134期，第5—6页。
② 陈元：《民国时期我国大学研究院所研究》，华中师范大学：博士论文，2012，第100页。
③《本院教职员》，《天津南开大学经济学院一览》，出版社不详，1933，第4—6页
④ 南开大学校史编写组编：《南开大学校史1919—1949》，南开大学出版社，1989，第165—166页。

表3-4　1933年度南开大学经济学院教员名录

序号	姓 名	备 注
1	何淬廉	美国耶鲁大学博士、经济学教授兼院长
2	方显廷	美国耶鲁大学博士、经济史教授兼研究主任
3	丁佶	美国哈佛大学商学硕士、工业管理教授
4	王国忠	美国哥伦比亚大学商学硕士、会计学教授
5	任宗济	美国哥伦比亚大学硕士、经济史教授
6	李适生	美国意利诺伊大学博士、农业经济教授
7	袁贤能	美国纽约大学博士、经济学教授
8	袁丕济	美国米西根大学博士、统计学教授
9	张纯明	美国耶鲁大学博士、文学院政治学教授兼本院地方政府研究主任
10	廖芸皋	美国哥伦比亚大学硕士、运输学教授
11	项叔翔	天津浙江兴业银行副理、银行学讲师
12	陈赟谷	北京大学理学士、算学讲师
13	吴大业	南开大学学士、经济学教员
14	吴知	南开大学学士、经济学教员
15	李锐	南开大学学士、经济学教员
16	傅勤先	日本中央大学商学士、经济学教员
17	刘朗泉	东吴大学法学士、商法教员

注：除"教员"之外，经济学院还设有研究员、调查员、翻译员、书记兼会计员、事务员等若干名。资料来源：《本院教职员》，《天津南开大学经济学院一览》，出版社不详，1933，第4—6页。

　　但是由于《大学组织法》没有经济学院的院系设置，1934年教育部遂令其改组，经济学院随即被取消。[①]于是经济学院教学部分归入商学院，科研部分归为经济研究所，在何廉的指导之下继续开展卓有成效的研究工作。[②]至此，南开"经济学院"告一段落，其存续的时间虽然不长，但是张伯苓、何廉以及南开大学想要通过差异化办学缓解院校竞争的努力足以彰显。从另一个角度来看，教育部叫停南开大学经济学院的创办，其实也限制了私立大学的办学自主权。

　　应该来说，不管是电机工程系的设立，还是经济学院的筹设与开办，私立南开大学立足天津的实际，进行差异化办学的策略选择应是正确的，避免了与国立大学的竞争。其实，张伯苓通过教授离职风波，也在不断地修正自己的办学理念，逐步加强"学术研究"

---

① 《天津私立南开大学》，《中央周报》，1934年第321期，第21页。何廉在1934年7月的一次采访中曾谈及"经济学院"设置及取消的相关细节："经济学院之设立，系由本校前有之社会经济研究委员会及文学院经济系合组而成。虽为本校四学院之一，而性质则有异于其学院之处，盖经济学院之工作，除教学外，尚有研究工作，且占工作之主要部分（此次教部训令嘉奖'经济研究会'之工作成绩，即系经济学院。因本校实无所谓经济研究会组织）。成立之初，曾呈请教育部立案，部令以大学组织法中无经济学院名称，未荷照准。此次教育部训令，又重申此点。鄙人去冬在京晤王部长，曾与谈及此点。当时商定将经济学院改为'经济研究所'招收研究生，继续现在经济学院之研究工作。而以现在经济学院之教务工作，在本校商学院添设经济系，以主持之。部令与经济研究所合并即指此。"参见《南大经济学院遵教育部令改为经济研究所》，《大公报（天津版）》，1934年7月29日，第4版。

② 除开展已有的研究工作之外，在随后的办学过程中，南开经济研究所也吸引了与其他社会团体的合作事业，诸如：罗氏基金团体委托经济研究所招生研究生，以训练农村工作人才；中央农业试验所委托调查冀、鲁、豫三省运销事业（特别是麦、米、杂粮三项）；受金城银行委托，计划与指导总经理处设立的天津调查分部；主编《大公报·经济界》，等等。详见南开学校董事会记录（1935年9月29日），编号：1-DZ-01-859，馆藏南开大学档案馆。

方面的投入。当然，南开大学所倡导的研究，也非纯理论之研究，而是厚植国情，以研究具体问题为导向的研究。南开大学这一改变，具体来说，也即南开经济学院（或南开经济研究所）所开展的调查、研究，为其在学界赢得了声誉和尊重，驰名海内外。同时也奠定了南开经济学研究的"高地"，争取到了社会捐赠，吸引了一批优秀师资的加盟，确如何廉所述，"在新的教学人员的招聘上我们很少遇到困难"。①

---

① 何廉:《何廉回忆录》,朱佑慈、杨大宁等译,中国文史出版社,1988,第47页。

第四章

复校困境与"商改国立"：
权力让渡与交换(1937—1946)

1937—1946年，是私立南开大学被日军蓄意轰炸后，与国立北京大学、清华大学共同组建西南联合大学的时期。[①]在此阶段，办学经费多由国家补助。同时，也在此阶段，私立南开大学被收归"国立"，完成了从"私立"到"国立"的被动转变。从办学者的角度来说，私立南开大学完成了办学自主权的彻底让渡，而换来了顺利复校，得以继续发展。检视和分析这一阶段南开大学的发展历程，有利于深化理解国民政府时期学府与官府、教育与政治之间的关系。

---

① 西南联大毕业生张起钧在一篇文章中提及组建西南联合大学时的一则佚闻，摘录如下，供读者参考："据传说：教育当局本要把北平师范大学(也就是俗称的'北师大')与北大、清华放在一组，但师大当局则要'宁为鸡首，不为牛后'而愿在另一组。因此政府便把那规模较小，历史较短的私立南开，和北大、清华放在一组，籍以表对南开抗日精神和牺牲之意的敬慰之意。"见张起钧：《西南联大纪要》，陈明章：《学府纪闻——国立西南联合大学》，南京出版有限公司，1981，第10页。

第一节 复校困境："国立"想法的再次萌发

私立南开大学在1937年全面抗战之前，尽管遭遇了办学困境，但凭借张伯苓等与政府、社会之间的密切互动，南开大学勉强维持生存。但1937年全面抗战之后，办学境遇殊异。南开大学校园设施被日军战机尽数摧毁，赖以募捐、生存的社会环境不复存在，办学困境更甚从前。所幸南迁之后，私立南开与北京大学、清华大学共同组建西南联合大学，办学经费由政府补助，才得以勉强为继。

但在复校准备阶段，南开大学因"私立"属性带来的"劣势"立刻显现。1944年7月，张伯苓再次萌生了"国立"的想法，对于维持"私立"抑或送归"国立"摇摆不定："大学之为私立、为国立尚待考虑，即经费来自政府，亦可向外募捐。"①1944年6月，张伯苓还在南开同人聚会上坚定地表示："私立学校只要有计划，有干部，有经费，尽可按部就班，实现理想，所以我主张今后南开学校要能永远保持私立的性质。"②从办学者的立场来说，定是希望复校以后继续维持私立属性。虽然"世界一天天的光明，国运一天天的好转，同时个人的精神体魄，也一天天在盛旺健壮"③，但要在战后重建并维持一所私立大学的运转，绝非易事。大体说来，造成张伯苓萌生"国立"，或者在"私立"抑或"国立"问题上犹豫不决的原因主要有两个方面：一是复

①　梁吉生：《张伯苓年谱长篇（下卷）》，人民教育出版社，2009，第155页。
②　宋璞主编：《张伯苓在重庆（1935—1950）》，重庆出版社，2004，第58页。
③　宋璞主编：《张伯苓在重庆（1935—1950）》，重庆出版社，2004，第58页。

校基础薄弱，二是对于政府还抱有"信心"。

一、复校基础薄弱

复校基础薄弱主要涉及两个方面的内容[①]：其一，日军蓄意轰炸给私立南开大学造成的损失；其二，复校人才的缺乏，尤其是师资的欠缺。分别详述之。

（一）日军轰炸造成的破坏

日军早在 1931 年 11 月 10 日，便"投弹轰炸南开大学"[②]。但1937 年 7 月的轰炸给南开大学带来了"毁灭性"的打击。王世杰记述道："日军在天津作战之首日（廿九日），即以飞机燃弹及重炮轰炸南开大学，今日（按：30 日）复恐其不能全毁，持汽油往该校放

[①] 据黄钰生回忆，复校基础薄弱可能还与张伯苓"基金增值"的失败有关。"南大的基金转到重庆之后，以张伯苓之精明加上他和孔祥熙的关系，不要说基金的保值不成问题，连基金增值都是可以办到的。……张校长要用基金办实业，搞什么机械厂、建筑公司之类的实业，用人不当，实业越搞越赔，赔到抗战胜利的时候，基金赔光了，一文不名。这是张校长一生中失策之处。"详见黄钰生：《读〈南开大学校史〉(稿)随笔》，申泮文编：《黄钰生同志纪念集》，南开大学出版社，1991，第 160 页。黄钰生所言，应是可信的。张伯苓曾在四川威远县境内以南开基金筹设"新威矿冶公司"，后因物价上涨，运作失灵，于 1941 年春将之转让资源委员会续办。"新威矿冶公司"转让之后，张伯苓又于 1941 年 10 月用南开基金创办"开源兴业公司"，资本总额为 100 万元，主要业务为制造机器、建筑、进出口贸易等，"机器厂"是公司的"主要事业"，张伯苓之子张锡羊任机器厂总经理。从财务状况来看，机器厂资金不敷运作，靠借款维持。截至 1942 年 10 月底，机器厂结欠总公司 160 余万元，而总公司欠各商业行庄 180 余万元。详见《开源兴业公司 机器厂》，《工商调查通讯》，1942 年第 138期，第 1—4 页。

[②] 秦孝仪总编：《总统蒋公大事长编初稿(卷 2)》，中国国民党党史委员会，1978，第146—147 页。

火续烧。"①又据1937年7月30日的《申报》记载，"二十九日下午
津战甚烈，飞机四出到处轰炸，声震屋瓦，以市政府、警察局、南
开大学、东总两车站等处尤甚。……同时有两架到八里台南开大学
投弹，该校秀山堂及图书馆已成灰烬"②。7月31日，《申报》接着
报道：

> 两日来，日机在津投弹惨炸各处，而全城视线尤注视于八
> 里台南开大学之烟火。缘日方因二十九日之轰炸，仅及二三处
> 大楼，为全部毁灭计，乃于三十日下午三时许，日方派骑兵百
> 余名，汽车数辆，满载煤油，到处放火，秀山堂、思源堂、图
> 书馆、教授宿舍及邻近民房，尽在火烟之中，烟头十余处，红
> 黑相接，黑白相间，烟云蔽天，翘首观火者，皆嗟叹不已。③

日军的轰炸给南开校园带来了毁灭性的破坏，南开大学也因此
成为抗战以来第一个遭此劫难的高等学府。初步统计财产损失300万
元（法币），占当时全国高等学校全部战争损失的1/10。④如此破坏，
对于私立南开大学来说是灾难性的，几十年的苦心经营毁于一旦。

---

① 林美莉编辑校订：《王世杰日记(上册)》，台湾"中研院"近代史研究所，2012年，第
27页。
② 《南开大学损失奇重》，《申报》，1937年7月30日，第4版。
③ 《日机继续轰炸南开》，《申报》，1937年7月31日，第4版。
④ 南开大学校史编写组：《南开大学校史(1919—1949)》，南开大学出版社，1989，
第231页。关于南开大学被日军轰炸、洗劫的情形，可参见南开大学校长办公室编：
《日军毁掠南开暴行录》，南开大学出版社，1995；申泮文编著：《天津旧南开学校覆
没记》，南开大学出版社，1995；梁吉生撰著：《张伯苓年谱长编(中卷)》，人民教育出
版社，2009，第464—478页；黄钰生：《被日寇洗劫的南开大学》，申泮文编著：《黄钰生
同志纪念集》，南开大学出版社，1991，第58—62页。

社会各界纷纷表示同情。教育部部长王世杰表示"大变粹平，政府必负责恢复该校旧有规模"①。蒋介石亦允诺"有中国即有南开"②。对于时年62岁的老人来说，历经18年苦心经营的学府被毁，其唯有化悲愤为力量，"重为南开树立一新生命"③。

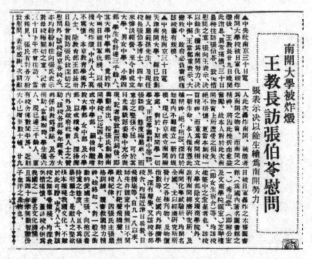

图4-1 南开大学被炸毁

资料来源：《南开大学被炸毁 王教长访张伯苓慰问》，
《新闻报》，1937年7月31日，第7版。

日军之所以轰炸南开大学，与南开大学开展的爱国运动有关。据宁恩承回忆，"'五四'时代，南开学生在爱国运动中总是走在前头。校长和学生永久合作，共同奋斗，反抗日本侵略"。"三〇年代成立东

---

① 南开大学校长办公室编：《日军毁掠南开暴行录》，南开大学出版社，1995，第36页。
② 南开大学校史编写组：《南开大学校史(1919—1949)》，南开大学出版社，1989，第232页。
③《四十年惨淡经营 南开学校全部炸毁》，《上海报》，1937年7月31日，第2版；《南开大学被炸毁 王教长访张伯苓慰问》，《新闻报》，1937年7月31日，第7版。

北研究会,任傅恩龄为干事,研究日本侵略东北情形。计划反抗日本侵略。"①"东北研究会根据调查材料,先后写出《东北经济资源与发展》的研究报告和 Manchuria(《满洲》)一书,并与太平洋国际学会、反帝国主义同盟密切联系,提供研究报告,或'搜集日本侵略中国之铁证'。张伯苓与何廉还出席在日本召开的太平洋国际学会会议,几次与日本代表就东北问题发生尖锐论争。日本对东北研究会非常'嫉视'。"②东北研究会的前身为1927年成立的"满蒙研究会"。日本人对"满蒙研究会""颇持怀疑态度"。③该组织招致了日本人记恨,南开大学也被视为"排日运动策源地"④与"排日之根据地"⑤。1930年5月27日,《南开大学周刊》刊发《日本侵略满洲之概况》一文,详细揭示日本"先以铁路为根基,次实行经济侵略,及文化侵略"的事实,并号召国人"联合起来铲除日本在东三省之势力"。⑥1931年《南开大学周刊》更是刊发"对日问题专号",集中刊发张伯苓、何廉、张纯明、李春晖等所著的《东北事件与吾人应持之态度》《日本在东三省经济势力之概况》《关于日本暴行东北之几种国际条约》《东三省地理形势及铁路概况》等文章。⑦为了报复,1931年11月10日,日军"飞机多架在天津上空示威,并投弹轰炸南开大学"⑧。1931年12月5日,

---

① 宁恩承:《百年回首》,东北大学出版社,1999,第75页。

② 梁吉生编著:《张伯苓与南开大学》,山西教育出版社,1995,第28页。

③《南开大学注意满蒙情形》,《中央日报》,1928年4月18日,第7版。

④《天津南开大学成立满蒙研究会之经过》,《益世报(天津)》,1927年12月1日,第8版。

⑤《满蒙研究会》,《南开大学周刊》,1927年第48期,第29页。

⑥ 李春晖:《日本侵略满洲之概况》,《南开大学周刊》,1930年第88期,第1—8页。

⑦ 详见《南开大学周刊(对日问题专号)》,1931年第114期,第1—48页。

⑧ 秦孝仪总编:《总统蒋公大事长编初稿(卷2)》,中国国民党党史委员会,1978,第146—147页。

日军在"南大校前大桥外，架设机枪"，并进入校园巡查、测绘地形。①据黄钰生回忆，从1931年开始，在津的日本驻军就以不同方式持续骚扰南开大学，"他们什么地方都要'参观'，课堂、实验室、学生宿舍、图书馆，特别是设在图书馆里的经济研究所，因为那里有关于东北和华北的经济资料"。②

纵然有蒋介石的允诺，但真正落实到具体的复校阶段，南开大学若要重新开始，并非易事。私立大学的生存离不开社会环境对其办学各方面的支持。而战争导致的社会经济环境的破坏，非短时间内可以恢复。因此，与一般私立或公立大学的复校不同，私立南开大学则要面临着更为薄弱的复校基础（原有建筑尽数被毁）。这也是张伯苓在"私立"抑或"国立"立场上左右摇摆的原因之一。

(二) 复校人才的缺乏

复校人才的缺乏，尤其是师资的缺乏也是造成张伯苓左右摇摆的原因之一。师资的选聘，是私立南开大学得以发展的重要保障。不单是南开大学，师资选聘也是众多私立高校面临的一大难题。私立南开大学因财力不足，整体实力较弱，在师资选聘上没有办法跟国立、省立高校相比。但尽管如此，在抗战之前南开大学仍不遗余力，为学子聘请优质师资，诸如：梅光迪、余日宣、邱宗岳、姜立夫、饶毓泰、蒋廷黻、何廉、薛桂轮、李济、杨石先、黄钰生、吴大业、徐谟、汤用彤、李继侗、陈序经，等等，③可谓网罗一时俊彦。

---

① 《日兵昨到八里台竟巡查南大》，《大公报（天津版）》，1931年12月6日，第6版。
② 黄钰生：《被日寇洗劫的南开大学》，申泮文编：《黄钰生同志纪念集》，南开大学出版社，1991，第58—59页。
③ 丁履进：《"南开先生"张伯苓》，王云五、罗家伦等：《民国三大校长》，岳麓书社，2015，第218页。

南开师资不仅体现在质量上，还体现在数量上。从表4-1、4-2
可以看出，私立南开对于师资建设的投入和重视。1919—1928年期
间师资数量稳步增长，生师比相对稳定。以1925年为例，南开大学
的生师比接近国立清华大学、省立法政大学水平，低于同城的国立
北洋大学，与具有宗教背景的金陵大学相当，远低于其他私立大学。
如此充裕的师资对于私立大学来说难能可贵。

表4-1 私立南开大学学生、教职员数量统计表（1919—1928）

	1919	1920	1921	1922	1923	1924	1925	1926	1927	1928
学生人数	96	120	226	316	287	352	341	280	418	357
教职人数	18	15	31	45	55	58	62	62	53	55
生师比	5.33	8.00	7.29	7.02	5.22	6.07	5.50	4.52	7.89	6.49

注：此表根据《南开大学校史资料选（1919—1949）》（王文俊、梁吉生
等编，南开大学出版社，1989）提供的数据整理而成。

表4-2 国立、省立、私立大学学生、教职员数量统计表（1925）

	国立大学				省立大学				私立大学			
	北京大学	北京师范	清华大学	北洋大学	河北大学	法政大学	东北大学	山西大学	复旦大学	金陵大学	中华大学	中国大学
学生人数	1490	839	391	398	439	225	576	931	365	555	347	1600
教职人数	366	219	76	48	129	41	90	87	34	103	43	132
生师比	4.07	3.83	5.14	8.29	3.40	5.49	6.40	10.70	10.74	5.39	8.07	12.12

注：此表根据《第一次中国教育年鉴（丙编 教育概况）》（开明书店，1934）
提供的数据整理而成。

可以说在抗战之前，私立南开大学尽管在师资建设上受制于捉襟见肘的办学经费，且时有教授因薪资等原因出走他校，但总体来说，亦能网罗名家，为人才培养提供重要的师资保障。三校合并时期，张伯苓将大部分时间和精力放在中学教育以及参与政治上，师资短缺的问题暂未凸显或未予顾及。

张伯苓以及南开大学深知优质的师资队伍是办学成功的关键所在。因此，当复校筹备工作提上日程之时，师资短缺与复校后的实际需求之间的矛盾日益显露，成了私立南开大学亟须面对和解决的紧迫问题。就办学实力而言，三校当中南开最弱，师资数量最少。1937年10月，三校合并之初，共有教师148人，其中南开教师仅20人。[1]1942年3月1日，南开大学第二次复兴筹备会议除了讨论办学经费的筹措之外，还重点讨论了人才引进问题，强调了青年师资的延聘，并要求在选择人才时尤其注意"南开学生或者新由国外归来之学者，如果极需人才一时无从延聘，可请英、美籍学者"[2]。3月7日，第四次复兴筹备会召开，会议着重讨论了师资问题，并确立了延揽人才的总体基调："即不必拘于院系，慎重，宁缺毋滥。"[3]同年3月，张伯苓致信蒋梦麟、梅贻琦，恳请联大提供经费支持时说道，"现时敝校教授人数，在西南联大占全校不及十五分之一，较之敝校战前相去悬殊，将来复校必感才荒"[4]。对于师资

---

[1] 西南联合大学北京校友会编：《国立西南联合大学校史：1937—1946年的北大、清华、南开》，北京大学出版社，2006，第13页。

[2] 梁吉生：《张伯苓年谱长篇（下卷）》，人民教育出版社，2009，第107页。

[3] 《南开大学复兴筹备会议（四）》，王文俊、梁吉生等编：《南开大学校史资料选（1919—1949）》，南开大学出版社，1989，第92页。

[4] 《张伯苓致蒋梦麟、梅贻琦函》，王文俊、梁吉生等编：《南开大学校史资料选（1919—1949）》，南开大学出版社，1989，第90页。

"现状"的判断，以及师资在将来复校时的重要性，南开同人也表达了同样的关切："一、大学复校，人才首要。现有人才，不足以构成吸纳人才之核心。二、战后经济困难与纷乱必更甚于今日，我辈当预为之谋。"[1]为多方觅寻人才，私立南开大学广泛利用一切资源和渠道。1945年杨石先赴美深造，张伯苓利用此机会致函杨石先，请其全权代理为南开物色优良人才，并详细告知所缺师资的数量、院系以及薪资待遇。具体来说，数学系、物理系以及化学系均需3—5人，生物系2人；待遇上战时以联大为准，战后与北大、清华相等。[2]

虽经多方努力，但无论是在私立南开大学再次萌发"国立"想法之时，还是在1946年收归国有之前，师资欠缺严重是不争的事实。1946年3月，西南联大致函教育部，汇报了三校的教职员数，南开的教职员从最初的20人，增至69人，尽管如此，还亟须聘任教员约30人。[3]对于南开大学师资短缺的状况，何廉在回忆录中有所描述，可以当作南开师资"现状"的真实写照："……大多数主要的教员也分散了——有的参加政府工作，有的被业界拉去了；从事行政管理工作的张伯苓的老同事，都是富有经验和忠于职守的人，但是他们由于年老且饱受战争摧残而逐渐凋零；张伯苓校长本人也已是很大年纪了。"[4]何廉的回忆不仅描述了私立南开大学师资

---

① 梁吉生：《张伯苓年谱长篇(下卷)》，人民教育出版社，2009，第155页。

② 张伯苓：《致杨石先函(1945年7月3日)》，梁吉生、张兰普编：《张伯苓私档全宗(下卷)》，中国档案出版社，2009，第1097页。

③ 《西南联大致教育部代电》，王学珍、郭建荣编：《北京大学史料(第三卷：1937—1946)》，北京大学出版社，2000，第473—474页。

④ 何廉：《何廉回忆录》，朱佑慈、杨大宁等译，中国文史出版社，1988，第269—270页。

欠缺的状况，也道出了私立南开师资短缺的重要原因之一，即战争带来的对于整个教育生态、办学环境的破坏，给师资的留任与延聘带来困难。

师资欠缺某种意义上反映了南开大学办学经费支绌的尴尬境遇。尽管西南联合大学的办学经费由政府负责，但北大、清华和南开大学均分别设有自己的办事处，负责管理各自经费和处理各校自身事务。[①] 即便政府负责联大办学经费，但也非按三校原有经费足额拨付，经常入不敷出。长沙临时大学筹备时期，教育部仅按照三校原有经费的"七成之半"拨发经常费，分别为北大 27 416.65 元、清华 35 000 元、南开 9 333.33 元。[②] 1937 年 10 月，教育部颁发关于经费力求紧缩的训令，要求"必要之机关及事业缩小组织或集中办公，一切物品材料尽量节省"，所需经费"按原预算七成支发"。[③] 1939 年 5 月，梅贻琦在《抗战期中之清华》一文中谈及西南联大的经费来源："联大经费之来源，系北大、清华原定经费之四成，及南开应领教部补助之四成拨充，合计每月不足 8 万元。"[④] 政府拨付的经费远不能

---

① 严海建：《抗战时期西南联大内部校际分合的界限与争论》，《高等教育研究》，2020 年第 3 期，第 100—109 页。

② 《教育部关于长沙临大开办费的代电（1937 年 9 月 17 日）》，北京大学、清华大学、南开大学等编：《国立西南联合大学史料（6）：经费、校舍、设备卷》，云南教育出版社，1998，第 3—4 页。

③ 《教育部关于经费力求紧缩的训令（1937 年 10 月）》，北京大学、清华大学、南开大学等编：《国立西南联合大学史料（6）：经费、校舍、设备卷》，云南教育出版社，1998，第 12—13 页。

④ 《梅贻琦在〈抗战期中之清华〉中谈西南联大经费（1939 年 5 月 1 日）》，北京大学、清华大学、南开大学等编：《国立西南联合大学史料（6）：经费、校舍、设备卷》，云南教育出版社，1998，第 19 页。

应付联大日常运作。为此，清华大学多次援助拨付联大经费。[1]此外，西南联大也多次因经费困难函请中英庚款董事会、教育部、蒋介石、孔祥熙、陈立夫等寻求帮助。[2]如此经费拨付及办学现状，维持联大日常办学尚且困难，遑论援助南开大学复校。尽管政府每年补助私立大学办学，但南开大学的补助费用依然入不敷出。1938年政府补助14 000元、1939年补助30 800元、1940年补助30 800元、1941年补助29 501.5元。4年共补助105 101.5元，而总支出为128 293.58元。[3]总体来说，补助费用入不敷出。

1942年3月，张伯苓致函蒋介石，陈述南开经济研究所的现实境遇，概能反映南开大学办学经费的困境：

　　兹太平洋战事爆发，该所历年经费大部分仰赖国外团体之捐助，本年度经费接济因之益感困难。际兹非常时期，国内法团亦各自有其本身之困苦，鲜能予以资助。近日来物价高涨，生活奇昂，该所支用更形浩大，倘不予以设法维持，将使具有

---

① 诸如1938年4月19日，清华大学第十三次校务会议议决拨付联大经费4万元，捐助联大建筑费1万元；1940年10月4日，清华第三十五次校务会议，议决补助联大迁移费国币25万元、美金1万元，等等。详见《清华大学校务会议、评议会有关拨付西南联大经费的提议与决议（摘录）（1938年至1946年）》，北京大学、清华大学、南开大学等编：《国立西南联合大学史料（6）：经费、校舍、设备卷》，云南教育出版社，1998，第16—19页。

② 《西南联大申请经费的函文（1938—1945）》，北京大学、清华大学、南开大学等编：《国立西南联合大学史料（6）：经费、校舍、设备卷》，云南教育出版社，1998，第31—41页。

③ 张伯苓：《呈教育部部长陈立夫（1942年1月7日）》，龚克主编：《张伯苓全集——第七卷 公文 函电（四）》，南开大学出版社，2015，第206—207页。

此十六年历史之学术机关无由继续。①

二、对政府抱有"信心"

客观上来说，尽管复校"基础薄弱"，但张伯苓仍对复校抱有"信心"。张伯苓对未来复校的"信心"是基于对政府抗日，以及蒋介石的"信心"基础之上的。跟同时代的知识分子一样，张伯苓对政府抗日持有必胜的信念。也因此，张伯苓在座谈会中经常以此鼓励南开校友，"中华民族决不会亡，最后的胜利是我们的"。② 1939年3月，张伯苓在昆明校友分会上发表演讲，表达了对于蒋介石及其政府的"信心"。

到去年6月份，政府组织国民参政会，我也在内……最近九个月来，政府各方面情形，知道的稍多一点，财政、外交、军政、教育、内政各部及行政、监察等各院负责者，每星期五有周详的报告，因此内幕情形较前知道多一点，从负责者看，特别从蒋先生看，有真令人高兴，我可以说一说现在的情形。

最要紧的是军队方面。自抗战以来，当汉奸的多是文人，未有军人，就是以前为大家所怀疑的军人，都转变过来，近来打得都很好……我们目前是整军统一，全民意志统一，抗战而又建国，我是乐观的，今日实在是千载难逢的好机会，要紧的

---

① 张伯苓：《呈行政院院长蒋介石、副院长孔祥熙(1942年3月)》，龚克主编：《张伯苓全集——第七卷 公文 函电(四)》，南开大学出版社，2015，第214页。
② 梁吉生：《张伯苓年谱长篇(下卷)》，人民教育出版社，2009，第18页。

是大家认识清楚了，一齐起来干，在后方苟且偷安要不得的。
……在目前环境之下，国家对教育界不薄，教育界应当表示出
一种精神来。南开精神更应加倍表示出来。……抗战后，日本
人将我赶回二十年，我今年才四十几岁。大家正在奋发时期，
希望振作起来努力，加强力量……①

类似内容在张伯苓的演讲中时常出现。从这些演讲中，可以看
出张伯苓在此阶段对于蒋介石个人的看法。需要说明的是，这样的
看法是基于国共两党面对外敌侵略，同仇敌忾共同抗日的大背景之
下产生的。也因此，张伯苓曾致信周恩来，表达国共合作的必要性，
认为"国共两党只有同舟共济，协同努力，战胜恶浪，才能冲破难
关，获得胜利"。②

但也就是基于这样的"信心"，1945年8月，张伯苓两次致函蒋
介石请求在复校经费上给予帮助，但结果却与设想差距甚大。如此
结果，也最终成为私立南开大学被迫接受"国立"的重要因素。

第二节 学府与官府博弈:
私立南开的"策略"选择

面对校园被毁、复校基础薄弱等办学困境，张伯苓与国民政府

---

① 张伯苓演讲、贾樸记录:《南开校友与中国前途》,《南开校友》,1939年第6期,第
1—3页。
② 李新芝编:《周恩来记事:1898—1976(上)》,中央文献出版社,2011,第263页。

展开了持续的互动博弈。具体来说，主要包括：顺应国民政府及蒋介石的"拉拢"，积极参与政治；顺应政府教育政策，积极调整办学理念；"私立"议题上的坚持。

一、顺应"拉拢"，积极参与政治

1937年以后，张伯苓开始积极参与政治，与蒋介石多有互动，接触更加频繁。查阅张伯苓年谱，张、蒋二人互动主要集中在以下两个方面：

其一，积极参加国民参政会，并被蒋介石委以重任。1938年6月17日，国民政府公布第一届国民参政会名单，张伯苓被遴选为参政员，并被委任为副议长，协助议长汪精卫开展工作。6月18日，《新华日报》刊载了张伯苓对于国民参政会的认识，表达了履职后的期待，其认为"参政会讨论之事虽不多，而其意义则极重大，更希望参政会开后，代表全国意见为政府之一大助力，替政府负担责任。……故鄙人希望开会后，团结全国力量，在领袖领导之下，努力抗战建国"。[1]7月6日，第一届国民参政会第一次大会召开，张伯苓在致辞中表达了初涉政治，能否肩负重任的担忧："过去四十年均系从事教育，对政治初无经验之人，谬膺重任，深惧弗胜"，并在致辞中进一步强调要以"赤心为国，拥护中央，拥护领袖之一致精神"。[2]尽管国民参政会期间张伯苓的演说、致辞"颇多失

---

① 《国民参政会副议长张伯苓发表谈话》，《新华日报》，1938年6月18日，第2版。
② 《张副议长致词》，《新华日报》，1938年7月7日，第2版。

体，闻者不满"①，但其依然积极参政议政，并在随后历任第二、
三、四届国民参政会主席团成员。

其二，参加三民主义青年团（以下简称"三青团"）相关活
动。成立三青团是蒋介石试图重塑国民党对外形象的重要举措。其
时，国民党对外形象一落千丈，蒋介石对此多有批评，认为"到了
现在，本党差不多是奄奄一息，沉寂无声，一般民众不仅对党无信
仰，而且表示蔑视"②。然而作为党魁，蒋介石对提振国民党的
"革命精神"抱有期待，其正是试图通过"党外造党"的方式组建
三青团"为国民党吸收新鲜血液"③。在此背景下，1938 年 7 月 9
日，张伯苓受邀出席在武昌举行的三青团成立大会。④1939 年 9 月 1
日，张伯苓出席三青团中央监察会成立大会，并被团长蒋介石选派
为监察，后被擢升为常务监察。⑤就三青团的使命和性质而言，显
然张伯苓被蒋介石寄予了"厚望"，希望通过张伯苓在教育界，乃

---

① 黄炎培：《黄炎培日记（第 5 卷）》，华文出版社，2008，第 320 页。《王世杰日记》中
对张伯苓的演说亦有记载："国民参政会第三次大会于今晨（按：1939 年 2 月 12 日）
举行闭幕。副议长张伯苓之演说，颇为参政员所不满"。此外，《王世杰日记》对张
伯苓参政议政亦有记述："今晨（按：1939 年 2 月 20 日）张伯苓先生以副议长资格，代
为参政会会议主席。张先生于政治情形不甚了了，复不甚接受他人之协助，会场秩
序几致不能维持。事后张先生对予言，不愿续任副议长"。"参政会今日（按：1942 年
10 月 30 日）上午下午大会由吴贻芳女士主席。吴女士主持会议之能力较张伯苓、莫
德惠等均优"。参见林美莉编辑校订：《王世杰日记（上册）》，"中研院"近代史研究
所，2012，第 181、183、464 页。
② 蒋介石：《唤醒党魂发扬党德与巩固党基（节选）》，中共中央党校中共党史研究
室：《三民主义历史文献选编》，中共中央党校办公室，1987，第 375 页。
③ 王奇生：《党员、党权与党争：1924—1949 年中国国民党的组织形态》，华文出版
社，2015，第 322 页。
④ 梁吉生：《张伯苓年谱长篇（下卷）》，人民教育出版社，2009，第 24 页。
⑤ 梁吉生：《张伯苓年谱长篇（下卷）》，人民教育出版社，2009，第 61 页。

至青年学生中的影响力吸引更多的青年加入三青团，从而达到改造国民党的目的。

除却以上两类"工作"互动之外，蒋介石与张伯苓在其他方面亦多有互动。1937年3月7日，张伯苓、张彭春出席参加南开校友会南京分会成立大会，蒋介石"问张伯苓兄弟何日北旋"[①]。1937年7月16日，张伯苓出席蒋介石召集的庐山谈话会。[②]7月31日，蒋介石约晤张伯苓。[③]8月1日，蒋介石宴请"平津学术界领袖张伯苓、蒋梦麟、胡适等"[④]。1938年5月10日，蒋介石接见张伯苓，并约共进午餐。[⑤]10月，蒋介石登门拜访张伯苓，并参观学校。[⑥]1939年4月13日，蒋介石"约伯苓谈话"[⑦]。同年，蒋介石偕同张伯苓检阅由战区内移之小学生。[⑧]1940年，蒋介石前往南开中学运动场阅兵，并拜访张伯苓。[⑨]1941年9月，蒋介石"派王访张伯苓先生病"[⑩]。1942年12月18日，赴蒋介石午宴。[⑪]1943年9月17、20日，分别赴蒋介

① 《蒋中正日记(1937)》，1937年3月7日，抗战历史文献研究会2015年编印。
② 郭廷以：《中华民国史事日志(第三册)》，台湾"中研院"近代史研究所，1984，第706页。
③ 郭廷以：《中华民国史事日志(第三册)》，台湾"中研院"近代史研究所，1984，第712页。
④ 郭廷以：《中华民国史事日志(第三册)》，台湾"中研院"近代史研究所，1984，第712页。
⑤ 梁吉生：《张伯苓年谱长篇(下卷)》，人民教育出版社，2009，第11页。
⑥ 梁吉生：《张伯苓年谱长篇(下卷)》，人民教育出版社，2009，第38页。
⑦ 《蒋中正日记(1939)》，1939年4月13日，抗战历史文献研究会2015年编印。
⑧ 《中国教育在战时》，《今日中国》，1939年第6期，第17页。
⑨ 梁吉生：《张伯苓年谱长篇(下卷)》，人民教育出版社，2009，第85页。
⑩ 《蒋中正日记(1941)》，1941年9月24日，抗战历史文献研究会2015年编印。
⑪ 黄炎培：《黄炎培日记(第8卷)》，华文出版社，2008，第47页。

石宴。①为表彰张伯苓的教育贡献，国民党政府更是于1944年授予
其一等景星勋章。②

张伯苓之所以积极参与政治，有两个版本的说法。中国台湾版
本的《张伯苓先生传》认为张伯苓之所以实际涉足政治是因为深受
蒋介石允诺（按：南开为中国而牺牲，有中国即有南开）的感动。③
而中国大陆版的《张伯苓传》认为，蒋介石的极力拉拢，以及办学
经费上的大力支持，是张伯苓涉足政治的重要原因。④两个版本的说
法各异，但都共同涉及一个重要因素，即教育经费。首先，抗战之
后，私立南开被日军蓄意轰炸，损失惨重，"南开大学已成灰烬"⑤，
难以凭借"化缘"使得南开大学"东山再起"。因此，在重建无望之
下，张伯苓不得不将恢复办学的希望寄托在蒋介石的"有中国即有
南开"的承诺上。其次，虽然后来蒋介石也兑现了自己的诺言，准
许私立南开大学与国立北京大学、清华大学共同组建西南联合大学，
但三校之中，私立南开办学实力最弱。

因此，南开大学要想谋求进一步发展，则需要争取更多的办学
经费。在当时特定的社会背景之下，可供张伯苓选择的方法、路径
寥寥可数，除了顺应"拉拢"，积极参与政治之外，似无他法。基于
此，张伯苓不得不谋求、利用和发挥政治资源在争取办学经费方面
的积极作用。有两件事情可做进一步的佐证。一是1936年6月，何

① 黄炎培：《黄炎培日记（第8卷）》，华文出版社，2008，第156—157页。
② 张锡祚：《张伯苓先生传略》，中国人民政治协商会议天津市委员会文史资料委
员会编：《天津文史资料选辑第8辑》，天津人民出版社，1980，第96页。
③ 孙彦民编著：《张伯苓先生传》，中华书局出版社，1971，第16页。
④ 《我的政治梦》，郑致光主编：《张伯苓传》，天津人民出版社，1989，第104—110页。
⑤ 《敌故意摧毁我文化机关：南开大学已成灰烬》，《战事画刊》，1937年第7期，第
16页。

廉接到翁文灏的邀请，邀其担任以蒋介石为院长的行政院秘书长。何廉为此征求张伯苓的意见，张伯苓建议其接受这一任命，主要理由是这样能够通过政治关系，处于一个有利的地位来协助南开在重庆建立分校。[1]事实上，何廉就任后，确实通过行政院拨付5万元用于南渝中学的创办费。[2]二是抗战结束后，张伯苓向蒋介石推荐张廷谔为天津市市长。之所以推荐，其前提是张廷谔答应张伯苓"如果我当了天津市市长，第一件事就是恢复南开，凡日本财产可助南开学校的，都拨给南开"[3]。

因此，不得不说，张伯苓积极参与政治，其背后有着争取办学经费的考虑。总体来说，张伯苓是一个精于世故、人情练达，为达目的能够"自我牺牲"的人。为了私立南开能够在战前得以为继，在战后继续维持私立，张伯苓或游走于教育与政治之间，或积极参与政治，背后彰显着对于教育救国理念的服膺与坚守。

表4-3 张伯苓国民政府职官年表（1933-1949）

时间	职位	任免
1933.4.25	行政院直属机关 农村复兴委员会 委员	聘
1933.5.4	行政院直属机关 行政院驻平政务整理委员会 委员	特派
1933.5.5	行政院直属机关 农村复兴委员会 技术组 委员	推选
1933.5.5	行政院直属机关 农村复兴委员会 组织组 委员	推选
1933.6.14	行政院直属机关 华北战区救济委员会 委员	派

---

① 何廉：《何廉回忆录》，朱佑慈、杨大宁等译，中国文史出版社，1988，第89—90页。
② 南开学校董事会记录（1936年10月4日），编号：1—DZ—01—859，馆藏南开大学档案馆。
③ 龙飞、孔延庚：《张伯苓与张彭春》，百花文艺出版社，1997，第180页。

续表

时间	职位	任免
1933.7.1	行政院直属机关 华北战区救济委员会 政务委员	指定
1934	行政院直属机关 行政院驻平政务整理委员会 委员	
1934	行政院直属机关 华北战区救济委员会 政务委员	
1934	行政院直属机关 华北战区救济委员会 委员	
1934	行政院直属机关 农村复兴委员会 委员	
1934	行政院直属机关 农村复兴委员会 技术组 委员	
1934	行政院直属机关 农村复兴委员会 组织组 委员	
1934	全国经济委员会 教育委员会 委员	
1934.3	内政部直属机关 内政部华北水利委员会 委员	聘
1934.3.17	内政部直属机关 内政部华北水利委员会 委员	就
1935	行政院直属机关 行政院驻平政务整理委员会 委员	
1935	行政院直属机关 农村复兴委员会 委员	
1935	行政院直属机关 农村复兴委员会 技术组 委员	
1935	行政院直属机关 农村复兴委员会 组织组 委员	
1935	全国经济委员会 教育委员会 委员	
1935	内政部直属机关 内政部华北水利委员会 委员	
1935.6.10	军事委员会 禁烟委员会 委员	任
1936	军事委员会 禁烟委员会 委员	
1936	行政院直属机关 农村复兴委员会 委员	
1936	行政院直属机关 农村复兴委员会 技术组 委员	
1936	行政院直属机关 农村复兴委员会 组织组 委员	
1936	全国经济委员会 教育委员会 委员	
1936	全国经济委员会直属机关 华北水利委员会 委员	
1936.5.30	全国经济委员会直属机关 华北水利委员会 委员	聘

续表

时间	职位	任免
1937	军事委员会 禁烟委员会 委员	
1937	全国经济委员会直属机关 华北水利委员会 委员	
1938	经济部直属机关 华北水利委员会 委员	
1938	国立及省立大学 国立西南联合大学常务委员	
1939	军事委员会 禁烟委员会 委员	
1939	内政部禁烟委员会 委员	
1939	经济部直属机关 华北水利委员会 委员	
1939	国立及省立大学 国立西南联合大学常务委员	
1939.3.1	军事委员会 禁烟委员会 委员	派
1940	内政部禁烟委员会 委员	
1940	经济部直属机关 华北水利委员会 委员	
1940	国立及省立大学 国立西南联合大学常务委员	
1941	内政部禁烟委员会 委员	
1941	水利委员会直属机关 华北水利委员会 委员	
1941	国立及省立大学 国立西南联合大学常务委员	
1941.8.12	行政院直属机关 外汇管理委员会 委员	派
1942	内政部禁烟委员会 委员	
1942	行政院直属机关 外汇管理委员会 委员	
1942	水利委员会直属机关 华北水利委员会 委员	
1942	国立及省立大学 国立西南联合大学常务委员	
1943	内政部禁烟委员会 委员	
1943	行政院直属机关 外汇管理委员会 委员	
1943	水利委员会直属机关 华北水利委员会 委员	
1943	国立及省立大学 国立西南联合大学常务委员	
1944	内政部禁烟委员会 委员	
1944	水利委员会直属机关 华北水利委员会 委员	

续表

时间	职位	任免
1944	国立及省立大学 国立西南联合大学常务委员	
1945	内政部禁烟委员会 委员	
1945	水利委员会直属机关 华北水利委员会 委员	
1945	国立及省立大学 国立西南联合大学常务委员	
1946	内政部禁烟委员会 委员	
1946	水利委员会直属机关 华北水利委员会 委员	
1946	国立及省立大学 国立南开大学校长	
1947	内政部禁烟委员会 委员	
1947	水利委员会直属机关 华北水利委员会 委员	
1947	国立及省立大学 国立南开大学校长	
1948	内政部禁烟委员会 委员	
1948.6.24	国立大学 国立南开大学校长	任考试院院长
1949	内政部禁烟委员会 委员	

资料来源：《张伯苓国民政府职官年表（1933—1949）》，台湾"中研院"近代史所，近现代人物资讯整合系统数位数据库。

二、被动接受"入党"邀请

张伯苓于1941年加入国民党。尽管张伯苓与蒋介石关系密切、往来频繁，但张伯苓在是否加入国民党的问题上保持谨慎，有过踌躇和纠葛。关于张伯苓"入党"问题，宁恩承回忆到：

　　　　洗脸吃饭以后，伯苓先生述及南京见闻、京沪战况，忽然提起一个意外的问题，和我商量。他说："这次（按：1937年8月，蒋介石召集各党各派在南京开会）在南京蒋先生（介石）极力维护南开，并拉我入党，你看怎么样？"我受宠若惊，没想到这样大的出处问题和我商讨。我沉思半分钟答称："这是出处大事，要考虑考虑。校长一生为公为国，高洁纯真，往来自由，行动自由，思想自由，不受任何限制。一旦入党下海，脖子上套一条锁链，挂上牌子，就不自由，不方便了。当年颜惠庆请校长做教育总长，张学良请校长做天津市市长，全没接受。事后看来是对的。校长在党外为国为民的作用或比下海好得多。"

伯苓先生静听多时，连声"唉，唉！"未加可否。我以为话不投机，就不再续说入党问题，换个题目另谈别事了。①

杜建时在回忆中也曾述及相关细节：

在国民参政会成立初期，国民党为进一步拉拢张伯苓，孔祥熙曾指使行政院参事张平群（南开校友）征求他参加国民党。随后贵州省政府秘书长郑道儒（南开校友）在国民党指使下，亦向他做同样请求。张伯苓两次均以"我不参加不比参加更好吗？"拒绝之。以后传闻国民党秘书长吴铁城亲赴重庆沙坪坝张伯苓家中，敦请他参加国民党，未得允诺，即将一特字国民党证放在桌上。张伯苓碍于情面，不好意思璧回。他虽收下党证，

① 宁恩承：《百年回首》，东北大学出版社，1999，第109页。

却从未参加国民党党内的活动。①

　　张伯苓显然认同宁恩承的建议，"我不参加不比参加更好吗"这
句话意味深长。就国民政府的期待而言，其背后的"潜台词"不言
自明，即张伯苓认为非党员的身份更有利于推进国民党以及国民政
府的工作。数年之后，胡适在评价张伯苓入党的实际作用时认为，
"蒋先生前几年把翁文灏、张嘉璈、蒋廷黻、张伯苓诸君都邀请入
党，又选他们（廷黻除外）为中委，这是一大失策"②。张伯苓之所
以用如此"贴己"的方式回绝来自蒋介石的"入党"的邀请，背后
也体现了张伯苓政治参与的困顿与抉择。

　　一方面，张伯苓深知蒋介石对其"入党"的期待。从1937年的
南京会议至国民参政会初期，一直到1941年，国民党多次邀请张伯
苓入党，可见蒋介石对于张伯苓入党的"期待"。而这种期待随着二
人频繁往来而日渐凸显。从上文列举的互动事例中，不难看出不管
是委任张伯苓担任国民参政会副议长，还是三青团中央监察等职，
蒋介石对于张伯苓是充满期待的。事实上，蒋介石在日记中也表达
对于"二等以上人才""一等人才"入党的期待。③随着往来互动的
逐步深入，这种期待也自然集中体现在拉拢张伯苓加入国民党这一
事情上来。

　　此外，"入党"还是张伯苓政治参与过程中不得不面对的"现实

① 杜建时：《蒋介石拉拢张伯苓的经过》，中国人民政治协商会议天津市委员会文史
资料委员会编：《天津文史资料选辑第8辑》，天津人民出版社，1980，第153—154页。
② 胡适：《胡适全集（第33卷）》，安徽教育出版社，2003，第627页。
③《蒋中正日记（1939）》，1939年3月2日；1939年3月16日，抗战历史文献研究会
2015年编印。

问题"。蒋介石邀请张伯苓"入党"与国民党试图强化从政知识分子"忠诚度"的时代背景有关。20世纪30年代，在"专家政治论"的影响和呼吁之下，国民政府逐步开放政权，一批知识分子入仕从政。诸如翁文灏、蒋廷黻、何廉等非党员身份的知识分子先后进入政府任职。另据何廉回忆，其自1936年进入政界时"国民党人占大多数，但非党人员也不少"。诸如在"'内阁'里部长一级，外交部部长张群是党员，他的次长一人是党员一人不是；实业部部长不是党员，次长一是一不是；教育部部长王世杰和两个副部长是党员；在行政院，秘书长和政务处长不是党员；在铁道部，部长不是党员，两个副部长是；在军政部和海军部，部长都是党员。相对来说，当时部长这一级中有好些非党人士"①。"抗战爆发后，更多的专家以种种方式参政，如军事委员会参事室、国民参政会"。然而，"如何保证从政专家的政治忠诚，稳固政权的合法性基础，也是国民党当局面临的一个难题"②。邀请、拉拢"入党"是解决这一难题最为直接的方法之一。国民党也因此拉拢、邀请了一批在政府工作的党外知识分子加入国民党。如钱昌照任职教育部常务次长时，被陈布雷、张群介绍入党；③曾在南开大学任教的张忠绂在1938年担任军事委员会参事室参事期间，亦多次被蒋介石、王世杰邀请入党；④同样来自南开大学的何廉，也曾在蒋介石、陈布雷的邀请下加入国民党。⑤国

① 何廉：《何廉回忆录》，朱佑兹、杨大宁等译，中国文史出版社，1988，第198页。
② 邓丽兰：《南京政府时期的专家政治论：思潮与实践》，《天津社会科学》，2002年第2期，第119页。
③ 钱昌照：《钱昌照回忆录》，中国文史出版社，1998，第139页。
④ 张忠绂：《迷惘集》，文海出版社，1978，第144页。
⑤ 何廉：《何廉回忆录》，朱佑兹、杨大宁等译，中国文史出版社，1988，第199页。

民政府除了拉拢从政知识分子加入国民党之外,还利用"召集中等以上学校校长及训育人员谈话及全国会议"的机会,"劝参加人员加入国民党"。①而作为具有一定社会声望,且与蒋介石往来密切的张伯苓,自然也在拉拢、邀请之列。

另一方面,张伯苓也深知"入党"的"好处",以及"不入党"可能带来的"后果"。就"好处"而言,"入党"恰似黏合剂,可以更好地维系和强化二人之间的密切关系。事实上,得益于二人之间的关系,蒋介石多次接见张伯苓或到访南开学校,为学校解决办学困难。国民参政会期间,张伯苓除了要过问南开大学外,还需要把较多的精力放至办理南开中学上来。蒋介石与张伯苓的互动除了为南开大学带来帮助之外,还为南开中学解决办学困难。诸如1938年5月10日,蒋介石接见张伯苓,张伯苓提出中学补助经费问题,蒋令陈布雷催办。②1940年5月8日,张伯苓致函行政院长孔祥熙,拟请其代向蒋介石进言,请求临时补助南开中学经费10万元。5月28日,孔祥熙复函,告知临时补助费10万元已由行政院饬令财政部拨付。③此类帮助,张伯苓年谱中多有记载,不再赘述。

另外,就资源获取的处境而言,张伯苓也深知"不入党"可能带来的"后果"。诚然,作为被邀请者,张伯苓也可选择"不入党",或以其他理由回绝"入党"的邀请,一如1928年之前回绝颜惠庆、张作霖的"政治"邀请一般。张伯苓之所以没有"璧回"国民党证,表面

---

① 林美莉编辑校订:《王世杰日记(上册)》,台湾"中研院"近代史研究所,2012,第185页。
② 梁吉生:《张伯苓年谱长篇(下卷)》,人民教育出版社,2009,第11页。
③ 梁吉生:《张伯苓年谱长篇(下卷)》,人民教育出版社,2009,第80—81页。

上是因为"碍于情面"，实质是因为碍于"情面"破裂而带来的资源获取"便捷性"的丧失。"入党"还是"不入党"，在蒋介石看来是块"试金石"，是检验张伯苓是否忠诚于国民党的准绳，背后涉及蒋介石对其信任程度；在张伯苓看来，是维系与蒋介石密切关系的纽带，其背后关乎南开学校办学资源获取的便利与否。此外，就办学处境来说，除了南开大学被日军轰炸之外，南开中学也被迫异地重建，需要政府施以援手；南开大学虽与清华、北大合并组建西南联合大学，但在三校之中，办学"底子"最薄，将来复校也最为困难。战争对办学环境的破坏是毁灭性的，私立学校赖以生存的社会环境不复从前。不管是南开中学，抑或南开大学若要维持办学，继而恢复重建，均离不开政府的资助。张伯苓自然清楚，二人之间的密切关系对于办学资源获取的重要性。为此，张伯苓怕也不得不慎重考虑蒋介石在其入党问题上的"期待"，并最终接受来自蒋介石的"入党"邀请。事实证明，张伯苓加入国民党之后，南开学校（南开系列学校，包括中学、大学）获益不少。不管是国民政府还是蒋介石本人对南开学校均多有"关照"，为南开大学的资源获取提供帮助和便利。蒋介石也曾允诺复校时将南开大学与国立大学同等对待。虽然私立南开大学最终被收归国立，但国民政府在复校阶段对于南开大学的帮助和投入亦是事实。

虽然张伯苓在国民参政会就职，但就其意愿而言，张伯苓是不愿意加入国民党的。知识精英入党在当时是"常态"，"尤其在抗战初期，多数知识精英将抗战胜利的希望寄托于国民党，加入国民党，在某种意义上也表示自己与执政者当局共度艰难一致对外的决心"。[1]在此背

---

[1] 王奇生：《革命与反革命：社会文化视野下的民国政治》，社会科学出版社，2010，第242页。

景之下，张伯苓如此踌躇与纠葛于"入党"的邀请，说明其对于"入党"是有所顾忌的。尽管如此，张伯苓最终还是接受了党证，加入了国民党。对于"入党"，张伯苓曾说道："我办教育是为国，我入党也是为国。"①1930年张伯苓曾开导宁恩承接受张学良命其代理东北大学校长时说道，"现在的问题，不是你爱惜羽毛的时候，而是张汉卿有了困难，找不着合适的人选，士为知己者死"②。张伯苓是否也用如此方式纾解顾忌？有待学者的进一步研究和探讨。

综上，张伯苓在"入党"问题上的踌躇与纠葛，即是"入党"所带来的资源获取的"便捷性"与个人"入党"意愿之间的背离与冲突。而资源获取"便捷性"的实现，主要通过政治参与，以及在此基础上与蒋介石之间的密切互动得以实现的。为着资源获取的"便捷性"，张伯苓不得不牺牲个人的"入党"意愿。

三、顺应教育政策，积极调整办学理念

1937年全面抗战以后，张伯苓积极调整办学理念，主动迎合国民政府所倡导的教育理念，主要体现在两个方面：

（一）适时提出"建国教育"的办学理念，主动将学校发展与国家的命运紧密相连

张伯苓多次在公共场合要求南开学子努力向上，为抗战建国奉

---

① 周利成：《张伯苓的三次"失策"》，《世纪》，2015年第1期，第70页。
② 宁恩承：《东北大学话沧桑》，中国人民政治协商会议辽宁省委员会文史资料委员会：《辽宁文史资料选辑："九·一八"前学校忆顾（总第33辑）》，辽宁人民出版社，1991，第36页。

献自己的才智。1938年7月，张伯苓在重庆南开中学毕业会上，号召学子本着"南开精神"为中华民族的建国事业而努力奋斗；①1939年3月，在昆明校友会上谈及要加强力量，帮助领袖抗战建国；②1939年10月，张伯苓在教师节聚会上明确提出南开教育的转向，即从全面抗战前救国的教育转至全面抗战后的建国的教育。③1941年日本轰炸珍珠港以后，"建国教育"的理念被张伯苓提及的频率明显增多。1943年3月，为配合蒋介石《中国之命运》一书的发行，张伯苓特召集南开同人商讨"建国教育"方案；④1943年10月，在南开学校成立39周年纪念会上，张伯苓重申南开今后的目标在于致力于通过教育协助建国；⑤1944年4月，在张伯苓七旬寿辰纪念会上，行政院副院长孔祥熙盛赞张伯苓及南开学校为国培养大批人才，望再接再厉，为建国以后的人才培养多做贡献。张伯苓致谢道："本人四十年办学目的即在此。"⑥更有甚者，张伯苓不单号召南开同人、校友秉承"建国教育"的理念，还于1944年5月在当选中国教育学会理事之际，在《中国教育学会年报》上撰文道："今后一切教育之理论与实施，要能处处配合国策之需要，时时适应建国之要求，脚踏实地，不尚空论，深信以此'建国教育'之精髓，定可完成'教育建国'之重任。"⑦同年，为进一步与《中国之

---

① 崔国良编：《张伯苓教育论著选》，人民教育出版社，1997，第291页。

② 张伯苓演讲、贾樸记录：《南开校友与中国前途》，《南开校友》，1939年第6期，第3页。

③ 梁吉生撰著：《张伯苓年谱长编(下卷)》，人民教育出版社，2009，第66期。

④ 梁吉生撰著：《张伯苓年谱长编(下卷)》，人民教育出版社，2009，第122页。

⑤ 梁吉生撰著：《张伯苓年谱长编(下卷)》，人民教育出版社，2009，第130页。

⑥ 梁吉生撰著：《张伯苓年谱长编(下卷)》，人民教育出版社，2009，第138页。

⑦ 中国教育学会编：《中国教育学会年报》，中华书局，1944，第1—3页。

命运》相呼应，南开学校更是撰写《中国之命运与南开之教育——由"公能教育"进为"建国教育"》一文，从宏观层面阐述"建国教育"之必要，并给出"建国教育"之计划。概述之，即"教育要与三民主义相配合，与国防、文化、经济相协调"，如此才能培养大量建国之有用人才。并且特别述及"今后南开教育，应与国策完全配合，由'公能教育'更进为'建国教育'"。①1944 年 10 月 6 日，张伯苓在南开校友大会上再次强调"今后办教育乃以教育建国为方针，切实配合建国步骤"②。

不单如此，张伯苓还试图将《中国之命运》相关内容当作学生课本来讲。时任南开重庆中学教师杨敏如回忆道：

> 一天晚上，张校长召唤我们几个高中语文老师到他家去。喻主任也在座。张校长问我们："你们看了委员长的《中国之命运》了吧？"我们默然。他似乎不高兴了，随即把那书夸奖了一通。我们还是默然。校长问喻主任："咱们图书馆有这个书没有？送他们每人一本，我看选上几段，当课本讲，怎么样？"我们还是只有默然。③

抗战胜利在望之际，国民政府的工作重心转至以经济建设为主，

① 《〈中国之命运〉与南开之教育——由"公能教育"进为"建国教育"（1944 年 5 月）》，龚克主编：《张伯苓全集——第三卷 著述 言论（三）》，南开大学出版社，2015，第 131—137 页。
② 张伯苓：《在校友大会的讲话（1944 年 10 月 6 日）》，龚克主编：《张伯苓全集——第三卷 著述 言论（三）》，南开大学出版社，2015，第 149 页。
③ 杨敏如：《深切怀念喻传鉴先生》，喻传鉴先生纪念文集编辑组：《喻公今犹在——南开中学柱石、爱国教育家喻传鉴纪念文集》，天津教育出版社，1989，第 135 页。

亟须能够服务国民经济建设的有用人才。张伯苓适时提出"建国教育"并号召教育工作者以建国为宗旨培养所需的各类人才，在与国民政府及蒋介石的密切互动中赢得了"青睐"与好感。

（二）积极配合国民政府，推行党化教育

推行党化教育是张伯苓"主动靠拢"的另一主要表现。1939年12月，中央训练团党政训练班编印了张伯苓在该班的演讲，内容主要涉及训育问题。在演讲的结尾，张伯苓强调，"在教育上使一般学生了解党政的重要性和党与国家的密切关系，一致加入本党……建立三民主义的新中国，完成教育界对国家民族所负的重大使命"①。张伯苓的主动靠拢，正"击中要害"。国民政府自成立起，虽然施行一系列的改革，以推行三民主义教育，但效果不佳。1951年3月，蒋介石在《教育与革命建国的关系》一文中陈述了三民主义教育存在的问题。②毫无疑问，张伯苓的积极配合拉近了与蒋介石及国民政府之间的"心理距离"，从而为南开大学申请办学经费创造了一定程度的便利。

从前文所述的"不谋而合"到全面抗战之后的"主动靠拢"，在时代变革之际，私立南开大学完成了一次办学策略的选择。而这一选择，给私立南开大学带来的"好处"是显而易见的。张伯苓多次电请蒋介石、孔祥熙、陈立夫等补助南开大学的发展，并且多能获批。诸如1942年3月，呈报行政院，请求补助南开大学

---

① 张伯苓：《学校训育问题》，中央训练团党政训练班编：《中央训练团党政训练班讲演录》，中央训练团党政训练班编印，1939，第16页。
② 吴家莹：《中华民国教育政策发展史（国民政府时期，1925—1940）》，五南图书出版公司，1990，第4页。

经济研究所年度经费 10 万元，并获批；[①]1942 年 7 月，行政院院长蒋介石批准追加南开大学经费 10 万元，[②]等等。这些经费的获得为私立南开大学在战时得以运转提供了保障。

四、"私立"议题上的坚持：经费争取与舆论利用

不可否认的是，面对资源获取的困境，南开大学在"私立"或"国立"问题上有过"动摇"，从现有材料来看，较为明确提及的至少有三次：1935 年 1 月，张伯苓曾对颜惠庆说道，南开大学终将成为国立大学；1935 年 2 月，张伯苓召集董事会，讨论将私立南开大学送归国立；1944 年 6 月，张伯苓在一次谈话中透露其曾与蒋介石同车，表达过同样的愿望。[③]此外，同年 7 月，张伯苓在与南开同人的谈话中也表达了"大学之为私立、为国立尚待考虑"[④]的想法。大体说，张伯苓曾在"私立"抑或"国立"议题上，存在着摇摆不定的态度，但 1945 年以后，张伯苓坚定了维持私立的决心，并在多个场合阐明其态度。为此，在准备复校阶段张伯苓做了两个方面的努力：一方面努力争取政府教育经费的补助，以确保私立南开大学在复校时享受国立大学的待遇；另一方面主动利用媒体力量，为其私立属性的坚持以及办学经费的争取创造舆论环境。

---

① 梁吉生撰著：《张伯苓年谱长编(下卷)》，人民教育出版社，2009，第 108 页。
② 梁吉生撰著：《张伯苓年谱长编(下卷)》，人民教育出版社，2009，第 112 页。
③ 梁吉生撰著：《张伯苓年谱长编(下卷)》，人民教育出版社，2009，第 153 页。
④ 张伯苓：《与南开同人谈话纪要(1944 年 7 月 1 日)》龚克主编：《张伯苓全集——第三卷 著述 言论(三)》，南开大学出版社，2015，第 144 页。

（一）争取政府教育经费方面的努力

除却政府办学经费之外，私立南开争取教育经费的来源主要有两方面：一是发动校友会的力量筹集经费。私立南开注重校友会的建设，至1939年4月，南开在全国各地共成立校友会36处之多。[①]随着学校规模增大，校友对母校办学的重要性日益凸显。1943年4月，南开校友总会发起的"伯苓'四七'奖助金"运动即是例证。但在特定的背景之下，这种"运动式"的捐赠难以常规化，对于学校发展的贡献亦是有限。二是争取基金会、学术团体的资助。以1928—1935年的捐款统计为例，基金会、学术团体的资助已成为私立南开办学经费的重要来源。[②]然而，基金会、学术团体的捐赠与个人、非政府组织的捐赠一样，具有不确定性。

因此，为获得稳定来源的办学经费，南开大学不得不将"注意力"转移至政府。为此，如前所述，张伯苓顺应了蒋介石的"拉拢"，迎合了政府教育政策，并以此来获得维持正常办学的必要经费。总体来说，复校之前私立南开得益于张伯苓的多方经营，亦能勉强维持办学。但在复校准备阶段，"私立"属性带来的"劣势"日益凸显，南开大学不得不更加依赖政府补助。

1941年12月8日，张伯苓在重庆津南村举行座谈会，首提复校计划。1942年2月13日，张伯苓拜见蒋介石谈复校问题，蒋介石允诺"复校时南开与国立大学同等对待"[③]。2月17日，私立南开复兴

① 张伯苓演讲、贾槿记录：《南开校友与中国前途》，《南开校友》，1939年第6期，第1页。
② 金国、胡金平：《权力让渡与资源获取：私立南开大学国立化进程中的"府学关系"》，《高等教育研究》，2015年第12期，第88页。
③ 梁吉生撰著：《张伯苓年谱长编(下卷)》，人民教育出版社，2009，第106页。

筹备会第一次会议在重庆张伯苓寓所召开,会议汇报了蒋介石"有中国即有南开"与复校后享受国立大学同等待遇的诺言,以及商定了复校之后仍维持私立的决议。张伯苓除了自己向政府努力争取经费之外,还利用在政府任职的南开校友之便,积极与政府相关部门斡旋。如1942年3月复兴筹备会再次召开,会议尤其提到,由何廉与陈布雷接洽,设法使蒋介石的允诺具体化。基于蒋介石的"承诺"以及校友同人们的努力,张伯苓对于复校后维持私立的前景抱有相当之希望。1944年4月5日,张伯苓在对孔祥熙亲临祝寿的答词中言及"誓为南开复校,地点仍决在天津原址",同时再提及蒋介石"南开为中国而牺牲,有中国即有南开"的允诺,并期待"蒋主席和孔先生一定能赐予许多的帮助"。[①]1944年6月24日,在南开同人聚餐会上张伯苓发表了《国际大势与南开前途》的演讲,演讲中张伯苓对于南开大学的未来充满信心,进一步明确并坚持南开学校的私立属性。之所以要维持私立属性,其认为主要基于两点:"第一,世界一天天的光明,国运一天天的好转,同时个人的精神体魄,也一天天在盛旺健壮,我要为国家多服务几年,我不能在此时委卸责任,告老山林;第二,私立学校只要有计划,有干部,有经费,尽可以按部就班,实现理想,所以我主张今后南开学校要能永远保持私立的性质。"在述及经费来源时,张伯苓亦作初步"设想",即"请求政府战后在敌人产业中拨出一部分,作为南开建筑费用,及教育基金",认为"南开为敌人所摧毁,应用敌人财产来复兴",并且相信

---

① 张伯苓:《对孔祥熙亲临祝寿致词的答词》,梁吉生、张兰普编:《张伯苓教育佚文全编》,人民教育出版社,2019,第361页。

"此种处置办法……想将来不难实现"。①

1945 年 8 月，复校在即，张伯苓呈函蒋介石，拟请按照北大、清华的拨款数额支持南开大学的复校重建工作，为期 10 年，并且请求指定敌产作为学校永久基金，若指定敌产未能奉拨变价，恳请政府提供相应之补助。随即，蒋介石给予答复，并通过文官处与张伯苓沟通，"商改国立"。②显然，张伯苓不赞成由"私立"变为"国立"，仍愿意以"人民团体立场"③继续办学，为国服务。为此，张伯苓在政府拨付的补助费上作出让步："南开复校第一年所需经费，准照北大、清华两校经费比例，由政府全数补助，嗣后逐年递减十分之一，至十一年，即全由南开自行筹措。"④然而政府并未采纳张伯苓的意见。面对南开因战争爆发而造成的人力、物力、财力的破坏，以及学校重建的重重困难，张伯苓不得不勉强默认。但不管是基于"私人友情"⑤，还是迫于"维护教育之至意"⑥的压力，作为"妥协"或者交换，蒋介石批准"南开在战后十年内暂时改为国立，以后逐渐改为私立"⑦，并在复校之际补助南开校款 8 亿元（北大 10

---

① 张伯苓：《国际大势与南开前途(1944 年 6 月 24 日)》，龚克主编：《张伯苓全集——第三卷 著述 言论(三)》，南开大学出版社，2015，第 142—143 页。
② 《文官处呈蒋主席签呈(1945 年 8 月)》，梁吉生、张兰普编：《张伯苓私档全宗(下卷)》，中国档案出版社，2009，第 1097—1099 页。
③ 梁吉生撰著：《张伯苓年谱长编(下卷)》，人民教育出版社，2009，第 195 页。
④ 张伯苓：《致蒋介石函(1945 年 8 月 11 日)》，梁吉生、张兰普编：《张伯苓私档全宗(下卷)》，中国档案出版社，2009，第 1097—1098 页。
⑤ 江沛：《蒋介石与张伯苓及南开大学》，《民国档案》，2011 年第 1 期，第 69—79 页。
⑥ 《文官处呈蒋主席签呈(1945 年 8 月)》，梁吉生、张兰普编：《张伯苓私档全宗(下卷)》，中国档案出版社，2009，第 1099 页。
⑦ 梁吉生撰著：《张伯苓年谱长编(下卷)》，人民教育出版社，2009，第 209 页。

亿元，清华12亿元）。①

　　总体来说，尽管张伯苓在办学经费的获取上多方努力，但最终结果并非如其所愿。一方面虽然蒋介石兑现了复校后私立南开享有国立大学待遇，但相比北大、清华，在战时遭受破坏最严重，最需要补助的情况下，所得建校经费却是最少；另一方面虽然蒋介石曾表态"南开为中国而牺牲，有中国即有南开"②，但未就学校属性给予明确说明，也因此向张伯苓提出"商改国立"，表达了"国家对南开负责"③的态度。1946年教育部的一纸决定，私立南开大学的"国立化"命运终于尘埃落定。

　　（二）利用媒体力量，创设舆论环境

　　就作为教育家的张伯苓来说，办理真正的"民立"大学是其夙愿。1945年10月，即蒋介石提出"商改国立"之后，张伯苓在坚持私人办学的议题上④，除了在不同场合跟南开校友言说之外，还积极利用报刊媒体，制造维持"私立"属性的舆论环境。1945年10月21日，张伯苓在接受记者采访时说道："南开大学决定维持私立，不过战后疮痍满目，经济尚不能独立，仍需请求政府补助……已呈请

---

① 何廉、伉乃如：《何廉、伉乃如致张伯苓电（1946年4月6日）》，梁吉生、张兰普编：《张伯苓私档全宗（下卷）》，中国档案出版社，2009，第1104页。

② 梁吉生撰著：《张伯苓年谱长编（中卷）》，人民教育出版社，2009，第473页。

③ 张伯苓：《世界、中国、南开》，《上海文化》，1947年第12期，第21页。

④ 黄钰生认为，关于私立抑或国立问题，南开内部是有分歧的。南开私立是张校长一贯的主张。复校后，头10年是国立，以后再改私立，这是南开同人为了遂老校长之宿愿而写入计划的。（详见黄钰生：《读〈南开大学校史（稿）随笔》，申泮文编：《黄钰生同志纪念集》，南开大学出版社，1991，第173页。）尽管在南开大学的发展过程中，曾萌生国立想法，但办理私立大学确是张伯苓的夙愿。此外，存在私立抑或国立的内部分歧或不同意见亦属正常，一如当初张伯苓正式创办私立南开大学时一般。

（蒋）主席，在经费上与北大、清华相等，后年逐年减少十分之一，十年之后，完全自给……"①1945年11月14日，《大公报》刊载张彭春阐述南开大学维持私立的愿望，希望南开"仍维持私立立场，以私人力量做公共的事业……希望各界能够赞助"②。值得玩味的是，1946年1月17日，张伯苓在南开上海校友会宣布了蒋介石的批示：南开大学暂改国立，以10年为期，期满仍恢复私立。③时隔两天，也即1946年1月20日，张伯苓在与《新闻报》记者谈话中，再次重申"将来复校后，我校仍旧恢复私立，唯由政府当局每年补助十分之一"④。

张伯苓对私立属性的坚持，以及时隔两天前后表述不一的做法颇具意味：一方面，在蒋介石提出"商改国立"的建议后，张伯苓借助媒体进一步宣告了南开大学维持私立的决心；另一方面，陈述南开大学复校困难之境遇，赢得社会共鸣，也为争取政府资助创设舆论环境。

媒体对于社会民众，尤其是知识分子的影响是巨大的。对于媒体的巨大影响力，张伯苓并不陌生。1937年7月29日，日军轰炸了南开学校，日军的轰炸虽然使得南开大学损失惨重，但客观来说，经由这一事件，通过包括《路透社》《申报》《大公报》《中央日报》等国内外媒体的密集报道，致使南开大学成为战时中国坚强不屈的

① 《从昨日之新闻看昨日之南开》，《世界日报》，1945年10月21日。
② 梁吉生撰著：《张伯苓年谱长编(下卷)》，人民教育出版社，2009，第202页。
③ 张伯苓：《南开上海校友欢迎会致词》，梁吉生、张兰普编：《张伯苓教育佚文全编》，人民教育出版社，2019，第375页。
④ 张伯苓：《与〈新闻报〉记者谈话》，梁吉生、张兰普编：《张伯苓教育佚文全编》，人民教育出版社，2019，第376页。

象征，引发了教育界、文化界的广泛同情和关注。①也基于此，蒋介石召见教育界人士座谈，张伯苓应邀其中。席间张伯苓就南开被炸一事表态道："南开已被日军烧掉了，我几十年的努力都完了。但是只要国家有办法，能打下去，我头一个赞成"。②或感召于张伯苓的表态，或出于拉拢、团结教育界人士的需要，蒋介石随即表示："南开为中国而牺牲，有中国即有南开。"待蒋介石作此承诺之后，张伯苓对南开复校信心倍增，为此张伯苓主动联系《大公报》，欲借"贵报之力，将此意（按：复校信心）转达全国校友"③。此外，蒋介石"有中国即有南开"的"口谕"也成为张伯苓在校友集会、寿辰典礼等活动时动员师生建校，对未来增强信心的"一剂良药"。同时它也成为私立南开向各政府部门、各政要申请经费支持的"尚方宝剑"。蒋介石除作此承诺之外，还批准南开大学与北大、清华共同组建西南联合大学，大大提升了私立南开的知名度和影响力。得益于媒体的广泛报道，私立南开大学开启了办学的另一征程，开始了浓墨重彩的一段校史。大公报对此更是发表短评，文谓"凶残的敌人，毁了旧南开校舍，却更发扬了新南开精神"④。

因此来说，张伯苓深谙媒体舆论对于办学资源获取所产生的积极作用。暂且不论张伯苓以及南开同人在坚持私立属性以及经费获取上利用媒体创设舆论的效果，但作为一种尝试和努力不应该被研究者所忽视。

①《南开大学被炸毁 各方深表痛愤》，《申报》，1937年7月31日。
②梁吉生撰著：《张伯苓年谱长编（中卷）》，人民教育出版社，2009，第473页。
③梁吉生撰著：《张伯苓年谱长编（中卷）》，人民教育出版社，2009，第485页。
④《祝南开》，《大公报》，1937年10月17日。

第三节 国民政府收归私立南开大学的原因分析

  既然国民政府鼓励私立高校的发展，那为何要将私立南开大学收归国立？有学者认为，"蒋介石在帮助解决南开经费时希望南开大学'商改国立'，可能并非如人所揣测的是有控制南开教育的用心，或许只是为了管理制度上的需要以免其他学校群起效法"。[1]可问题是：其一，就"特殊性"而言，私立南开大学是其他私立大学无法比拟和效仿的。私立南开大学因是首个被日军轰炸的高校，获得了社会的广泛关注，成为战时高校坚强不屈之代表，也因此蒋介石承诺"有中国即有南开"。随着媒体的报道和传播，蒋介石的"承诺"人尽皆知。复校阶段，若能获得政府乃至蒋介石的"格外关照"，也似在情理之中。其二，政府复校补助不仅仅局限于国立大学，也补助了私立大学。其三，若将私立大学收归国立，则办学经费全部由政府支出。就办学经费支绌的实际情况而言，政府其实鼓励私人办学，希望更多的"民间资本"帮助复校，希望"友邦之援助及人民自动捐献"，同时"深盼热心教育人士群起响应"。[2]所以从国民政府的意愿来说，也不希望在此阶段将私立大学收归国有。

  综上所述，国民政府不足以仅仅"为了管理制度上需要以免其他学校群起效法"而将私立南开大学收归国立。事实上，国民政府

---

① 江沛：《蒋介石与张伯苓及南开大学》，《民国档案》，2011年第1期，第75页。
② 朱家骅：《教育复员工作检讨》，《教育部公报》，1947年第1期，第7页。

在全面抗战之前对私立南开大学的补助即较其他私立大学要多，也未见"群起效法"之说。再如全面抗战期间，蒋介石在处理大夏大学更改国立的风波中，亦是作出让步，使得大夏大学不单维持了私立身份，还获得了国民政府的高额补助。①因此，"群起效法"之说似可商榷。事实上，"商改国立"的背后与国民政府战时教育政策调整有关，与整合办学资源有关，与高校意识形态的控制有关，也与朱家骅的积极推动有关。

一、理念一致：收归国立的先决条件

理念一致，主要指私立南开大学的办学理念，与国民政府全面抗战时期教育政策调整的价值取向高度一致。这也构成了政府将其收归国立的先决条件。

抗战全面爆发后，除了南开大学之外，其他文教机构亦相继受到了不同程度的破坏。国民政府不得不采取办法补救，并着手调整战时教育政策。当然，对于战时到底执行什么样的教育政策，不管是国民政府内部，抑或党外人士亦在讨论。大体来说，最为针锋相对的观点主要有两种：

一是在战时执行"战时教育"。持这一主张的人认为，"现在的教育不能适应当前抗战的需要，而主张实施战时教育"，也即要以抗战的实际需要为目标，改革"平时教育的设施，如课程、教材

---

① 韩戍：《抗战时期的部校之争与政学关系：以私立大夏大学改国立风波为中心的研究》，《近代史研究》，2016年第1期，第124—137页。

等"①。二是战时执行"平时教育"。时任教育部部长的陈立夫是这一主张的力荐者。其"认为建国需要人才，教育不可中断。并且即使在战时，亦需要各种专技人才的供应，有赖于学校的训练……学校数量不仅不应减缩，并且依据需要，还须有相当扩展"，而对于"正常教育仍应维持，为建国储备人才，但为适应军事需要，应加特殊训练以备随时征召。"②这一意见得到了政府采纳，并于1938年4月召开了国民党临时全国代表大会，会议通过了《中国国民党抗战救国纲领（总则与教育）》（以下简称《纲领》），在其列出的四条教育纲领中，明确提出要"训练各种专门技术人员与以适当之分配以应抗战需要"。③另外，临时大会还通过并颁布了《战时各级教育实施方案大纲》（以下简称《大纲》），大纲提出了九大教育方针，以应对和指导战时教育。其中尤为提及自然科学教育，"对于自然科学教育，依据需要，迎头赶上，以应国防与生产急需"④。不管是《纲领》抑或《大纲》，都表现出了对于实用学科的重视。

为应对战时以及战后对于应用型人才的迫切需要，国民政府调整战时教育政策时，特别注重实科教育，通过"增设专科学校及专修科训练技术人员"。⑤为此，国民政府"一方面把迁入后方各大学加以整顿，一方面又新设了不少专科学校"。⑥据陈立夫回忆："此等学校的增设，器材设备需要很可观的经费，虽在战费开支浩繁，日

---

① 谭振民：《平时教育与战时教育》，《民意周刊》，1938年第9期，第7页。
② 陈立夫：《战时教育行政回忆》，商务印书馆，1973，第10页。
③ 教育部编：《教育法令汇编（第四辑）》，正中书局，1939，第123页。
④ 教育部编：《教育法令汇编（第四辑）》，正中书局，1939，第124页。
⑤ 朱子爽编著：《中国国民党教育政策》，国民图书出版社，1941，第211页。
⑥ 朱子爽编著：《中国国民党教育政策》，国民图书出版社，1941，第212页。

增困难情形之下，仍能请得巨款，创设新校，在当时是很费一番努力的"。①此外，国民政府还要求"各级学校各科教材，应彻底加以整理，使之成为一贯之体系，而应抗战与建国之需要"，并确保教学设施设备"应尽量充实，期达到规定之标准"。②

在国民政府的重视之下，医农工商等实用性较强学科的毕业生人数有了较大幅度的增长。以1945年为例，全国专科以上学校学系总数为777个，其中农学系91个，工学系119个，医学系26个，商学系65个，理学系136个。③农工医商理学系总数占总系数的56.24%。得益于国民政府的"战时教育当平时看"的政策，专科以上毕业生数量较抗战之前有大幅度的提升。1936年度毕业生数量为9 154人，而到了1944年度毕业生数量增加至12 078人。就毕业生就业而言，战前曾有"毕业即失业"④的说法，而在抗战期间，由于

① 陈立夫：《战时教育行政回忆》，商务印书馆，1973，第18页。
② 教育部编：《教育法令汇编（第四辑）》，正中书局，1939，第124—125页。
③ 《全国专科以上学校之院科系数（学系数）》，中国第二历史档案馆编：《中华民国史档案资料汇编·第五辑·第三编·教育（一）》，江苏古籍出版社，2000年，第601页。
④ 战前，学生就业日渐成为严峻的社会问题，"毕业即失业"的说法在社会上广为流传。为应对就业困境，北平各大学毕业生组织"职业运动大同盟"，以谋就业问题之解决。"职业运动大同盟"以及学生就业问题引起了媒体的关注和讨论，详见：《北平各大学组织职业运动大同盟》，《中央日报》，1934年7月17日，第4版；《职业运动大同盟》，《益世报（天津）》，1934年7月25日，第1版；*Student Employment*，The North—China Herald，1934年7月25日，第1版；狄舟：《从"毕业即失业"到"失业即创业"》，《新生周刊》，1934年第27期，第3—4页；《胡适谈大学生就业问题》，《中华基督教教育季刊》，1934年第4期，第144页；谛谛：《毕业即失业》，《晶报》，1934年7月31日，第2版；蕉：《毕业即失业》，《民报》，1935年2月15日，第4版；*Unemployed College Graduates Will Get Relief From Nanking*，The Shanghai Evening Post and Mercury，1936年1月7日，第14版；群桥：《毕业即失业》，《大公报（上海）》，1936年6月21日，第4版；李朴生：《救济失业大学生》，《独立评论》，1936年第207期，第7—11页；陈岱孙：《关于大学毕业生职业问题一个建议》，《独立评论》，1936年第211期，第8—12页；桂荣荬：《大学生失业之检讨》，《蜀青》，1937年第2期，第123—132页。

"军事建设及后方工商业开发的需要，以及建教合作委员会的设立"等原因，毕业生获得了很好的就业机会，"工程及会计学科的毕业生"①就业情况尤为乐观。不管工程还是会计学科等均为实用性学科，无论战时抑或战后国家建设均离不开实用学科所提供的人力资源支撑。

私立南开自创办之始，即以设置实用学科为办学出发点。如前所述，抗战之前私立南开大学在办学理念上与国民政府存在着"高度吻合"的一面。抗战之后，私立南开大学积极调整"办学理念"，响应抗战期间的教育政策。如此，也构成了国民政府收归私立南开大学的前置性条件。将私立南开收归国有，可以更好地为国家建设培养所需人才，从而达到稳固政权之目的。

二、院校调整：整合办学资源的需要

国民政府在制定战时教育政策时，也在对专科以上高校进行整体性的规范和调整。除却颁布《中国国民党抗战救国纲领（总则与教育）》《战时各级教育实施方案大纲》等指导性文件之外，国民政府还颁布了诸如《战区内学校处置办法》②《战事发生前后教育部对各级学校之措置总说明》③《教育部拟定之平津沪战区专科以上学校

---

① 陈立夫：《战时教育行政回忆》，商务印书馆，1973年，第18—19页。
② 《教育部检发〈战区内学校处置办法〉的密令》，中国第二历史档案馆编：《中华民国史档案资料汇编·第五辑·第二编·教育（一）》，江苏古籍出版社，1997，第2—4页。
③ 《教育部检发〈战区内学校处置办法〉的密令》，中国第二历史档案馆编：《中华民国史档案资料汇编·第五辑·第二编·教育（一）》，江苏古籍出版社，1997，第4—10页。

整理方案》①等文件，指导战时高校的院校调整，以便进一步整合办学资源。

为使战区专科以上学校不因战事影响而停顿，国民政府决定将高等教育机关先行迁入内地，并借以整合调整。据统计，专科以上学校迁入后方的共有76所，在本省境内迁移的共有17所学校，迁入陕甘地区的有5所学校，迁入云南广西的共有17所学校，迁入湘川的也有17所学校，迁入上海租界以及香港地区的有20所学校，等等。②为提高办学效率，整合办学资源，国民政府有意识地将性质相近的学校迁往一处，进行合并、改组，以最大限度地集中人力、物力、财力，为抗战、建国培养人才。诸如将国立清华大学、国立北京大学与私立南开大学合并组建国立西南联合大学；将国立北平大学、国立北平师范大学与北洋工学院合并为国立西北联合大学；将国立北平艺术专门学校与杭州艺术专科学校合并为国立艺术专科学校；将唐山工程学院与北平铁道管理学院合并办理；将国立西北联合大学与东北大学两校的工学院与私立焦作工学院进行合并，组建为西北工学院；将西北联合大学的农学院与西北农林专科学校合并，组建为西北农学院；将江苏省立医政学院与私立南通学院医科合并，组建为国立江苏医学院，等等。院校合并的同时也整合了有限的办学资源，提高了办学效率。除了院校合并之外，在合并院校内部，教育部对系科也进行了整合调整。以西南联合大学为例。西南联大根据教育部规定的科系相同者合并设置的精神，对三

---

① 《教育部检发〈战区内学校处置办法〉的密令》，中国第二历史档案馆编：《中华民国史档案资料汇编·第五辑·第二编·教育（一）》，江苏古籍出版社，1997，第10—12页。
② 朱子爽编著：《中国国民党教育政策》，国民图书出版社，1941，第198页。

校的科系进行了合并整合。合并过后共设有17个学系：文科包括
中国文学系、外国语文学系、历史社会学系、哲学心理教育学系；
理科包括物理学系、化学系、生物学系、算学系、地质地理气象学
系；工科包括土木工程学系、机械工程学系、电机工程学系、化学
工程学系；法商科包括经济学系、政治学系、法律学系、商学
系。①截至1937年10月底，全校共有教师148人，其中北大55人，
清华73人，南开20人。②

　　当抗战接近尾声时，复校工作即被国民政府提上议程。但同时，
政府也面临着复员经费紧张的窘境。据教育部统计，苏、鲁、晋、
豫、冀等16省，以及京沪平津青岛5市"专科以上学校30所，几全
数遭受损毁"，加之中等学校、小学等校舍、设备的破坏，使得复校
经费剧增，"仅湖南一省而言，即需五百七十余亿"。③以1946年为
例，国立学校复员经费预算总数为600亿元；④年度全国教育经费预
算总数为2 101 387 000元，临时费586 236 000元，两项共2 687 623
000元，仅占年度经费预算总数的5%，其中高等教育经费仅为1 617
855 000元。⑤复员经费加上年度教育经费预算，较抗战之前虽然总
数可观，但随着物价飞涨，后方学校遭受破坏之严重、复员学校学
生数量较之前不降反升等因素的存在，教育经费严重不足是不争的
事实。

① 西南联合大学北京校友会编：《国立西南联合大学校史：1937至1946年的北大、
清华、南开》，北京大学出版社，2006，第12页。
② 西南联合大学北京校友会编：《国立西南联合大学校史：1937至1946年的北大、
清华、南开》，北京大学出版社，2006，第13页。
③ 《各地教育复员经费甚感困难》，《教育通讯月刊》，1946第1期，第18页。
④ 《本年度复员经费预算》，《银行周报》，1946年第15—16期合刊，第45页。
⑤ 缪振鹏：《谈教育复员》，《国立四川大学周刊》，1946年第2期，第1页。

　　在经费支绌的情况之下，如何最大限度地合理利用办学资源，提高复校后的办学效率？有评论指出，"教育复员，并不是恢复到战前的情况，而是要根据八年来的经验教训，想出办法来改变我们的教育缺点，充实我们的教育内容，实践教育'中国化'的号召，让全国学校真正成为建国人才的培养所。"①因此，需要国民政府对于教育复员进行资源整合、统筹安排。

　　抗战胜利后，国民政府正是利用复员机会对专科以上学校进行了资源整合。1945年9月20日，教育部召开了全国教育善后复员会议，参加会议的有各大学校长、独立学院院长、各省市教育厅局长、中等学校校长、教育专家、教育部各司司长等200余人。会上，朱家骅提出了复员的基本原则，即"教育复员非复原，希望全盘调整作合理的分布"。②专科以上学校的复员工作是大会讨论的重点，所议决的主要复员原则如下：

　　　　（一）战后全国物力人力困难，所有公私立专科以上学校及研究机关在复员期内，应集中力量，以求内容之充实及素质之提高，除因特别需要外，暂不设新校。（二）现有各校应依据各地人口、经济、交通等条件，一面注重全国各地教育文化重心之建立，一面顾及地理上之平衡发展，酌予调整，作合理之分布。（三）抗战期间已停办或归并之公私立各院校，其历史悠久成绩卓著而有恢复设置之必要者，得以恢复。（四）各校院系科

---

① 《教育复员》，《学生时代》，1945年第1期，第2页。
② 《教育复员会议开幕》，《大公报（重庆）》，1945年9月21日，第3版。关于此次会议的筹备、经过及其检讨等参见林桶法：《战后复员教育的筹画——"全国教育善后复员会议"的探讨》，《辅仁历史学报》，2006年第17期，第381—411页。

应在同一地区设置，并不得设分校。（五）规定全国教育文化重心若干处，各就原有或还设之大学尽量予以充实，并酌量配设图书馆、博物馆及其他独立学院或专科学校。（六）全国专科以上学校，由教育部视其师资设备及办理成绩而定调整办法。[①]

从以上高等教育主要复员原则来看，基本体现了"复员非复原"的总体复校原则，确如朱家骅在《教育复员工作检讨》一文中所言，"对于战后专科以上学校之分布暨其院系科别之增减，必须先有通盘计划，方足谋日后之合理发展。"[②]在此复员原则的指导之下，专科以上学校的复校工作正式拉开帷幕。

然而对于私立南开大学来说，复校筹备早在1942年2月便提上议程。按照南开大学自身的复校计划，学校内部将分设文学院、理学院、法商学院与工学院。其中文学院设中文学系、英文学系、历史学系、教育学系；理学院设算学系、化学系、物理学系；法商学院设政治学系、经济学系、商学系；工学院设电工学系、化工学系、机械学系。[③]1945年春，南开大学正式向国民政府递交复校申请。申请包括两个方面的内容，一是复校经费的申请，二是复校院系设置的申请。复校经费的申请在前文业已涉及，故单论院系设置的申请。

相比1942年的复校计划，1945年的复校申请则增加了学院数量和招生规划。具体来说，学院数量从之前的3个，扩充至5个，新增

---

① 《高等教育复员原则》，《大公报(重庆)》，1945年9月25日，第3版。

② 朱家骅：《教育复员工作检讨》，《教育部公报》，1947年第1期，第2页。

③ 《南开大学复兴筹备会议(一)》，王文俊、梁吉生等编：《南开大学校史资料选(1919—1949)》，南开大学出版社，1989，第89页。

了工学院和医学院。并且计划在工学院筹设纺织专业，在法商学院
筹设新闻学系；计划招收医学预科学生，以建立医学院、实习医院
等。学生人数较抗战之前有了数倍之扩充。预计第一年830人，至第
四年学生人数为2 020人，人数为抗战之前的4—5倍。院系的增加以
及学生人数的扩充即意味着经费预算的增加。

就国民政府的复校经费来说，私立南开大学的复校计划无异于
"狮子大开口"，也违背了院系设置"通盘"考虑的基本原则。以工
学院为例。尽管张伯苓很想办理工学院，但教育部以"平津一带设
置工科之院校甚多，原有机械、电工、化工等系毋庸恢复"①的原因
而未予批准，并且要求"已招新生应移交国立北洋大学收容"。②后
来私立南开大学转为国立之后，最终学校规模控制在"文理商三院
十三系，学生三百零四人"。③如此复校"规模"，跟抗战之前相当，
但显然与原有的复校计划相距甚远。这也成为南开同人往来信件中
所诉苦的"教育部像猫整老鼠一样整治我们"④的"证据"之所在。
当然这涉及另一话题，下文细说。

国民政府面对声名卓著，而一度成为战时高校不屈之象征的私
立大学，确如文官处的签呈所言，"倘南开以私立之故，竟因经费无

---

① 《教育部来电(1946年8月31日)》，梁吉生、张兰普编：《张伯苓私档全宗(下
卷)》，中国档案出版社，2009，第1170页。
② 《教育部致张伯苓电(1946年10月14日)》，梁吉生、张兰普编：《张伯苓私档全宗
(下卷)》，中国档案出版社，2009，第1151页。
③ 朱家骅：《朱家骅致函张伯苓》，王文俊、梁吉生等编：《南开大学校史资料选
(1919—1949)》，南开大学出版社，1989，第107页。
④ 黄钰生：《黄钰生致函张彭春》，梁吉生、张兰普编：《张伯苓私档全宗(下卷)》，中
国档案出版社，2009，第1139页。

着而停顿，实非政府维护教育之至意"①。从资源整合的角度来说，国民政府面临两难选择：其一，就南开大学的"特殊性"而言，政府不得不尽力补助，甚至"逾格扶持"②。其二，从学院系科的通盘考虑而言，南开大学的复校计划显然有违复校基本原则。而从教育部的一系列动作来看，整合办学资源，调整院校、系科的设置是战后复校的重要考虑之一。

国民政府既要补助私立南开大学，又要合理配置平津地区的办学资源，在面对私立南开大学如此"狮子大开口"式的院系设置和招生规模时，一个较为可行的办法即将南开大学收归国立，使之完全听命于教育部，为院校调整、提高办学资源的利用率提供便利和保证。

三、意识形态控制：推行党化教育的需要

全面抗战伊始，国民政府采取了若干措施强化党化教育。1937年9月，蒋介石指派陈立夫等商讨成立三青团，要求"把党部的（指CC）、同学的（指复兴社）和改组派（指汪精卫）都团结起来，并以此为中心，要求各党各派的团结和全国的团结"③。1938年4月29日，蒋介石下令取消党内派别小组织，以整齐党内步伐。④同年6月

① 《文官处呈蒋主席签呈(1945年8月)》，梁吉生、张兰普编：《张伯苓私档全宗(下卷)》，中国档案出版社，2009，第1099页。
② 《文官处呈蒋主席签呈(1945年8月)》，梁吉生、张兰普编：《张伯苓私档全宗(下卷)》，中国档案出版社，2009，第1099页。
③ 李勇、张仲田编著：《蒋介石年谱》，中共党史出版社，1995，第255—256页。
④ 李勇、张仲田编著：《蒋介石年谱》，中共党史出版社，1995，第264页。

9日，周恩来提出让三青团成为统一战线的组织，来统一全国的青年运动。对此，蒋介石答复道："国共两党可以共同训练，但各党派不能在三民主义青年团内活动。"①

从三青团设立以及对于周恩来的回复来看，一方面蒋介石为了保持"党性"纯洁，拒绝了周恩来的建议；另一方面也可以看出其对于"青年"的重视。为"争取"青年的支持，借以培植"党魂"，巩固"党基"，国民政府加强了学生训育工作，尤其是高校学生的"意识形态"教育。国民政府其实早在1938年2月即出台了《青年训练大纲》（简称《大纲》），《大纲》对青年训育工作的训练要项、训练方式等给予了严格指导，特别提出要使得青年"一信仰三民主义；二信仰并服从领袖"。②"为矫正现行教育之偏于知识传授而忽略德育指导，及免除师生关系之日见疏远而渐过于商业化起见"③，同年3月颁发了《中等以上学校导师制纲要》。9月，国民政府更进一步，"通令各级学校以忠、孝、仁、爱、信、义、和、平为国训，并颁发党员守则十二条，使青年体会力行"。④

当然，这些举措在战时团结、引导青年学生培养爱国精神起到了一定的作用。但国民政府也通过诸如此类的党化教育强化了对青年学生的意识形态控制。与其说国民政府在矫正现行教育偏于知识的传授，还不如说国民政府在自我检讨意识形态控制的失败。20世纪20—30年代频频爆发的学生运动促使国民政府强化党化教育，加

① 李勇、张仲田编著：《蒋介石年谱》，中共党史出版社，1995，第265页。
② 《青年训练大纲》，《教育部公报》，1938年第12—13期合刊，第34页。
③ 《中等以上学校导师制纲要》，《教育部公报》，1938年第12—13期合刊，第39页。
④ 朱子爽编著：《中国国民党教育政策》，国民图书出版社，1941，第209页。

强学校尤其是高校学生的思想动态的监控和控制，迫使青年学生能够认同国民政府的施政政策，认同国民政府统治的合法性。同时，也通过这些措施避免共产党吸收和发展青年学生。

无论国民党抑或共产党，对青年学生之于革命抑或政党的作用均有清晰的认识。[①]在未完成国家统一之前，国民党对待学生运动"秉持一种相对支持的立场，并且受最初相对进步的民众政策影响，也曾一度努力为学生运动创设相对宽松的政治文化环境"。[②]但在国民党渐以掌握国家政权以后，对学生运动开始采取了高压和限制的政策。强化训育即被提升至重要的位置。于共产党而言，在其早期创建时即认识到青年在革命中的重要性。李大钊即曾有言，"青年的命运，就是中华民族的命运，青年的未来，就是国家的未来。"[③]

虽然国共实现合作，共同抗日，但在抗战背后两党之间依然"暗战"，乃至"明战"不断。1939年1月21日，蒋介石在国民党五届五中全会上，发表了《唤醒党魂，发扬党德，巩固党基》的报告，并设立了"防共委员会"，通过了《限制异党活动办法》，[④]实施限共、反共、剿共政策。同年3月，蒋介石在其日记中"自问"道："本党为何不能掌握青年"[⑤]。这一"自问"，既表

① 吕芳上对此有深入的分析。简而言之，对于国共两党而言，"谁有青年谁有将来"。详见吕芳上：《从学生运动到运动学生(1919—1929)》，台湾"中研院"近代史研究所，1994，第247—326页。
② 柳轶：《1919—1949年国民党对学生运动的控制研究》，人民日报出版社，2014，第5页。
③ 李大钊：《李大钊文集(上卷)》，人民出版社，1984，第178页。
④ 李勇、张仲田编著：《蒋介石年谱》，中共党史出版社，1995，第272—273页。
⑤ 《蒋中正日记(1939)》，1939年3月3日，抗战历史文献研究会2015年编印。

达了不满,又有强化青年意识形态控制之意。为此,在高等教育领域,国民党通过遍设党团支部,加强渗透,以对抗共产党的地下组织。西南联大也概莫能外,1939年7月,教育部部长陈立夫与国民党中央组织部部长张厉生联名致函蒋梦麟,要求在联大设立国民党直属区党部。①

鉴于周恩来与南开大学的特殊关系,国民政府在收归私立南开大学之际加强对学生意识形态的控制,应是"题中应有之义"。在国共合作期间,周恩来与南开大学接触甚密,多次以校友身份造访张伯苓以及南开师生。应该说,周恩来数次"南开之行",并非仅是"叙师生、同窗之情",也有"争取和说服"之意。其时,张伯苓担任了三青团中央监察会常务监察,如上文所述,正积极配合国民政府推进"党化教育",并号召教育界的同人积极鼓励学生加入国民党,为抗战建国而努力。而此时,周恩来也在1938年南开校友总会改选中当选为执行委员,②在南开校友中颇具影响力。针对张伯苓向国民政府靠拢的现实情况,周恩来也在积极地争取,但效果甚微。据伉乃如之子伉铁隽回忆,周恩来常去看望张伯苓,宣传抗日民族统一战线。③周恩来也曾致信张伯苓,希望促成抗日统一战线。④新中国成立后,周恩来明确表述过"过去共产党并不是没有争取过张伯苓,但是跟他说谈,他不听,介绍书给他看,他不看"⑤。周恩来

① 王奇生:《战时大学校园中的国民党:以西南联大为中心》,《历史研究》,2006年第4期,第128页。
② 梁吉生撰著:《张伯苓年谱长编(下卷)》,人民教育出版社,2009,第35页。
③ 梁吉生撰著:《张伯苓年谱长编(下卷)》,人民教育出版社,2009,第87页。
④ 周恩来:《致张伯苓信》,南开大学校长办公室编:《张伯苓纪念文集》,南开大学出版社,1986,第1—2页。
⑤ 梁吉生撰著:《张伯苓年谱长编(下卷)》,人民教育出版社,2009,第436页。

争取张伯苓的努力一直持续到解放战争胜利之后。1949年蒋介石力邀张伯苓远赴中国台湾,同年9月张伯苓收到周恩来的信函,挽留其留在中国大陆。除争取张伯苓之外,中共也在极力争取联大学生(包括南开)。1939年3月,中共西南联大地下支部成立。[1]在此之前,也即1938年底,中国国民党三青团直属分团部筹备成立。皖南事变之后,国民政府抓捕、迫害中共地下支部成员以及进步师生,甚至使用暴力手段致使进步师生流血牺牲。

西南联大进步师生的民主爱国运动,强化了国民政府对于高校学生意识形态控制的必要性。鉴于此,抗战结束,复校之际,国民政府对于学校核准补助费用时,特意"反省""对各学校实在情形,不够明了",并要求"高等司分工,应分学校单位管理,使每一主管同事,能对学校设备情形,教授如何,学生活动有无政治背景,都要明了才行"[2]。早在1945年10月,教育部即公布《训育委员会组织条例》,指导国内学校的训育工作,其任务包括"关于三民主义教导之研究事项,关于训导人员之培养及指导事项,关于军事教育、童子军教育之督导及考核事项,关于学生自治团之指导事项"[3],等等。私立南开大学被教育部收归国立之后,学生训育工作得到了加

---

① 有关中共西南联大支部开展工作的情况详见熊德基:《我在联大从事党的地下工作的回忆》,政协云南省委员会文史资料研究委员会等编:《云南文史资料选辑·三十四辑·西南联合大学建校五十周年纪念专辑》,云南人民出版社,1988,第362—377页。熊德基由1939年秋转学入西南联大师范学院史地系。在联大期间,历任中共联大师范学院支部书记、联大总支组织委员、书记。
② 《教育部三十五年度第六次工作讨论会记录》,中国第二历史档案馆编:《中华民国史档案资料汇编·第五辑·第三编·教育(一)》,江苏古籍出版社,2000,第251页。
③ 《训育委员会组织条例》,中国第二历史档案馆编:《中华民国史档案资料汇编·第五辑·第三编·教育(一)》,江苏古籍出版社,2000,第54页。

强。1946年10月，南开大学遵照部令组织校级训育委员会，并颁发
了《训育委员会组织规程》，章程全文如下：

> 第一条 学校为增进训导效率，设置训育委员会。
>
> 第二条 训育委员会之职掌如下：
>
> （1）部颁训育法令实施办法之规定；
>
> （2）学校训导计划之决定；
>
> （3）学生操行成绩之评定；
>
> （4）学生团体活动之指导；
>
> （5）学生风纪之整饬；
>
> （6）训导处工作之协助与指导。
>
> 第三条 训育委员会以校长及教务、训导、秘书三处主管人，
> 各学院院长为当然委员，并由校长选聘专任教授三人至五人组
> 织之。①

应该来说，国民政府将私立南开收归国立，有利于加强意识形
态的控制，为其推行"党化教育"提供了便利和保障。私立大学与
国立大学在训育或意识形态控制方面确有差异。黄钰生的观察概能
反映这一区别。黄钰生在比较全面抗战前南开与战时联大在训育方
面的不同之处时指出，"南大是个私立大学，对学生的训育自有其特
色的思想工作和切入实际立身做人的教育，不必事事遵照教育部的
规定，而西南联大至少在形式上要恪遵教育部的指令，绳囿青年的

---

① 《训育委员会组织规程》，王文俊、梁吉生等编：《南开大学校史资料选（1919—
1949）》，南开大学出版社，1989，第167—168页。

思想……"①

　　此外，从个人经历来看，时任教育部部长朱家骅对于推行"党化教育"甚有"心得"。朱家骅曾担任中山大学校长，而中山大学正是以党化教育而享有盛誉。在朱家骅主政期间，中山大学最大的特点就是"在校内设了一个政治教育办公室，负责学生思想训练，并直接上报国民党中央委员会。这个办公室负责在大学里开设三民主义课程。并且监督学生的课外活动，监督范围从学生报纸《国立中山大学日报》的编辑方针到学生细微的行为举止及学生宿舍的衣物式样等，无所不包"。②鉴于朱家骅在整顿中山大学时取得的成绩，蒋介石在选择中央大学校长时，"钦点"了朱家骅。朱家骅就任中央大学校长之后，便延续其"治校方略"，强力推行"党化教育"，加强意识控制，甚至"出钱收买部分学生，暗地里监视师生的思想与行动"。③"将党务带进校园是朱家骅主持国民党中央组织工作时的一项重要举措。"④从朱家骅在推行"党化教育"和控制高校意识形态方面的经验来看，将私立南开大学收归国立，也似可理解。事实上，私立南开大学改为国立之后，便公开设有国民党党支部。⑤

① 黄钰生：《读〈南开大学校史(稿)随笔〉》，申泮文编：《黄钰生同志纪念集》，南开大学出版社，1991，第169页。
② 叶文心：《民国时期大学校园文化(1919—1937)》，冯夏根、胡少诚等译，中国人民大学出版社，2012，第117页。
③ 许小青：《政局与学府：从东南大学到中央大学(1919—1937)》，中国社会科学出版社，2009，第219页。
④ 王奇生：《战时大学校园中的国民党：以西南联大为中心》，《历史研究》，2006年第4期，第126页。
⑤ 黄钰生：《读〈南开大学校史(稿)随笔〉》，申泮文编：《黄钰生同志纪念集》，南开大学出版社，1991，第177页。

四、"照章办事"：关键人物的积极推进

梳理相关回忆录，还可以发现在私立南开大学国立化的进程当中，教育部部长朱家骅起到了积极推进的作用。据何廉回忆：

> 在张伯苓的计划（按：即提请政府补助的复校计划）提交行政院讨论时，我作为南开大学的代表参加的。政府对这个计划并不赞成，而教育部部长朱家骅则正式提出南开大学改为国有，由张伯苓作第一任校长的提案。在这种困难的情况下，张伯苓只能勉强默认。这个提案在行政院的一次会议上通过了。[①]

朱家骅为何正式提出让私立南开大学国立化？是蒋介石的授意？还是"秉公办事"？要明确朱家骅在南开大学国立化过程中的态度和立场，就有必要分析朱家骅的复校经费分配原则。1946年8月，教育部召开本年度第六次工作计划讨论会，会上教育部部长朱家骅针对复校工作做了十六条"指示"，涉及的相关条款列举如下：

> 一、工作计划，不可似流水账的开列项目，要有着重点及设备实施的限度。……
>
> 十五、对大学设备，应订定标准，应规定在中国现况之下最低限度，先调查不及标准者，有若干，哪几个？够标准的有若干，有哪几个？对不及标准者，应设法帮助，使之达到标准；够标准者，要扶助使发展为国内第一流大学。国内第一流大学

---

① 何廉：《何廉回忆录》，朱佑慈、杨大宁等译，中国文史出版社，1988，第270页。

要发展为世界第一流大学，如中山、中正、英士各大学，更应特别充实。特别注意，此种情形，全在认清重点，妥为运用。中等司亦同。

十六、对各校经费，应视其学校设备、校舍、建筑、教授人才一切内容，而定其多寡，不可一视同仁，平均分配，不然，则是没政策。[①]

从朱家骅的复校经费分配原则来看，一方面强调设备的添加要制定标准，另一方面又强调对各校经费应视"学校设备、校舍、建筑、教授人才"等所有内容，综合考虑再行定夺。并且着重说明，"不可一视同仁，平均分配"。朱家骅在实际操作当中，确实按照其"不可一视同仁"的原则进行。具体体现在关于工学院的设置整合之中。其时，天津北洋大学设有工学院，北京大学拟增设工学院，与此同时，教育部却正打算取消办学历史更为悠久的国立北京工学院。[②]虽然教育部有整合办学资源之必要，但是如何整合资源却是"仁者见仁，智者见智"。朱家骅取消了办学历史更为悠久的"国立北京工学院"，反而在北京大学筹设工学院。对此，国立北京工学院以胡厥文为首的复校委员会40余人联名上书朱家骅等，动之以情，晓之以理，陈述学校悠久之办学历史以及继续办学之必要，并在文

① 《教育部三十五年度第六次工作讨论会记录》，中国第二历史档案馆编：《中华民国史档案资料汇编·第五辑·第三编·教育(一)》，江苏古籍出版社，2000，第250—251页。
② 《胡厥文等为恢复国立北京工学院致教育部代电》，中国第二历史档案馆编：《中华民国史档案资料汇编·第五辑·第三编·教育(一)》，江苏古籍出版社，2000，第240—244页。

末特别强调：

> 抗战胜利之后，各内迁之公私立大学及独立工学院与专科
> 学校，均已先后奉准迁回原址，继续开办。且历史不若本校之
> 悠久，性质亦不若工科之重要，成绩不若本校之优越者，特邀
> 政府之重视，奈何本校独抱向隅？揆诸情理，殊失其平！亦与
> 钧部最近领导之全国教育复员会议所规定之原则似有未符。①

从语气和表述内容来看，国立北京工学院立场坚定，而语气
"颇不客气"地表达了对朱家骅复校工作有失"公允"的不满。类似
事件也发生在北平师范大学的复校问题上。全面抗战伊始，北平师
范大学奉命西迁。但在战后教育部并没有将其列入复员计划名单，
由此引发了师生校友的"复员""复大"运动。后在师生、校友的极
力争取之下，终达迁回继续办学之目标。通过北平师范大学的复员、
复校运动，也反映了朱家骅在复校过程当中"没有一视同仁，采用
双重标准"②。

这一双重标准也体现在南开大学的复校过程当中。按照1945年
9月召开的全国教育善后复员会议的精神，"其因战事停顿而具有历
史之学校应予恢复"③，这与朱家骅提出的将私立南开大学改为国立

---

① 《胡厥文等为恢复国立北京工学院致教育部代电》，中国第二历史档案馆编：
《中华民国史档案资料汇编·第五辑·第三编·教育(一)》，江苏古籍出版社，2000，
第244页。
② 孙邦华：《抗战胜利后北平师范大学复员运动述论》，《北京社会科学》，2014年第
6期，第75页。
③ 朱家骅：《教育复员工作检讨》，《教育部公报》，1947年第1期，第1页。

是相违背的。将私立南开大学改为国立南开大学，这是办学性质之改变，何来"恢复"之本意？

朱家骅之所以如此对待南开大学，何廉的另一回忆或许可以给出答案。

> 张伯苓来信说，1948年春蒋介石委员长请他担任国民政府的考试院院长，他接受了，但是有一个默认的谅解，就是他同时还担任南开大学校长。后来，教育部部长和北大集团首脑朱家骅提出来，张伯苓应该辞去南开大学校长的职务……张伯苓抵不住教育部对他施加的压力，但他要求由自己提出负责南开的人选……我了解事情的背景，知道张伯苓和朱家骅之间分歧的原因。[1]

结合上文何廉的回忆，有两点值得关注：其一，教育部部长朱家骅在私立南开大学国立化过程中起到了重要的作用；其二，张伯苓与朱家骅之间存在分歧，这一分歧应能解释或部分解释朱家骅为何力促将私立南开大学改为国立。

张伯苓和朱家骅之间到底因何存有分歧，何廉未作交代，不得而知。但从他人的回忆中仍然能找到一些线索。张锡祚（按：张伯苓的儿子）在回忆中提及张伯苓与朱家骅之间存在"恩怨"："他（按：朱家骅）有个儿子在重庆南开中学读书，这个学生倚仗权势，目空一切，屡犯校规，且又屡教不改。学校为维护校风校纪，就照

---

[1] 何廉：《何廉回忆录》，朱佑慈、杨大宁等译，中国文史出版社，1988，第287页。

章给予了开除的处分。为此,朱家骅像是挨了一记耳光。"①张锡祚
夫人瞿安贵亦忆及朱家骅之子被开除一事,只不过开除原因——功
课不及格,有所不同。据瞿安贵回忆,时任重庆南开中学校长喻传
鉴将此事告知张伯苓,张伯苓回复道:"对! 干得好,一定要坚持原
则,虽然是我们顶头上司也要顶住。"②喻传鉴女儿喻娴文也忆及
"当时教育部部长朱家骅的儿子就因犯校规被开除出校"③。

　　暂不论开除一事,但有一点可以确信,即张伯苓和朱家骅之间
确实存有恩怨,这在南开教职员中广为人知。诸如1946年黄钰生致
函张彭春,其中有提到相关"恩怨":"教育部像猫整老鼠一样整治
我们……我们完全攥在教育部的手心里……如果教育部部长根本不
想改变,我也怀疑这种状况是否能有所改变……"④南开学校开除朱
家骅的儿子是否导致张、朱二人之间产生"恩怨"? 朱家骅虽贵为教
育部部长,但毕竟也是孩子的父亲,儿子被开除,作为父亲难免感
觉"难堪"。但若因此事而导致张伯苓与朱家骅之间产生隔阂,结下

---

① 张锡祚:《张伯苓先生传略》,中国人民政治协商会议天津市委员会文史资料委
员会编:《天津文史资料选辑第8辑》,天津人民出版社,1980,第111页。
② 瞿安贵:《伯苓公与传鉴公的二三事》,宗璞主编:《喻传鉴在重庆(1936—
1966)》,重庆出版社,2008,第257页。补充说明一事,以此说明张伯苓办学之严格。
卢木斋的儿子卢开明也曾因为在南开大学升不了级而遭淘汰。为此,卢木斋对张
伯苓心生不满。卢木斋对南开大学的创建多有帮助,在淘汰卢木斋儿子之前曾捐
建南开大学图书馆。详见刘行宜:《卢木斋·卢慎之兄弟》,中国人民政治协商会议
天津市委员会文史资料委员会编:《天津文史资料选辑第17辑》,天津人民出版社,
1981,第122页。
③ 喻娴文:《巍巍我南开精神》,南开大学校长办公室编:《张伯苓纪念文集》,南开
大学出版社,1986,第139页。
④ 黄钰生:《黄钰生致张彭春函(1946年7月18日)》,梁吉生、张兰普编:《张伯苓私
档全宗(下卷)》,中国档案出版社,2009,第1139页。

"恩怨"，也似可理解。①张、朱二人之间的"恩怨"也导致了朱家骅在诸多问题上坚持"照章办事"，从而做了一些让张伯苓及南开校友"难以理解"的事情。诸如坚决辞去张伯苓南开校长职务，诸如在中华文化教育基金会款项分配上回避南开，等等。②

    综上，将私立南开收归国立的原因简单归结为以防"群起效法"，可能并不符合史实。私立南开被收归国立并非单一原因造成，而是多重因素共同作用的结果。如前所述，南开大学在诸多方面与国民政府教育政策的契合度非常高。全面抗战之后，私立南开大学更是主动调整办学理念，使学校与教育政策导向、国家命运紧密相连，难免让蒋介石对私立南开产生好感和"寄予厚望"。更为重要的是，国立之后更便于意识形态的控制、办学资源的重新分配，在关键人物的积极推动之下，私立南开大学最终被国民政府收归国立。

---

① 黄钰生在回顾和反思筹备复校以及南大改国立的过程时，认为张伯苓有两点失误：(1)在政治上他患有"白内障"，看不清形势，迷信蒋介石，低估共产党。(2)办事欠策略，在复校要求中直接"签呈"蒋介石，漫过了主管教育的陈立夫、朱家骅等人。见黄钰生：《读〈南开大学校史(稿)随笔〉》，申泮文编：《黄钰生同志纪念集》，南开大学出版社，1991，第174页。黄钰生所言，似在说明张伯苓漫过朱家骅直接"签呈"蒋介石，一定程度上导致了南开大学在复校时处于不利局面。不管何种解释，但有一点应是确信的，也即张伯苓和朱家骅之间确实存在某种"恩怨"。
② 何廉：《何廉回忆录》，朱佑慈、杨大宁等译，中国文史出版社，1988，第293—295页。

结 语

　　从1919年的正式创办，到1946年被国民政府收归"国立"，在长达27年的办学历程中，私立南开大学围绕办学自主权与办学资源的获取，跨越了北京政府、南京国民政府以及抗战等不同历史时期，也由此经历了不同阶段的学府与政府、社会的互动模式。本章即以南开大学为个案，进一步阐释时代变革之际，近代中国私立大学与政府、社会的互动关系，以及办学者所面临的角色困顿与抉择。

一、资源获取与权力让渡：府学关系中的互动博弈

　　从起源上说，近代中国大学脱胎于西方。中世纪的大学在创立之初，即被赠予财产，诸如土地、农田租金、建筑以及各种"圣奉"等，其目的在于"保证将来可以尽可能地在物质上的独立性"①。物质上的独立性，也使得大学能够享有更多的办学自主权。乌普莎拉

---

① 瓦尔特·吕埃格主编：《欧洲大学史（第三卷）》，张斌贤等译，河北大学出版社，2014，第88页。

大学自1477年创建开始，就受到了国王阿道弗斯·古斯塔夫二世
（Gustavas Adolphus Ⅱ）的捐赠，包括"小片农场、教会的牧师俸禄
和各种财产"，其目的就是"为了保证大学享有完全的独立性"①。
随之，大学办学自主权的基因即被"遗传"下来，大学也设法在教
权、王权和城市三股力量的冲突中寻找平衡点。但是"好景不长"，
大学的自治权随着经济独立性的丧失而逐渐遗失殆尽，以致"从19
世纪到20世纪，高等教育的自由成了大学机构日益依赖于外部世俗
或宗教权威而带来的各种限制的牺牲品"②。大学经济独立性的丧失
与政府的财政控制密切相关。也因此，就府学关系而言，在约翰·S.
布鲁贝克（John. S. Brubacher）看来"保护高等教育自治，防止政府
过分束缚的一个堡垒是私立大学"③。

然而从私立南开大学与政府的互动关系来看，在近代中国特殊
的时代背景之下，私立大学并非成为防止政府过分约束的堡垒，而
恰恰相反，政府通过办学资源的再分配，逐渐消解私立大学原本享
有的些许办学自主权。从北京政府到南京国民政府直至抗战结束，
是政府对私立大学的控制不断加强的过程，也是私立大学办学自主
权逐渐让渡的过程。

北京政府时期的府学关系，更多体现出二者之间的相互平衡。
而到了国民政府乃至抗战时期，随着国家力量的强势介入，府学关

---

① 瓦尔特·吕埃格主编：《欧洲大学史（第三卷）》，张斌贤等译，河北大学出版社，
2014，第88页。
② 瓦尔特·吕埃格主编：《欧洲大学史（第三卷）》，张斌贤等译，河北大学出版社，
2014，第92页。
③ 约翰·S.布鲁贝克：《高等教育哲学》，王承绪、郑继伟等译，浙江教育出版社，
1998，第35页。

系的天平逐渐向政府一边倾斜。为谋求办学资源，私立大学不得不更加凸显"顺应"的一面。由于军阀混战等因素，北京政府无力管控教育，私立大学也因此获得相对宽松的发展空间，成就了两次发展的高潮。[①]然而，到了国民政府时期，政府加强了教育控制的力度，私立大学资源获取的困境日益显现，以致南开大学在与政府的互动中更多地表现出"顺应"的一面：从1937年之前办学理念的"高度契合"到1937年之后的主动靠拢。当然，为争取办学自主权，南开大学也表现出了"坚持"的一面。

"顺应"抑或"坚持"，从大的方面来看，取决于私立大学的规模和体量。北京政府时期，政府通过一系列的法律法规准许并鼓励私人办理大学，促进了私立大学的发展。据统计，1918年国立大学共有3所，教育部直辖专门学校5所，各省区公立专门法政学校21所，公立农、工、商、医、外国语等各专门学校26所。私立大学立案数量与国立大学相当，经备案或认可的私立专门学校数量占比专门学校总数的27.78%。就学生数量而言，私立大学学生占比大学总人数的37.71%，私立专门学校学生占比专门学校总人数的29.60%。[②]1925年全国共有私立大学33所，其中被立案认可的私立大学11所。[③]国民政府时期，教育作为国家建构的工具属性日益成

---

① 宋秋蓉：《近代中国私立大学研究》，天津人民出版社，2002，第27页。
② 相关数据均由1918年度教育部的相关统计计算而来，详见《教育部公布全国大学概况（1918）》，载于中国第二历史档案馆编《中华民国史档案资料汇编·第三辑·教育》，凤凰出版社，2010，第176—190页。
③ 《日益增多之私立大学》，《顺天时报》，1925年7月16日，第7版。

为共识①，并逐渐成为促进国家现代化建设的重要工作②。于是政府在对私立大学的办学方针、立案审批以及学科、课程设置等诸多方面加强引导和规范的同时，亦大力扶植私立大学的发展。1931年全国私立大学（含大学、独立学院及专科学校）共47所，占高校总数的44.8%；③据全国公私立大学学系统计，1941年私立大学的学系数为296个，占总数的45.3%。④大体来说，不管是学校、学系数量，还是学生人数，私立大学在整个民国时期均占有较高的比例。如此办学规模和体量，也使得私立大学在争取办学自主权方面存在互动博弈的可能。私立南开大学在复校阶段即试图通过媒体的力量，创设维持私立的舆论环境，以此来与国民政府展开博弈。虽然多数情况下博弈的结果非如所愿，正如邱椿观察的那样"在经济压迫和法令束缚的情形之下，（私立大学）即使有崇高的理想，亦是难以实现的"⑤。但作为一种存在，私立大学与国民政府之间的"顺应"与"坚持"深化了"府学关系"的理解。

在这样一种府学关系的互动博弈中，办学资源成为其中最为核心、关键的因素。事实上，不同时期的政府均采取了多种措施规范和控制私立大学发展。概而言之，主要有两种方式：一是通过颁布法令法规，依照章程治理私立大学；二是通过经济的手段

---

① 金国：《"新教育中国化"运动中的政府参与及教育治理逻辑》，《清华大学教育研究》，2016年第3期，第108页。

② 苏云峰：《苏序》，吴家莹：《中华民国教育政策发展史：国民政府时期(1925—1940)》，五南图书出版公司，1990，第1页。

③ 教育部编：《第一次中国教育年鉴(丙编 教育概况)》，开明书店，1934，第1—2页。

④ 《全国公私立大学及独立学院学系统计》，《高等教育季刊》，1941年第1期，第197页。

⑤ 邱椿：《我国私立大学之前途》，《中华教育界》，1936年第6期，第104页。

来控制私立大学。①但是就控制力而言，显然经济手段最为有效。有学者在研究上海大同大学内部治理机制时发现，面对政府法令法规的要求，校方在维持本校权力结构的同时，总能另外设计出一套适应机制以应付南京国民政府的需要。②也即所谓的"上有政策，下有对策"。但唯有办学资源（尤指办学经费）的控制是私立大学难有"对策"的。办学资源的再分配遂成为政府控制私立大学的有效手段。政府资源的依赖程度也决定着私立大学享有办学自主权的多寡。一般来说，相比国立大学，私立大学的政府资源依赖相对较小，也因此享有更多的办学自主权。但随着国家力量的强势介入，原本政府资源依赖较低的私立大学转而成为政府资源依赖较高的办学组织。政府资源依赖程度的提升，迫使私立大学让渡更多的办学自主权。北京政府时期，南开大学办学经费中政府捐赠或投入的比例仅为 1.32%，③由于政府资源依赖程度较低，私立南开大学办学灵活自主，虽战乱频仍，仍能够蓬勃发展。而国民政府时期，政府资源依赖程度逐渐加强，南开大学也就逐步丧失和让渡了办学自主权。

---

① 宋秋蓉：《试述南京国民政府对私立高等学校的管理》，《吉林教育科学（高教研究）》，2001 年第 1 期，第 68—70 页。

② 蒋宝麟：《学人社团、校董会与近代中国私立大学的治理机制——以上海大同大学为中心（1912—1949）》，《华中师范大学学报》（人文社会科学版），2015 年第 1 期，第 132 页。

③ 金国、胡金平：《权力让渡与资源获取：私立南开大学国立化进程中的"府学关系"》，《高等教育研究》，2015 年第 12 期，第 88 页。

二、社会力量参与：教育独立的别样之路

  私立大学办学自主权除了受制于政府之外，还与社会之间的互动密切相关。通过办学历程的梳理，可知私立南开大学所呈现的"学府—政府—社会"之间的关系，其实是一种迥异于国立大学与政府、社会之间的关系，而这正是私立大学争取教育独立的"别样之路"。之所以"别样"，这是因为与国立大学相比，私立大学并非通过政府"授权"的方式来争取教育独立，而是通过争取社会办学资源的参与，来抵制国家力量对于私立大学的无端侵扰。

  私立南开大学创办之时，教育独立已经作为一种思潮"流行"于国内，这也引发了20世纪20年代的教育独立运动。而引发这一运动的直接导火索即北京八校的"索薪运动"没有得到政府的回应。[①]教育独立运动的诉求主要有两个方面：一是争取教育经费的独立。二是试图从教育行政上争取教育独立，避免政府权力对教育的无端侵扰。然而，不管是教育经费独立的争取，还是教育行政独立的争取，均是一种依靠政府"授权"来获得教育独立的方式。这种方式具有不可持续性：一是随着政权的更迭，此类"授权"易遭致破坏。二是随着政府"坐稳"政权之后，易被"重新洗牌"，逐渐收回之前的"授权"。也因此，对于教育经费受制于政府投入的国立大学而言，教育独立运动取得的"成果"注定是"脆弱"的。

  然而，与之形成鲜明对比的是私立大学在争取教育独立方面的努力和实践。事实上，参与北京八校"索薪运动"的均为国立学校，

---

① 姜朝晖：《民国时期教育独立思潮研究》，中国社会科学出版社，2008，第84—85页。

而无私立学校的参与。私立大学的办学经费主要来源于社会，从而获得了抵制政府控制的外部力量，尽管在"大政府、小社会"的背景之下，这种力量显得非常微弱。其实当时，教育界也意识到了"扩大社会参与办学的力度是教育（独立）的出路之一"①。私立南开大学的办学践行了这一尝试，虽然结果可想而知。

如前所述，张伯苓办理所谓的"真正民立的大学"，其实既是办理不仅在办学理念上类似于哥伦比亚大学，更是在办学自主权上接近于哥伦比亚大学的高等教育。②在游学哥伦比亚大学后，张伯苓对于美国诸多大学的私立属性，以及社会公众的公共精神对于大学发展多有支持的社会氛围赞赏有加。其曰"盖以彼邦人才率出自大学，而大学之组织，有赖于私人经营之力为独多。盖美人素重公共道德，个人财产不尽遗之后嗣"③。张伯苓在办学实践中试图通过两种方式来争取办学自主权的实现。一是注重公共精神的培养。南开大学在

① 姜朝晖：《民国时期教育独立思潮研究》，中国社会科学出版社，2008，第161页。
② 在美国历史上，达特茅斯学院案的胜诉（1819）对于私立大学获得办学自主权，赢得广泛的自治具有决定性的作用。该法案的首要意义在于确立了私立院校办学自主地位和权力，而政府也没有对私立院校进行资助的义务。此后，美国私立高校的自治地位再也没有受到重大挑战。见陈文干：《美国大学与政府的权力关系变迁史研究》，浙江大学出版社，2015，第52页。而私立院校由于拥有自己的经费，仍然保持了广泛的自治。见约翰·S.布鲁克：《高等教育哲学》，王承绪、郑继伟等译，浙江教育出版社，1998，第35页。关于达特茅斯学院案引发的"府学关系"的讨论有：亚瑟·M.科恩（Arthur M.Cohen）、卡丽·B.基斯克（Carrie B.Kisker）：《美国高等教育的历程》，梁燕玲译，教育科学出版社，2012，第37—38页；张斌贤、李子江主编：《美国高等教育变革》，科学教育出版社，2017，第49—73页；王慧敏：《达特茅斯学院案与美国高等教育的公私之辨》，《北京大学教育评论》，2016年第1期，第62—75+190页；王慧敏、张斌贤、方娟娟：《对"达特茅斯学院案"的重新考察与评价》，《教育研究》，2014年第10期，第119—127页。
③ 华午晴、优乃如述，乐永庆、梅宝昌记：《十六年来之南开大学》，《南大半月刊》，1934年第15期，第1页。

人才培养上特别注重学生公共精神的养成，诸如通过修身课、体育活动，通过鼓励学生参加社团等方式培养学生的公共心、责任意识、团体互助精神、社会公益之心等。二是扩大社会力量参与办学。私立南开通过加强与基督教、军阀、工商业、银行业以及基金会等团体或个人的互动扩大社会力量参与办学。除此，南开大学还通过成立校董会扩大与社会各界的广泛接触。南开大学校董会人选大致包括三类人，一是官僚政客，二是工商业界人士，三是学者名流。校董会的主要作用除了指导、评议、咨询之外，还起到"财东"的作用。①

南开大学通过扩大社会力量参与办学也使得其减少政府办学资源的依赖程度。如前所述1935年私立南开在首次萌发"国立"想法时，董事会议程之一即为"政府补助费过多，何名为私立"。倘若在此阶段，有更多的社会力量参与办学，董事会及张伯苓应不会将私立南开送归国立，教育部、教育厅亦不会指派代表参加校董会。这一社会资源获取的"反例"，充分说明了社会办学资源对于私立南开大学抵御国家力量渗透的重要性。复校阶段，更是如此。南开大学在办学经费无着的情况之下，不得不接受了国民政府"商改国立"的提议。

然而遗憾的是，私立南开大学并未如教育界期待的那样，成为有别于国立大学争取"教育独立"的出路之一。尽管如此，私立南开大学的积极尝试亦有重要的意义。倘若私立大学都不能依靠"扩大社会参与办学"的方式获得更多的办学自主权，那么遑论国立大

① 李海萍：《私立非私有：民国初期私立大学内部职权体系研究》，《高等教育研究》，2011年第11期，第95页。

学争取教育独立。其实无论北京政府抑或国民政府时期，国立大学争取教育独立，事实上是个"伪命题"。就文化传统而言，教育从来就隶属于政治，为统治集团服务；就办学经费来源而言，公立大学的办学经费完全受制于政府的拨付，因此也不得不听命于政府的支配；就现实土壤而言，也缺乏与政府博弈的第三方，乃至多方力量。早期西方大学之所以能够享有自治的"特许状"，就是在于大学在"不断地改善自身与教会、国王和城市的关系，以达到自治的目的"①。因此，办学自主权是多方力量博弈的结果。然而在近代中国特殊背景之下，难以找到与政府持续抗衡的社会力量。私立南开大学积极利用社会资源参与办学，并以此抵御国家力量的渗透，超越了国立大学追求教育独立的局限性，拓展了20世纪20年代前后教育界争取教育独立的可能性，丰富了教育独立的意涵。这是一种可贵的尝试和努力。

三、"保姆"与"产儿"：私立大学与社会的互动

张伯苓在《四十年南开学校之回顾》一文中，从办学者的立场阐释了南开学校与社会之间的关系。

> 私人经营之教育事业，要得社会人士之赞助与提携，方能发育滋长，而南开学校自成立以至于今，得社会赞助之力尤独多。回忆四十年来，我南开津渝两校之发展，例如校地之捐助、校舍之建筑、校费之补助，以及图书仪器之补充、奖助金

---

① 曹汉斌：《牛津大学自治史研究》，新华日报出版社，2006，第1页。

额之设置等，无一非社会人士之赐。社会实可谓南开之保姆，而南开实乃社会之产儿。过去南开发展，全赖社会之力，今后复校工作，更非赖社会人士之热烈赞助，加倍提携，决难望其顺利进行，圆满成功。一部南开发展史，实乃社会赞助之记录册也。①

张伯苓将社会比作"保姆"，将南开学校（包括私立南开大学）比作"产儿"，大体能够阐明私立大学与社会之间的互动关系。概而言之："社会"作为"保姆"，为私立大学办学资源的筹措提供了保障，也成为私立大学抵制国家力量无端干涉的重要力量；而私立大学作为"产儿"，在学科设置、办学模式选择等方面，又受制于社会的转型发展。关于"保姆"，前文业已述及。作为"产儿"的部分，学界往往关注不够。需要说明的是，张伯苓所言之"社会"是指南开学校之外的社会全体，而本书侧重于工商业环境的论述。

"社会"不仅提供办学资源，也影响和限制私立大学的学科设置以及办学模式的选择。社会转型发展以及商业经济的发育成熟程度决定着私立大学能够获得办学资源的多少，从而影响着、并在一定程度上左右着私立大学的学科设置。私立南开大学在正式创办之前的两次失败的尝试，当然与政治、文化背景等相关，但更与当时天津工商业发展的成熟度有关。1915—1916年间，天津工商业发展缓慢，所能给予的办学资源的支持非常有限。所谓办学资源的"支持"，主要体现在两个方面：一是办学经费的筹措，二是就业市场的形成。1919年之前，天津并未形成支持私立大学发展的良好外部环

① 梁吉生：《张伯苓年谱长篇(下卷)》，人民教育出版社，2009年，第403—404页。

境。张伯苓的两次创办失败亦在"意料之中"。而在1919—1928年间，正是天津工商业得以迅速发展的重要阶段。在此时期，天津一跃成为仅次于上海的第二大工业城市。工商业的发展为南开大学争取办学资源提供了良好的外部条件。国民政府时期，也正是得益于天津独特的外部环境，南开大学才得以考虑强化工科与商科的办学。而在全面抗战时期，由于民族工商业遭到破坏，南开大学赖以生存与发展的外部环境不复从前。也因此，南开大学不得不依赖政府补助和支持。

相比国立大学而言，由于资源获取的"公共性"，私立大学更为在意"社会"的反馈和评价。在学科设置上，私立大学更加注重"市场"导向。前文所述，南开大学矿科的设置，一方面是基于办学经费的考虑，另一方面也与学生就业相关。除却矿科，电机工程系的设置也是充分考虑到了学生的就业去向。对于私立大学来说，学生就业是社会评价最为重要的方面。如果学生就业情况不甚理想，则会影响学校招生，进而影响办学经费的来源。因此，从这个意义上来说，私立大学只有举办与社会发展关联度较强的专业，才有可能"顺势而为"，获得更多的办学资源。一个典型的例子在于，私立南开大学之所以鼓励学生走出校园，走向工商业界进行参观学习，也在于专业设置与"市场"需求的一致性。天津良好的工商业环境恰恰可以弥补私立南开大学实验仪器之不足，也有利于提升学生的就业能力，从而更好地服务于社会的需求。

私立大学学科设置的特点，也影响和决定了办学模式的选择。私立南开大学之所以放弃早期设想的德国大学模式，而选择美国大学模式，即在于实用性学科的设置，或者说市场导向的办学模式更

有利于私立大学的生存与发展。现有研究在分析私立南开大学何以
选择美国大学模式时，多聚焦美国大学办学理念或办学模式的影响，
以及张伯苓基于国情所作的自主选择。[①]如此理解有一定的道理，但
仅仅基于美国大学的影响与"国情"来理解私立南开大学办学模式
的选择是不够的。美国大学的办学模式固然对近代中国私立大学办
学有所影响，但这种影响从来没有成为支配性的力量。[②]在多种办学
模式之间，私立大学仍有不同选择的余地和空间。此外，与其说基
于"国情"，不如说是基于"校情"所做的自主选择。"国情"不仅
之于私立大学，也同样之于蔡元培执掌的国立北京大学。"国情"往
往催生和引发办学热情与教育理想，而"校情"往往是决定办学能
否持续的关键所在。于私立大学而言，生存与发展始终是第一要务，
办学资源的获取始终是办学者首要思考和解决的问题。在"国情"
与"校情"之间，抑或在办学理想与现实生存境遇之间，往往后者
对于办学理念或者办学模式的选择更具决定性。20世纪20年代前
后，私立大学的生存空间逼仄，强调应用性、实用性人才培养的美
国大学模式更切合私立大学的办学实际。

四、教育与政治：张伯苓的角色困顿与抉择

为获取办学资源，张伯苓游走于教育与政治之间。除了1948年

[①] 持类似观点的研究成果以梁吉生的论述为代表，详见梁吉生著《允公允能 日新
月异：南开大学校长张伯苓》(山东教育出版社，2003)中的第二、三章。
[②] 巴斯蒂：《是奴役还是解放？——记1840年以来外国教育实践及制度引入中国的
进程》，许美德、巴斯蒂等：《中外比较教育史》，朱维铮等译，上海人民出版社，1990，
第11页。

出任国民政府考试院院长一职，张伯苓在办学过程中多次作为教育界的一员"参政议政"，以不同的角色和方式参与到政治中来。教育抑或政治，资源获取抑或政治参与，不同社会角色的"扮演"，引发了张伯苓多重角色之间的困顿与艰难抉择。①

应该说，私立南开大学始终与政府、政治保持着密切的关系。所不同的是，随着时代变化、政权更迭，作为办学者对于政治的态度，是游走于教育与政治之间，还是实质性地参与政治。前文分析可知，在本书讨论的时间范围之内，张伯苓对于政治态度的转变大体经历了两个关键阶段：一是国民政府取代北京政府完成国家"统一"的前后，二是抗战全面爆发之后。在这两个关键"阶段"张伯苓完成了从"教育人"到被拉拢的"政治人"的角色转换。

----

① 张伯苓的角色困顿与抉择，源自于政治参与。大体来说，在20世纪90年代之前，关于张伯苓政治参与主要有两种代表性观点：一是"迷信说"。"迷信说"盛行于20世纪80年代，该观点认为张伯苓参与政治是对蒋介石的一时迷信，即"过于相信蒋介石是能解救中国于贫穷落后的人"。见郑致光主编：《张伯苓传》，天津人民出版社，1989，第120页。二是"感恩说"。"感恩说"主要源自中国台湾学者对于张伯苓的"观察和分析"。中国台湾版《张伯苓先生传》(1971)认为张伯苓在得到蒋介石"有中国必有南开"的承诺之后，深受感动愈加奋勉的积极参与政治。见孙彦民编著：《张伯苓先生传》，中华书局，1971，第16—17页。无论"迷信说"，抑或"感恩说"均基于特定的时代背景。两种观点均受制于政治正确的话语体系，是政治正确话语体系下的产物，而非从史实出发，经考证分析的结论。随着时代进步，加之史料的进一步的发掘、整理，一些不同观点得以呈现。诸如张晓唯认为张伯苓参与政治是"欠缺严先生(按：严修)那种眼光和定力"，并进一步追问"这与学养底蕴是否有关呢？"见张晓唯：《教育与政治：南开校长张伯苓与国民政府[EB/OL].http://news.nankai.edu.cn/xs/system/2014/07/17/000194979.shtml，2017-06-21。储朝晖则认为"张伯苓对政治的参与带有较深的中国传统色彩，比较注重实际"。见储朝晖：《陶行知与张伯苓的学术与政见异同》，《河北师范大学学报》(教育科学版)，2015年第3期，第15页。以上代表性观点丰富、深化了张伯苓以及私立南开大学校史研究。然而，稍显遗憾的是，均未能阐明张伯苓政治参与的深层次原因，以及由此生发的角色困顿与抉择。

　　如前所述,1928年之前,张伯苓虽与政府"走得近",但始终与政治保持一定的距离。1928年之后,政权更迭带来的变化也体现在私立南开大学办学资源获取的困境上。如此变化,使得张伯苓不得不将注意力转向政府,并渐以"顺应"国民政府及蒋介石的拉拢,开启了从"教育人"到"政治人"的过渡阶段。直至抗战全面爆发之后,张伯苓相继出任国民政府的重要职位,诸如担任三青团中央监察会常务监察、国民参政会副议长、国民党第六届中央监察委员等,与蒋介石的关系"渐入佳境"。至此,张伯苓完成了"教育人"到"政治人"的角色转变。

　　在转变过程中,张伯苓也面临着角色困顿和抉择。以"私立"属性的坚持为例,略加阐释。1935年前后,张伯苓曾主张将私立南开大学送归政府,并在毕业典礼上表示"愿把毕生心血结晶的最高教育事业奉之政府,化私为公"。[1]显然,这与张伯苓原本坚持的"真正民立的大学"相背离。之所以出现这种背离,主要基于两方面因素:一是私立南开大学遭遇资源获取的困境,以及"名实不符"的尴尬境遇。二是基于张伯苓对于蒋介石的"信任",以及由此催生的"政治梦"的觉醒。在1932年大夏大学的演讲中,张伯苓表达了强烈的政治参与感:"办学三十年到现在,才彻底觉悟教育与政治有不可分离的关系。政治不良,教育是办不好的,从今以后,当抛弃以往埋头办教育的态度而对于政治有所主张,有所努力。"[2]同年11月,张伯苓在演讲中再次提及政治参与,认为过去

---

① 梁吉生撰著:《张伯苓年谱长编(中卷)》,人民教育出版社,2009,第375页。
② 青士:《教育与政治》,《教育与职业》,1932年第1期,第1页。

"一直坚持避免参与政治活动","在认识上也有某些误区"。①前后
对比,张伯苓政治参与的态度发生了显著变化,教育与政治的关系
不再泾渭分明,而变得相互联系和有所关联。就角色分野而言,此
时张伯苓正处于从"教育人"到"政治人"的过渡阶段。蒋介石虽
有意拉拢张伯苓,但尚未对其委以"重任"。虽如此,基于对蒋介
石的"信任",张伯苓表现出强烈的政治参与感,并主张将私立南
开大学送归国立。

　　与之形成鲜明对比的是,在张伯苓深度参与政治,并完成"政
治人"的角色转变之际,却一改将私立南开"奉之政府,化私为公"
的"初衷",而坚持南开大学的私立属性,并在不同场合加以言说。
颇为遗憾的是,蒋介石并没有满足张伯苓的期待,而是通过文官处
与其"商改国立"。尽管如此,张伯苓及其南开同人依然重申私立属
性,并通过报刊媒介创造舆论氛围。

　　如此态度转变,其背后不单是办学资源获取的问题,更关乎张
伯苓自身的角色定位。当张伯苓期待在政治上"有所主张,有所努
力"之时,其选择相信政府,并试图"改变从来怀疑政府的心理",
愿意将私立南开"奉之政府,化私为公"。而当张伯苓深度介入政
治,完成"政治人"的身份转变,却执意坚持私立属性。在"教育
人"与"政治人"的角色转变背后,南开大学私立属性的坚持,体
现了张伯苓政治参与背后的角色困顿与抉择。

　　从1935年至全面抗战复校,张伯苓穿梭于政界、教育界,扮演
多重角色。既是私立大学校长,肩负学校管理、资源获取的重任;

① 张伯苓:《内战是必然的——军阀们的奇谈怪论》,梁吉生、张兰普编:《张伯苓教育佚文全编》,人民教育出版社,2019,第217页。

又就任国民政府重要职位，积极参与政治。若以"政治人"的身份
而言，代表的是政府或者党派的利益，私立大学作为"党国"事业
的一部分，无所谓私立抑或国立。况且蒋介石亦通过文官处婉转表
态，要将私立南开大学改为国立。张伯苓之所以坚持私立属性，显
然是与"政治人"的身份相背离。坚持南开大学的私立属性，更多
的是从"教育人"的身份立场出发。作为"教育人"，张伯苓则希望
继续维持私立属性，并以此获得更多的办学自主权。显然，在"私
立"与否的议题上，张伯苓的两种角色存在矛盾和冲突之处。作为
"政治人"，张伯苓理应服从或听命于政府的安排；而作为"教育
人"，张伯苓对"真正民立的大学"的办学理想依依不舍。1947年3
月19日，张伯苓的一番话大体能反映其在复校阶段的内心纠葛："北
大、清华已经复校，归还建制。我决定摆脱政治，回来办理复校工
作，继续从事教育。"①之所以用"摆脱"，足以彰显张伯苓政治参与
背后的角色困顿与无奈。

　　张伯苓之所以参与政治，以及政治参与背后面临的角色困顿与
抉择，表面上与南开大学资源获取的困境有关，但其背后有着更为
深层次的原因，它与近代中国私立大学的性质与功能，以及教育与
政治的关系密切相关。概而言之，在近代中国的特殊背景之下，私
立大学的性质催生了张伯苓的角色分野，而基于私立大学功能认知
的政教关系则引发了张伯苓的角色困顿与艰难抉择。

　　就近代中国私立大学的性质而言，作为非营利性组织，相比国
立大学，获取和维持资源显得尤为紧迫，其生存也更为艰难。事实

---

① 梁吉生：《张伯苓年谱长篇（下卷）》，人民教育出版社，2009，第249页。

上，就私立大学生存的时代背景而言，不管是政治动荡中的北京政府，抑或内外交困中的国民政府，均非私立大学发展的理想环境。来自富商阶层的捐款对于私立大学发展的支持力度有限，即使偶有捐款，也面临着难以为继的风险。私立大学若想维持日常运作或谋求长远发展，则不得不将注意力转移或聚集至政府或拥有办学资源的政治人物，有意强化与政府或政治人物之间的互动往来。当社会办学环境愈恶劣，私立大学与政府或政治人物之间的往来互动就越密切。

　　事实也如此。不管是在北京政府，抑或国民政府时期，私立大学与政治人物之间的往来互动既是"不得已"，亦属"常态"。在私立大学的日常办学过程中常有政治人物厕身其中，诸如光华大学在创办之初就与政界人物保持密切关系，其校董会、名誉董事包括王正廷、王宠惠、顾维钧等。[1]再如厦门大学亦聘请了汪精卫、孙科、宋子文、王世杰、孔祥熙等担任名誉校董。[2]私立南开大学亦在自身发展的不同阶段聘请政治人物担任校董。从资源获取的角度来说，私立大学与政治人物往来，本"无可厚非"，可问题在于，作为互动的另一方，政治人物往往亦有通过资助私立大学办学达到某种政治目的之意，这使得政教关系变得更为复杂，进而影响办学，甚或被其左右。

　　在本书讨论的时间范围内，政教关系并非一成不变，政治侵

---

[1]《光华大学简史》，汤涛主编：《张寿镛校长与光华大学》，上海人民出版社，2016，第11页。

[2]《厦门大学董事会》，厦门大学校史编撰委员会：《厦门大学校史资料（第一辑）：1921—1937》，厦门大学出版社，1987，第55页。

扰教育的程度也有所差别。在威权体制下，教育在"政教关系"
的博弈中往往处于弱势，政治侵扰教育的程度某种意义上取决于
政府对于私立大学的功能认知。北京政府虽然在形式上建立了民
主共和制度，但教育与政治的关系依旧紧张，"教育要成为摆脱现
实政治的羁绊、按照自身规律健康独立发展的社会事业也是非常
难的一件事"①。在北京政府看来，私立大学乃是国家事业的一部
分，必须受到严格的国家监督。②然而由于军阀混战、政治动乱，
以及中央政府的控制力式微等原因的存在，北京政府对于私立大
学的管理和控制的成效不彰。也因此，与晚清政府相比，北京政
府时期的私立大学显得相对自由。国民政府时期，政府逐步强化
对于教育的管理和控制，尤其是在高等教育领域。但国民政府对
于教育的管控不仅仅是出于提升办学质量的考虑，而是将"高等
教育看作建构三民主义党化国家的通盘计划之一部分"③。在此背
景下，私立大学遭遇了堪比北京政府更为严格的管控。私立大学
也自然成为国民政府推行"党化教育"的重要阵地，国家力量全
面介入私立大学的办学之中。

　　综上，在本研究时段内，鉴于私立大学的办学性质，以及历届
政府对于私立大学的功能认知，可知政治对于教育的侵扰始终存在，
历届政府的差别仅在于政治侵扰的程度不同而已。行文至此，大体
可以阐释张伯苓何以能够在北京政府时期游走于教育与政治之间，

---

① 姜朝晖：《民国时期教育独立思潮研究》，中国社会科学出版社，2008，第84页。
② 陈翊林：《最近三十年中国教育史》，太平洋书店，1930，第196—197页。
③ 叶文心：《民国时期大学校园文化(1919—1937)》，冯夏根、胡少诚等译，中国人
民大学出版社，2012，第116页。

而在国民政府时期却不得不面临不同角色的分野，以及随之而来的角色困顿与艰难抉择。具体来说，主要取决于两种情形的合力：一是由私立大学性质导致的对资源获取的依赖状况，二是基于对私立大学功能认知所呈现出的政府对私立大学的控制程度。

北京政府时期的办学环境对于私立大学的资源获取殊为不利，私立南开对政府或者政治人物多有依赖。但由于政府对于私立大学的控制力较弱，政治侵入或者左右私立大学的程度较低，张伯苓能够多次拒绝来自政治的邀请，并与政治保持必要的距离，不至陷入政治的"泥潭"。而在国民政府时期，从南北政权更迭到抗日战争全面爆发高等教育随迁后方，社会环境的突变对于私立大学资源获取愈加不利。南开大学在资源获取方面更为依赖与蒋介石之间的往来互动，与政府之间的权力关系变得更加不平等，致使张伯苓缺少说"不"或者"拒绝"的底气，不得不迎合蒋介石的拉拢，逐步完成从"教育人"到"政治人"的角色分野。与此同时，国民党推行"党化教育"，强化对于高等教育的政治控制。私立大学虽属"私立"，但政治对于教育的宰制更为凸显。基于国民党推行"党化教育"，控制私立大学意识形态的内在要求，蒋介石遂试图将私立南开大学收归为国立。而将私立南开收归国立则涉及办学自主权，这本是张伯苓作为"教育人"的内在价值诉求。显然，这与国民政府期待张伯苓所扮演的"政治人"的角色相背离。在南开大学愈发依赖政府补助之际，蒋介石如此"举措"必然引发张伯苓的角色困顿，以及为了维持学校生存而不得不做出的艰难抉择。

分析张伯苓的角色困顿与抉择可知，这些不仅是其个人以及私立南开所面临的问题，也是近代中国私立大学在教育与政治夹

缝中生存的时代写照。近代中国私立大学要获得生存,必须加强
与政府的互动,从而获取办学资源,维持基本的办学需求。而在
时代变革的背景之下,资源多掌握在政治人物或者有政治背景的
少数人手中。为了获得办学资源,近代中国私立大学必须要在教
育与政治之间、在资源获取与办学自主权之间谋求某种平衡,乃
至让渡某些权力。

主要参考文献

一、馆藏档案、史料汇编

明尼苏达大学图书馆藏档案，基督教青年会在华国际工作年度和季度报告（1896—1949），编号：Y.USA.9-1-1。

南开大学档案馆藏档案，南开学校董事会记录（1920—1936），编号1-DZ-01-850；1-DZ-01-852；1-DZ-01-859。

天津市档案馆藏档案，认捐天津南开大学特种奖金案件，编号：401206800-J0215-1-001282。

中国第二历史档案馆藏档案，中华教育文化基金董事会第一次年会第三次会议记录（1931年6月3日），编号：5（2）-1379-48。

北京大学、清华大学、南开大学等编：《国立西南联合大学史料（6）：经费、校舍、设备卷》，云南教育出版社，1998年。

崔国良、夏家善、李丽中编：《南开话剧运动史料（1923—1949）》，南开大学出版社，1993。

樊荫南：《当代中国名人录》，上海良友图书印刷公司，1931。

《复旦大学百年纪事》编纂委员会编：《复旦大学百年纪事（1905—2005）》，复旦大学出版社，2005。

郭廷以：《中华民国史事日志（第三册）》，台湾"中研院"近代史研究所，1984。

龚克主编：《张伯苓全集（全十册）》，南开大学出版社，2015。

《交通大学校史》撰写组编：《上海交通大学校史资料选编（1896—1927）（第一卷）》，西安交通大学出版社，1986。

教育部编：《第一次中国教育年鉴》，开明书店，1934。

教育部编：《教育部改进专科以上学校训令汇编 第一辑》，1935。

教育部编：《教育法令汇编（第一辑）》，商务印书馆，1936。

教育部编：《教育法令汇编（第四辑）》，正中书局，1939。

梁吉生、张兰普编：《张伯苓私档全宗（上中下）》，中国档案出版社，2009。

梁吉生、张兰普编：《张伯苓教育佚文全编》，人民教育出版社，2019。

潘懋元、刘海峰编：《中国近代教育史资料汇编（高等教育）》，上海教育出版社，2007。

璩鑫圭、唐良炎编：《中国近代教育史资料汇编（学制演变）》，上海教育出版社，1991。

全国公共图书馆古籍文献编委会编：《袁世凯未刊书信稿（中）》，中华全国图书馆文献缩微复制中心，1998。

全国政协文史资料委员会等编：《民国大总统黎元洪》，中国文史出版社，1991。

舒新城：《中国教育指南（1925）》，商务印书馆，1926。

舒新城编：《近代中国教育史料》，中国人民大学出版社，2012。

《山西文史资料》编辑部编：《山西文史资料全编第五卷 第59辑》，政协山西省委文史资料研究委员会，1999。

天津市历史所编印：《天津历史资料（第三期）》，1965。

天津社会科学院历史研究所编印：《天津历史资料（第十期）》，1981。

天津市地方志编修委员会编著：《天津通志·金融志》，天津社会科学院出版社，1995。

汤涛主编：《张寿镛校长与光华大学》，上海人民出版社，2016。

王文俊、梁吉生等编：《南开大学校史资料选（1919—1949）》，南开大学出版社，1989。

王学珍、郭建荣编：《北京大学史料（第三卷：1937—1946）》，北京大学出版社，2000。

王学珍、张万仓编：《北京高等教育文献资料选编（1861—1948）》，首都师范大学出版社，2004。

夏家善、崔国良、李丽中编：《南开话剧运动史料（1909—1922）》，南开大学出版社，1984。

厦门大学校史编撰委员会：《厦门大学校史资料（第一辑）：1921—1937》，厦门大学出版社，1987。

张兰普、梁吉生编：《铅字留芳大先生：近代报刊中的张伯苓（上、下）》，天津社会科学院出版社，2021。

朱子爽编著：《中国国民党教育政策》，国民图书出版社，1941。

朱有瓛等编：《中国近代学制史料（第二辑上册）》，华东师大学出版社，1987。

朱有瓛等编：《中国近代教育史料汇编：教育行政机构及教育团体》，上海教育出版社，1993。

中华教育改进社：《中国教育统计概览（1923）》，商务印书馆，

1923。

中国第二历史档案馆编：《中华民国史档案资料汇编·第三辑·教育》，凤凰出版社，2010。

中国第二历史档案馆编：《中华民国史档案资料汇编·第五辑·第一编·教育（一）（二）》，江苏古籍出版社，1994。

中国第二历史档案馆编：《中华民国史档案资料汇编·第五辑·第二编·教育（一）（二）》，江苏古籍出版社，1997。

中国第二历史档案馆编：《中华民国史档案资料汇编·第五辑·第三编·教育（一）（二）》，江苏古籍出版社，2000。

中国人民政治协商会议天津市委员会文史资料委员会编：《天津文史资料选辑第4辑》，天津人民出版社，1979。

中国人民政治协商会议天津市委员会文史资料委员会编：《天津文史资料选辑第1辑》，天津人民出版社，1978。

中国人民政治协商会议天津市委员会文史资料委员会编：《天津文史资料选辑第25辑》，天津人民出版社，1983。

中国人民政治协商会议天津市委员会文史资料委员会编：《天津文史资料选辑第8辑》，天津人民出版社，1980。

中国人民政治协商会议天津市委员会文史资料委员会编：《天津文史资料选辑第12辑》，天津人民出版社，1980。

中国人民政治协商会议天津市委员会文史资料委员会编：《天津文史资料选辑第17辑》，天津人民出版社，1981。

中国人民政治协商会议辽宁省委员会文史资料委员会：《辽宁文史资料选辑："九·一八"前学校忆顾（总第33辑）》，辽宁人民出版社，1991。

　　政协云南省委员会文史资料研究委员会等编：《云南文史资料选辑·三十四辑·西南联合大学建校五十周年纪念专辑》，云南人民出版社，1988。

二、报纸杂志

　　《晨报》《东方杂志》《大公报》《大学院公报》《独立评论》《复旦大学校刊》《工商调查通讯》《国立上海商学院院务半月刊》《国立四川大学周刊》《高等教育季刊》《黑白体育周刊》《江苏省政府公报》《京报副刊》《教育部公报》《教育杂志》《教育与职业》《教育通讯月刊》《新教育评论》《教育行政周刊》《教育周报》《晶报》《礼拜三》《民意周刊》《民报》《南开大学周刊》《南大半月刊》《南大周刊》《南大副刊》《南开校友》《南中周刊》《青年月刊》《勤奋体育月报》《全国学术工作咨询处月刊》《申报》《上海公报》《上海文化》《上海报》《生命》《蜀青》《顺天时报》《世界日报》《时报》《外交公报》《现代评论》《新闻报》《新生周刊》《醒狮》《新北辰》《学生时代》《校风》《银行周报》《益世报》《中华基督教教育季刊》《中央日报》《中央周报》《中华教育界》《中国教育学会年报》《中国学生》《战事画刊》、*The Shanghai Times*、*The China Press*、*The North-China Herald*、*The Shanghai Evening Post and Mercury*

三、文集、书信、日记、回忆录、年谱

崔国良编：《张伯苓教育论著选》，人民教育出版社，1997。

陈鑫整理：《严修日记：戊午（1918）》，未刊手稿。

陈立夫：《战时教育行政回忆》，台湾商务印书馆，1973。

陈立夫:《成败之鉴:陈立夫回忆录》,正中书局,1994。

陈明章:《学府纪闻——国立南开大学》,南京出版有限公司,1981。

陈明章:《学府纪闻——国立西南联合大学》,南京出版有限公司,1981。

陈明章:《学府纪闻——私立大夏大学》,南京出版有限公司,1982。

陈明章:《学府纪闻——国立清华大学》,南京出版有限公司,1981。

蔡元培:《蔡元培教育名篇》,教育科学出版社,2007。

蔡元培:《蔡孑民先生言行录》,岳麓书社,2010。

方显廷:《方显廷回忆录》,方露茜译,商务印书馆,2006。

郭荣生、张源编:《张伯苓先生纪念集》,文海出版社,1975。

高平叔编:《蔡元培全集(第三卷)》,中华书局,1984。

高平叔撰著:《蔡元培年谱长编(第三卷)》,人民教育出版社,1999。

管宁、张友坤译注:《缄默50余年 张学良开口说话——日本NHK记者专访录》,辽宁人民出版社,1992。

何廉:《何廉回忆录》,朱佑兹、杨大宁等译,中国文史出版社,1988。

胡适:《胡适全集(第33卷)》,安徽教育出版社,2003。

黄炎培:《黄炎培日记(第5卷、第8卷)》,华文出版社,2008。

蒋廷黻:《蒋廷黻回忆录》,东方出版社,2011。

《蒋介石日记》(手抄稿),1917—1936。

《蒋中正日记(1937、1939、1941)》,抗战历史文献研究会2015年编印。

李大钊:《李大钊文集(上卷)》,人民出版社,1984。

李勇、张仲田编著:《蒋介石年谱》,中共党史出版社,1995。

李学通:《翁文灏年谱》,山东教育出版社,2005。

李群林等编:《张伯苓与重庆南开纪念文集》,天马图书有限公司,2001。

李新芝编:《周恩来记事:1898-1976(上)》,中央文献出版社,2011。

梁吉生主编:《南开逸事》,辽海出版社,1998。

梁吉生撰著:《张伯苓年谱长编(上中下)》,人民教育出版社,2009。

梁吉生主编:《张伯苓教育智慧格言》,人民教育出版社,2016。

林美莉编辑校订:《王世杰日记(上册)》,台湾"中研院"近代史研究所,2012。

穆家修、柳和城、穆伟杰编著:《穆藕初先生年谱(1876—1943)》,上海古籍出版社,2006。

南开大学校长办公室编:《张伯苓纪念文集》,南开大学出版社,1986。

南开大学校长办公室编:《日军毁掠南开暴行录》,南开大学出版社,1995。

南开大学校史研究室编:《联大岁月与边疆人文》,南开大学出版社,2004。

秦孝仪总编:《总统蒋公大事长编初稿(卷2、3)》,中国国民党党史委员会,1978。

钱昌照:《钱昌照回忆录》,中国文史出版社,2014。

申泮文编:《黄钰生同志纪念集》,南开大学出版社,1991。

宋璞主编：《张伯苓在重庆（1935—1950）》，重庆出版社，2004。

宗璞主编：《喻传鉴在重庆（1936—1966）》，重庆出版社，2008。

陶行知：《陶行知全集（第二卷）》，四川教育出版社，1991。

王文俊、梁吉生等编：《张伯苓教育言论选集》，南开大学出版社，1984。

吴宓著，吴学昭整理：《吴宓日记（1910—1915）》，生活·读书·新知三联书店，1998。

许汉三编：《黄炎培年谱》，文史出版社，1985。

萧公权：《问学谏往录：萧公权治学漫忆》，学林出版社，1997。

喻传鉴编：《张伯苓先生七旬寿辰纪念册》，重庆南开校友总会，1945。

颜惠庆：《颜惠庆自传》，姚崧龄译，传记文学出版社，1973。

颜惠庆：《颜惠庆日记（第2卷）》，上海市档案馆译，中国档案出版社，1996。

喻传鉴先生纪念文集编辑组编：《喻公今犹在——南开中学柱石、爱国教育家喻传鉴纪念文集》，天津教育出版社，1989。

严修撰，武安隆、刘玉敏点注：《严修东游日记》，天津人民出版社，1995。

严修：《严修日记（二、四）》，南开大学出版社，2001。

张忠绂：《迷惘集》，文海出版社，1978。

张友坤、钱进编：《张学良年谱（上）》，社会科学文献出版社，1996。

张学良口述，唐德刚撰写：《张学良口述史》，山西人民出版社，2013。

张彭春：《张彭春清华日记（1923—1924）》，开源书局，2020。

张彭春：《张彭春清华日记（1925）》，开源书局，2020。

四、专著

陈东原：《中国教育新论》，商务印书馆，1928。

陈翊林：《最近三十年中国教育史》，太平洋书店，1930。

陈景磐：《中国近代教育史》，人民教育出版社，1980。

陈能治：《战前十年中国的大学教育》，台湾商务印书馆，1990。

陈平原：《大学有精神》，北京大学出版社，2009。

陈文干：《美国大学与政府的权力关系变迁史研究》，浙江大学出版社，2015。

曹汉斌：《牛津大学自治史研究》，新华日报出版社，2006。

崔恒秀：《民国教育部与高校关系之研究（1912—1937）》，福建教育出版社，2011。

丛小平：《师范学校与中国的现代化：民族国家的形成与社会转型1897-1937》，商务印书馆，2014。

德里克·博克：《走出象牙塔：现代大学的社会责任》，徐小洲、陈军译，浙江教育出版社，2002。

董宝良等编：《中国近现代高等教育史》，华中科技大学出版社，2007。

费正清、费维恺编：《剑桥中华民国史（1912—1949年·下卷）》，刘敬坤等译，中国社会科学出版社，2007。

高奇：《中国高等教育思想史》，人民教育出版社，2002。

国际联盟：《中国教育之改进》，国立编译馆，1932。

霍益萍：《近代中国的高等教育》，华东师范大学出版社，1999。

华银投资工作室：《思想者的产业：张伯苓与南开新私学传统》，海南出版社，1999。

何方昱：《训导与抗衡：党派、学人与浙江大学（1936—1949）》，上海人民出版社，2017。

蒋宝麟：《民国时期中央大学的学术与政治（1927—1949）》，南京大学出版社，2016。

金以林：《近代中国大学研究（1895—1949）》，中央文献出版社，2000。

金祥林：《思想自由 兼容并包：北京大学校长蔡元培》，山东教育出版社，2004。

姜朝晖：《民国时期教育独立思潮研究》，中国社会科学出版社，2008。

杰弗里·费弗、杰勒尔德·R.萨兰基克：《组织的外部控制：对组织资源依赖的分析》，闫蕊译，东方出版社，2006。

吕芳上：《从学生运动到运动学生（1919—1929）》，台湾"中研院"近代史研究所，1994。

梁柱：《蔡元培与北京大学》，宁夏人民出版社，1983。

梁启超：《清代学术概论》，上海古籍出版社，2005。

梁吉生：《张伯苓教育思想研究》，辽宁教育出版社，1994。

梁吉生编著：《张伯苓与南开大学》，山西教育出版社，1995。

梁吉生：《允公允能 日新月异：南开大学校长张伯苓》，山东教育出版社，2003。

梁吉生主编：《张伯苓的大学理念》，北京大学出版社，2006。

梁晨：《民国大学教职员工生活水平与社会结构研究：以清华为中心》，科学出版社，2020。

李义丹主编：《天津大学（北洋大学）校史简编》，天津大学出版社，2002。

李明杰、徐鸿编著，西德尼·D.甘博（Sidney D. Gamble）：《暮雨弦歌：西德尼·D.甘博镜头下的民国教育（1917—1932）》，武汉大学出版社，2019。

李冬君：《中国私学百年祭：严修新私学与中国近代政治文化系年》，南开大学出版社，2004。

李华兴：《民国教育史》，上海教育出版社，1997。

龙飞、孔延庚：《张伯苓与张彭春》，百花文艺出版社，1997。

柳轶：《1919—1949年国民党对学生运动的控制研究》，人民日报出版社，2014。

刘超：《学府与政府——清华大学与国民政府的冲突及合作》，天津人民出版社，2015。

娄岙菲：《重释蔡元培与北大：记忆史的视角》，社会科学文献出版社，2017。

马秋莎：《改变中国：洛克菲勒基金会在华百年》，广西师大出版社，2013。

牛力：《罗家伦与国立中央大学》，南京大学出版社，2015。

宁恩承：《百年回首》，东北大学出版社，1999。

南开大学校史编写组编著：《南开大学校史（1919—1949）》，南开大学出版社，1989。

曲士培：《中国大学教育发展史》，山西教育出版社，1996。

清华大学校史编写组编著：《清华大学校史稿》，中华书局，1981。

茹宁：《中国大学百年模式转换与文化冲突》，知识产权出版社，2012。

冉春：《民国时期捐资兴学制度研究》，科学出版社，2017。

舒新城、孙承光：《中华民国之教育》，中华书局，1931。

舒新城：《我和教育：三十五年教育生活史（1893—1928）》，知识产权出版社，2016。

孙彦民编著：《张伯苓先生传》，中华书局，1971。

孙海麟编：《中国奥运先驱张伯苓》，人民出版社，2007。

孙平华：《张彭春：世界人权体系的重要设计师》，社会科学文献出版社，2017。

苏云峰：《从清华学堂到清华大学（1911—1929）》，生活·读书·新知三联书店，2001。

苏云峰：《从清华学堂到清华大学·1928—1937：近代中国高等教育研究》，生活·读书·新知三联书店，2001。

苏云峰：《中国新教育的萌芽与成长（1860—1928）》，北京大学出版社，2007。

宋秋蓉：《近代中国私立大学研究》，天津人民出版社，2002。

申泮文编著：《天津旧南开学校覆没记》，南开大学出版社，1995。

申晓云：《动荡转型中的民国教育》，河南人民出版社，1994。

商丽浩：《政府与社会：近代公共教育经费配置研究》，河北教育出版社，2001。

司徒雷登、胡适等：《别有中华：张伯苓七十寿诞纪念文集》，张昊苏、陈熹等译，南开大学出版社，2019。

田正平、商丽浩编：《中国高等教育百年史论——制度变迁、财政运作与教师流动》，人民教育出版社，2006。

王奇生：《党员、党权与党争：1924—1949年中国国民党的组织形态》，华文出版社，2015。

王奇生：《革命与反革命：社会文化视野下的民国政治》，社会科学出版社，2010。

王彦力：《张伯苓与南开：天津历史名校个案研究》，南开大学出版社，2015。

王彦力：《南开精神化身张伯苓》，山西人民出版社，2019。

王昊：《薪火相传：南开的学人与学术研究》，天津社科院出版社，2012。

王炳照：《中国私学·私立学校·民办教育研究》，山东教育出版社，2002。

王炳照主编，吴霓、胡艳编写：《中国古代私学与近代私立学校研究》，山东教育出版社，1997。

王春林：《地域与使命：民国时期东北大学的创办与流亡》，社会科学文献出版社，2019。

王云五、罗家伦等：《民国三大校长》，岳麓书社，2015。

吴家莹：《中华民国教育政策发展史（国民政府时期，1925—1940）》，五南图书出版公司，1990。

吴民祥：《流动与求索：中国近代大学教师流动研究（1898—1949）》，浙江教育出版社，2006。

魏定熙：《权力源自地位：北京大学、知识分子与中国政治文化，1898—1929》，张蒙译，江苏人民出版社，2015。

瓦尔特·吕埃格主编：《欧洲大学史（第三卷）》，张斌贤等译，河北大学出版社，2014。

熊明安编著：《中国高等教育史》，重庆出版社，1983。

熊明安：《中华民国教育史》，重庆出版社，1990。

许美德：《中国大学 1895—1995：一个文化冲突的世纪》，许洁英译，教育科学出版社，2000。

许美德、巴斯蒂等：《中外比较教育史》，朱维铮等译，上海人民出版社，1990。

许小青：《政局与学府：从东南大学到中央大学（1919—1937）》，中国社会科学出版社，2009。

徐世昌：《欧战后之中国（影印本）》，文海出版社，1967。

西南联合大学北京校友会编：《国立西南联合大学校史：1937至1946年的北大、清华、南开》，北京大学出版社，2006。

杨翠华：《中基会对科学的赞助》，台湾"中研院"近代史研究所，1991。

于述胜：《中国教育制度通史（第七卷·民国时期）》，山东教育出版社，2004。

叶文心：《民国时期大学校园文化（1919—1937）》，冯夏根、胡少诚等译，中国人民大学出版社，2014。

叶文心：《民国知识人：历程与图谱》，生活·读书·新知三联书店，2015。

叶赋桂：《新制度与大革命：以近代知识分子和教育为中心》，

教育科学出版社，2010。

易社强：《战争与革命中的西南联大》，饶佳荣译，九州出版社，2012。

易仲芳：《南开经济研究所"经济学中国化"研究（1927—1949年）》，华中师范大学出版社，2015。

于述胜：《中国教育制度史（第七卷·民国时期）》，山东教育出版社，2004。

约翰·S.布鲁贝克：《高等教育哲学》，王承绪、郑继伟等译，浙江教育出版社，1998。

亚伯拉罕·弗莱克斯纳：《现代大学论：英美德大学研究》，徐辉、陈晓菲译，浙江教育出版社，2002。

亚瑟·M.科恩、卡丽·B.基斯克：《美国高等教育的历程》，梁燕玲译，教育科学出版社，2012。

庄泽宣：《如何使新教育中国化》，民智书局，1929。

朱庆葆、陈进金等：《教育的变革与发展》，南京大学出版社，2015。

赵峻岩：《民国时期大学区制度变迁研究》，南京大学出版社，2015。

张雪蓉：《美国影响与中国大学变革（1915-1927）：以国立东南大学为研究中心》，华龄出版社，2006。

张明武：《经济独立与生活变迁：民国时期武汉教师薪俸及生活状况研究》，华中科技大学出版社，2012。

张均兵：《国民政府大学训育（1927—1949年）》，光明日报出版社，2011。

张斌贤、李子江主编：《美国高等教育变革》，科学教育出版社，2017。

郑致光主编：《张伯苓传》，天津人民出版社，1989。

周谷平、张雁等：《中国近代大学的现代转型：移植、调适与发展》，浙江大学出版社，2012。

五、论文

陈洪捷：《蔡元培的办学思想与德国的大学观》，《高等教育研究》，1994年第3期。

陈芳：《民国时期的阎锡山与山西大学：政治控制的个案研究》，《山西师大学报》(社会科学版)，2011年第1期。

曹昊哲：《张伯苓体育思想下的南开童子军研究》，《天津大学学报》(社会科学版)，2020年第1期。

崔鹤同：《梅贻琦的沉稳与张伯苓的执著》，《教师博览》，2014年第11期。

储朝晖：《陶行知与张伯苓的学术与政见异同》，《河北师范大学学报》(教育科学版)，2015年第3期。

邓丽兰：《南京政府时期的专家政治论：思潮与实践》，《天津社会科学》，2002年第2期。

丁乙：《"党国视角"、知识生产与地方性经验——"民国大学史"研究的新动向及其反思》，《教育学报》，2019年第5期。

广少奎、刘京京：《冲突与缓和：西南联大内部矛盾论析——兼论"联大精神"之实质》，《高等教育研究》，2012年第4期。

高建国、晏祥辉等：《西南联大"三常委"办学理念差异与契合》，《云南师范大学学报》（哲学社会科学版），2013年第6期。

高志军、夏泉：《内外交困：1948年考试院院长人选出台前后的政争》，《民国档案》，2020年第4期。

韩戌：《战时私立大学与国民政府教育部》，《民国研究》，2016年秋季号。

韩戌：《私立大学校长的政界人脉——以张寿镛执掌光华大学为中心》，《中山大学学报》（社会科学版），2017年第1期。

韩戌：《抗战时期的部校之争与政学关系：以私立大夏大学改国立风波为中心的研究》，《近代史研究》，2016年第1期。

胡荣华：《卢木斋捐建南开大学木斋图书馆》，《中国档案》，2021年第2期。

江沛：《蒋介石与张伯苓及南开大学》，《民国档案》，2011年第1期。

金国：《蔡元培、张伯苓学生管理思想共性研究》，《徐州师范大学学报》（教育科学版），2012年第2期。

金国、胡金平：《张伯苓实学教育思想及其践行》，《河北师范大学学报》（教育科学版），2013年第11期。

金国：《为了"服务社会能力"之养成：私立南开大学的校园文化建设（1919—1937）》，《教育学术月刊》，2015年第3期。

金国：《"新教育中国化"运动中的政府参与及教育治理逻辑》，《清华大学教育研究》，2016年第3期。

金国：《学界派别、权力政治与近代中国私立大学的资源获取：以私立南开大学与"中华教育文化基金董事会"的互动为例（1924—1931）》，《高等教育研究》，2017年第2期。

金国、胡金平：《权力让渡与资源获取：私立南开大学国立化进程中的"府学关系"》，《高等教育研究》，2015年第12期。

　　金国：《立案、失序与调适：北京政府时期的私立大学治理（1912—1927年）》，《高等教育研究》，2018年第3期。

　　金国：《资源获取与政治参与：张伯苓的角色困顿与抉择（1919—1946）》，《北京大学教育评论》，2018年第3期。

　　金国：《从"商改国立"到国立：私立南开大学复校进程中的国家意志与恩怨纠葛》，《复旦教育论坛》，2018年第3期。

　　金国：《民国初年私立大学的生存境遇与办学理念的选择：以私立南开大学的早期创办为例（1915—1922年）》，《高等教育研究》，2019年第11期。

　　金国、唐娅：《生存有道：民初私立大学的生存图景与境遇应对》，《复旦教育论坛》，2021年第6期。

　　蒋宝麟：《学人社团、校董会与近代中国私立大学的治理机制——以上海大同大学为中心（1912—1949）》，《华中师范大学学报》（人文社会科学版），2015年第1期。

　　梁吉生、杨珣：《爱国的教育家张伯苓》，《南开学报》（哲学社会科学版），1981年第1期。

　　梁吉生：《严修、张伯苓与南开大学的创建》，《南开学报》（哲学社会科学版），1999年第5期。

　　卢宜宜：《洛克菲勒基金会的中国项目（1913—1941）》，《中国科技史料》，1998年第2期。

　　李春萍：《大学史辨》，《华南师范大学学报》（社会科学版），2001年第2期。

　　李健：《西南联大三校合作成功原因探析》，《高等工程教育研究》，2003年第3期。

李承先、韩淑娟：《近现代中国私立大学成功融资的社会背景分析》，《教育与经济》，2008年第2期。

李承先、韩淑娟：《近代中国私立大学的融资渠道与模式研究》，《清华大学教育研究》，2008年第2期。

李海萍：《私立非私有：民国初期私立大学内部职权体系研究》，《高等教育研究》，2011年第11期。

李玉胜：《张伯苓与南开大学的"土货化"》，《现代教育科学》，2014年第3期。

李世宏：《张伯苓学校体育思想研究》，《体育文化导刊》，2010年第7期。

李在全：《党国边缘的私立大学——黄尊三与北平民国大学（1928—1930）》，《"中央研究院"近代史研究所集刊》，2020年第106期。

刘蔚之：《教育学者张彭春的思想演进及其对〈世界人权宣言〉的锻造（1923-1948）》，《教育研究集刊（台湾）》，2019年第3期。

林桶法：《战后复员教育的筹画——"全国教育善后复员会议"的探讨》，《辅仁历史学报》，2006年第17期。

刘晓琴：《民国留美社团与留美生的社会网络：以成志会与张伯苓的分析为中心》，《华侨华人历史研究》，2019年第4期。

秦燕春：《君子之交：南开鼻祖严修与袁世凯：〈严修日记〉及其他》，《书屋》，2008年第4期。

宋秋蓉：《试述南京国民政府对私立高等学校的管理》，《吉林教育科学》（高教研究），2001年第1期。

宋秋蓉：《私立大学与近代中国的社会转型》，《华东师范大学学报》(教育科学版)，2004年第1期。

宋秋蓉：《民国时期私立大学发展的政策环境》，《清华大学教育研究》，2004年第2期。

宋秋蓉：《私立大学与近代中国萌芽中的市民社会》，《现代大学教育》，2006年第1期。

宋秋蓉：《民国时期私立大学取得办学成就的原因》，《现代大学教育》，2011年第2期。

宋秋蓉：《私立时期南开大学校长张伯苓公共精神的研究》，《江苏高教》，2012年第4期。

宋秋蓉：《1929年私立南开大学教授流入国立清华大学的分析》，《现代大学教育》，2012年第3期。

申国昌：《阎锡山兴办山西教育的性质》，《山西大同大学学报》(社会科学版)，2010年第2期。

申泮文：《不懂得体育的人不宜当校长》，《中小学管理》，2011年第10期。

孙邦华：《抗战胜利后北平师范大学复员运动述论》，《北京社会科学》，2014年第6期。

田正平：《关于中国近代私立高等学校的几点思考》，《北京大学教育评论》，2003年第1期。

田正平、潘文莺：《关于中国大学史研究的若干思考》，《社会科学战线》，2018年第2期。

王奇生：《战时大学校园中的国民党：以西南联大为中心》，《历史研究》，2006年第4期。

吴立保：《民办大学特色化发展的案例研究：以张伯苓时期的南开大学为例》，《继续教育研究》，2010年第1期。

王昊：《大学特色与学者识见：略论私立南开大学特色学术的生成》，《民办教育研究》，2007年第6期。

王昊：《论"边疆人文"与私立南开的学术传统》，《教育史研究》，2011年第3期。

毋靖雨：《略论私立南开大学办学思想的经验启示》，《教育史研究》，2011年第3期。

王建明：《天津青年会与近代中外文化交流研究述评》，《兰州学刊》，2012年第7期。

王慧敏：《达特茅斯学院案与美国高等教育的公私之辨》，《北京大学教育评论》，2016年第1期。

王慧敏、张斌贤、方娟娟：《对"达特茅斯学院案"的重新考察与评价》，《教育研究》，2014年第10期。

熊贤君：《论民国时期教育经费的困扰与对策》，《湖北大学学报》（哲学社会科学版），1996年第5期。

许美德：《中美教育交流：以复旦早期校史为例》，《复旦教育论坛》，2005年第5期。

徐勇：《洛克菲勒基金会与"中国项目"（1935—1944）》，《聊城大学学报》（社会科学版），2015年第4期。

邢纯贵：《张伯苓体育思想研究》，《体育学刊》，1995年第1期。

余子侠：《陶行知与基督教青年会：兼析基督教青年会与近代中国新型知识阶层》，《南京晓庄学院学报》，2008年第1期。

闫广芬、王树时：《"知中国 服务中国"：张伯苓的南开大学办学之路》，《高校教育管理》，2009年第5期。

严海建：《从私立到党化：1930年前后中国公学的易长与改组》，《史林》，2018年第6期。

严海建：《抗战时期西南联大内部校际分合的界限与争论》，《高等教育研究》，2020年第3期。

资中筠：《洛克菲勒基金会与中国》，《美国研究》，1996年第1期。

周洪宇、陈竞蓉：《孟禄在华活动年表（续）》，《华东师范大学学报》（教育科学版），2003年第4期。

张斌贤：《关于大学史研究的基本构想》，《北京大学教育评论》，2005年第3期。

张斌贤、杜光强：《高等学校校史研究的现状、问题与趋势》，《大学教育科学》，2015年第5期。

张大庆：《中国现代医学初建时期的布局：洛克菲勒基金会的影响》，《自然科学史研究》，2009年第2期。

周谷平、朱绍英：《郭秉文与近代美国大学模式的导入》，《河北师范大学学报》（教育科学版），2005年第5期。

周利成：《张伯苓的三次"失策"》，《世纪》，2015年第1期。

周志刚：《张伯苓体育价值观研究》，《体育文化导刊》，2013第9期。

周川：《1917年的中国大学：变革及其意义》，《高等教育研究》，2017年第5期。

郑砚秋：《郭秉文与华美协进社》，《教育学报》，2014年第5期。

Joseph W. Esherick, Ye Wa, *A Study of Zhang Boling's Education-*

al Thought（*review*）. China Review International, Vol. 2, No. 2. 1995.

Linden, Allen B., *Politics and Education in Nationalist China: The Case of the University Council, 1927-1928*. The Journal of Asian Studies, Vol. 27, No. 4, 1968.

Sarah Coles Mcelroy, *Transforming China Through Education: Yan Xiu, Zhang Boling, and the Effort to Build a New School System, 1901-1927*. Ph.D. Dissertation, Yale University, 1996.

Chih-Kang Wu, *The Influence of the YMCA on the Development of Physical Education in China*. Ph.D. Dissertation, University of Michigan, 1957.

致　谢

　　拙作是在博士学位论文的基础上修改、增补而成的。自2013年有幸拜入胡金平教授门下攻读博士学位以来，便一直关注以南开大学为代表的民国私立大学的研究动态。原本打算2016年博士毕业后便着手修订书稿，但因自身疏懒，加之期间承蒙合作导师肖朗教授不弃，得以进入浙江大学教育学院博士后流动站从事另一课题研究，书稿修订便被"搁置"起来，一晃五年过去了。拙作终得出版，要感谢的人很多。

　　首先要感谢我的导师胡金平教授。记得当初报考时，怀着惴惴不安的心情向胡老师陈述报考意向、研究兴趣等。在得知我本、硕皆为工业设计专业时，胡老师非但没有"拒之门外"，反而热情地鼓励我报考。这对于素未谋面，试图走近教育史研究的年轻人来说，是个莫大的鼓舞。由于"底子薄""基础弱"，读博期间让胡老师费心不少，甚是惭愧！但同时也深知，学术研究唯有静下心来，勤勤勉勉、踏踏实实，不追风、不赶时髦，才可能有所收获。

　　除了导师的指导之外，诸多前辈、师友也给予了无私的帮助。南京大学龚放教授的鼓励，坚定了博士论文的选题。龚老师为人、为学在学界有口皆碑。龚老师不仅在论文选题、写作上不吝指导，在后来入职、离职常州大学时，也给予了热切的关心和帮助、理解与支持，尤为感激！感谢周采教授、李刚教授、张雪蓉教授、张蓉教授、张新平教授、杜成宪教授、于述胜教授、王伦信教授在论文开题、预答辩、毕业答辩时的不吝赐教。诸位老师的真知灼见不仅帮助我进一步厘清研究问题、完善研究内容，还指明了未来研究的方向。感谢同门之间的相互砥砺。博士期间发表的每一篇论文均在南师教育史沙龙上研讨过。

清华大学档案馆金富军老师是我博士论文的第一位读者，在文稿粗鄙、不堪卒读时，耐心看完，所指出的问题切中肯綮、直击要害。金老师为人谦逊，且乐于助人。得益于金老师的"牵线搭桥"，才有机会认识南开大学校史研究室、档案馆的诸位老师。感谢时任南开校史研究室主任张健教授、张鸿博士、徐悦博士，他们不仅慷慨让我查阅相关资料，而且还热情回应我提出的诸多问题。感谢南开大学档案馆张兰普老师惠赠珍贵史料。南开大学陈鑫兄、天津大学谭皓兄、首都师范大学林伟兄、南京晓庄学院刘大伟兄等亦在史料查找上施以援手，谨致谢忱！

梁吉生教授是南开校史与地方史研究的知名学者，拙著在修改过程中，受益于梁老师的指教和馈赠的史料。更为难得的是，经南开校友胡海龙先生引荐，梁老师在忙于修订《张伯苓年谱长编》、筹备学术会议等繁忙事务中，慨然应允，拨冗赐序。这对于南开校史研究的新人而言，备受鼓舞。书稿在撰写、出版过程中，张伯苓研究会秘书长董润平女士亦提供了热情的帮助和支持。董润平女士不仅赠予张伯苓研究的相关著作和期刊、时常关心出版进度，还代为向张伯苓嫡孙张元龙先生请序。感谢梁吉生教授、胡海龙先生、董润平女士、张元龙先生对于素未谋面的青年学人的关心和提携。如梁吉生教授所言，"虽无相识，但有笔缘"，借此也期待更多的学者关注和研究张伯苓及私立南开学校。

本书部分内容曾发表于《北京大学教育评论》《高等教育研究》《复旦教育论坛》《教育学术月刊》等学术期刊。感谢以上刊物对于本人的提携和帮助。近年来，教育史青年学者的生存境遇殊为堪忧，不少刊物缩减教育史论文篇目，在此背景之下，以上期刊不为所动，坚持刊发教育史论文，让人敬佩。

书稿顺利出版，受惠于苏州大学人文社会科学学术专著出版基金的资助。感谢苏州大学社科处、教育学院为青年学者提供良好的学术研究环境。天津人民出版社在书稿出版过程中亦给予大力支持和帮助。责任编辑岳勇先生、美编李晶晶女士的专业、细致、创造性的工作，为拙作增色不少。之所以有机会与天津人民出版社合作，有赖于郭伟兄的引荐，以及前期所做的沟通与协调工作。我的两位研究生唐娅、生艳也参与了书稿的校对工作。在此，一并致以诚挚的谢意！

当然，最应该感谢我的家人。近几年来，个人工作、生活亦发生了一些变化。几年间，举家辗转三地，个中不易，家人均默默承受。此外，作为"青椒"，为应付聘期考核、完成各种任务，牺牲了太多陪伴亲人的时间。与家人的付出相比，再多感激的话，也显得苍白无力。唯愿今后有更多的时间陪伴左右。

拙著虽出版，但定有继续完善之处，恳请专家、读者不吝指教。

金 国

2021年冬于独墅湖畔